진실과 감동의 미학, 충청권 수필가의 작품 독서록

충청권 수필의 숨결

리 헌 석 수필 평론집

오늘의 문학사

충청권 수필의 숨결

| 발간사 |

지성과 감성을 공유하며

문학 창작의 길에 들어서면서부터, 지성과 감성을 공유할 수 있는 수필 장르에 매료되어 있었습니다. 그러나 삶의 진정성을 담아내는 수필은 세상 경험이 풍부한 중년기 이후 세대에 잘 어울린다는 문학 이론이 풍비하던 시대였고, 이를 수용하여 성실한 독자로 행복하였습니다.

문학 청년기에 가장 먼저 만나 뵌 충청권 수필가는 널리 알려진 공주교육대학교의 원종린 교수님이었습니다. 대학교 도서관장으로 영어를 가르치셨던 선생의 가르침을 받은 바 있고, 말씀을 통하여, 수필에 대한 이론과 함께 선생의 작품을 감상하며, 수필의 독자로 성장해 왔던 것 같습니다.

특히 1963년에 발간한 김진섭 선생의 저서『聽川 隨筆 評論集』을 접할 수 있었던 것은 경이로운 일이었습니다. 변변한 도서관도 없이, 책 한 권 사볼 수 없이 성장한 시골 청년이 이 책을 만나면서 '나'에서 '우리'를, 다시 '우리'에서 '세계의 지성인'들을 만날 수 있었습니다. 이런 마음 때문이었을까, 지천명을 넘길 때쯤 귀한 분이 이 책을 선물로 주셔서 나만의 '보물'로 간직하고 있습니다.

거의 같은 시기에 서울대학교를 졸업하고, 충남에 있는 예산고등학교 교감으로 근무하며 수필을 쓰던 최영도 선생이 수필집『태양이 있는 밤』을 1972년에 발간하였습니다. 필자도 같은 지역에서 교사로 근무하던 시기여서 증정 받아 읽었습니다.

저자로부터 직접 받은 첫 번째 책이었습니다. 한국문인협회의 '월간문학사'에서 발간한 이 책의 서문 역시 충청권 수필의 여명을 밝힌 이재인 선생이 집필하였습니다. 말미의 '발(跋)' 역시 충청권 수필가 심호택 선생이 집필하여, 이 책은 온전히 충청권 수필가들이 합심하여 발간한 책으로 여겨졌고, 그 분들에 대한 존경심이 컸음을 밝힙니다.

이 시기를 기점(起點)으로 많은 수필가들이 활동하였고, 여러 수필집들이 발간되었습니다. 다양한 수필집을 모두 읽기는 어불성설(語不成說)이었으매, 널리 알려진 책을 구입하거나, 인연에 따라 증정 받은 수필집을 읽었습니다. 홍재헌 수필가, 김영배 수필가, 조남익 시인 등의 저서를 열독한 바 있습니다.

이렇게 순수 독자로서 수필을 바라보다가 수필집 발간이 보편화되면서 수필문학에 대한 관심이 되살아나 새삼 '독서록'을 집필하기 시작하였습니다. 때로는 수필집을 발간하며 '해설'을 부탁하여, 작품을 분석하거나 문학성을 탐구하는 일이 늘어났습니다. 이렇게 쓴 평설이 50여 편에 이르러 수필평론집을 발간하기에 이르렀습니다.

평설 전체를 한 권의 수필집에 수록하기에는 책의 부피가 걱정스러울 정도로 두꺼웠습니다. 그리하여 충청도 출신 수필가의 작품에 대한 평설이거나, 다른 지역 출신이지만 충청권에서 활동한 수필가에 대한 평설로 한정하였습니다. 이 범주에 들어도 필자의 심중에 미진한 일부 평설은 다시 수정하고 보완하여 후일에 발표하기로 작정하였습니다.

최근에 집필한 글들은 문학평론임에도 불구하고 경어체 서술어를 사용하고 있습니다. 필자의 글을 독서할 불특정 독자들에 대한 고마운 마음의 표시입니다. 이는 다시, 글을 쓴 분들에 대한 존경심과 감사한 마음으로 전이되어, 그분들에게도 가능한 범위에서 경어체 서술어를 쓰려고 합니다.

앞으로 '소설'에 대한 평론집, 그리고 '아동문학'에 대한 평론집을 순차적으로 발간할 요량입니다. 이와 함께 '시'에 대한 평설은 기백 편에 이르러 5~6권의 평론집으로 편집할 계획입니다.

인연이 닿지 않았던 수필가들의 작품도 세심히 감상하고 독서록을 작성할 요량입니다. 그리하여 수필에 대한 더 깊은 지경에 이르기를 소망합니다.

이 책이 발간되도록 도와준 대전문화재단에 고마운 인사를 드립니다. 좋은 인연으로 평설을 집필하였기에 수필가님들께도 깊이 감사드립니다. 앞으로 좋은 독서록을 집필하기 위해 가일층 노력하겠습니다.

저자 리 헌 석 손모음

* 집필 연도에 따라 수필가의 직책, 저서, 수상 등 약력이 현재와 다를 수 있습니다.

제3부 이성적 논리와 정서적 감동

1부

진실의 힘과 감동의 메아리

◇ 김예식 수필론『34만의 외출』평설. 1996

진실된 삶의 진솔한 투영

1.

사람은 왜 사는가? 어떻게 사는 것이 가치로운가? 이런 의문점에서부터 삶의 방향이 결정되고, 한 사람의 삶에 대한 평가가 달라지는 것이라 할 때, 김예식의 삶은 그의 회고록『34년만의 외출』에서 투명하게 확인할 수 있다.

그는 이 저서의 서문에서 〈하늘을 우러러 부끄러움이 없는 생활이었던가? 항상 마음 속에 간직한 말이었으나 그러하지 못했다〉고 자신을 반성하고 있다. 이 글에서 확인할 수 있는 것은 그가 간직한 반성의 진정성이다. 다른 사람들 앞에서 하는 반성보다는 자신 스스로에 대한 반성과 허식이 개입될 여지가 있지만 자신에 대한 반성은 그럴 필요가 없기 때문이다.

그는 국리민복(國利民福)을 위해 봉사하는 공무원 생활을 시작한지 34년만에 정년 퇴직하게 되었다. 정년 퇴직에 앞서 평생 동안 집필한 원고를 모아 회고록『34년만의 외출』을 발간한 것이다. 그는 정년 퇴직을 외출로 생각하고 있다. 어찌보면 공직 수행의 와중에서 벗어나는 상황이 외출과 동일한 범주로 파악될 수 없다는 심리적 일단을 표출한 것도 같다. 말하자면 국리민복을 위한 봉사가 아직 끝나지 않았다는 심적 일단을 표출한 것이며, 이것은 그가 견지하고 있는 삶의 자세를 명징하게 보여주는 것이다.

올곧게 살아온 그의 평생이 담긴 회고록을 분석하면서 간략하게 정리하고자 한다. 다만 한 사람의 평생을 몇 자 평설로 정리한다는 것 자체가 어찌보면 어불성설(語不成說)이라는 점을 인식하고 필자에게 각인된 일부 면면만을 도출하고자 함을 밝힌다.

2.

김예식의 삶은 문화에 대한 애정에서 출발하고 또한 문화에 대한 열정으로 맺음하고 있다. 뛰어난 문화가 위대한 정신의 소산일 수밖에 없다는 가정에서 볼 때, 또한 인류의 삶이 위대한 문화를 이룩한 것이라 할 때, 문화에 대한 애정과 열정은 바로 인간의 삶에 대한 애정이고 열정인 것이다. 그가 감싸 안을 수 있는 범위 내에서, 열정적으로 사랑할 대상을 찾아 거침없는 사랑을 퍼부은 것이다.

백범 김구 선생은 우리 나라가 세계에서 가장 아름다운 나라가 되기를 원하셨지 가장 부강한 나라가 되기를 원하시진 않았다. 또한 백범은 우리 나라가 일제의 침략으로 가슴 아팠으니 우리나라가 남을 침략하는 것을 원하지 않으셨다. 또한 백범은 생활이 풍족할 정도의 부(富)와 남의 침략을 막을 정도의 힘으로 만족하셨다. 그러나 백범은 오직 한없이 가지고 싶은 것이 있었으니 그것은 높은 문화의 힘이었다. 문화의 힘은 우리 자신을 행복하게 할 뿐만 아니라 남에게도 행복을 줄 수 있는 것이기 때문이라는 것이다.

결국 김예식의 의식 속에도 이러한 문화에 대한 사랑과 갈구가 간절하였기 때문에 문화 사랑에 온 열정을 바칠 수 있었던 듯하다. 그는 공무원으로서 문화와 관련된 부서에 임명 받아 공무를 수행하다가 타부서로 옮겨서도 지속적으로 보여 준 그의 문화 사랑이 이를 확인시켜 주는 것이다.

그가 사랑으로 감싸안은 문화재는 수없이 많다. 그런 그의 활동에 영향 받아 여럿이 어울려 활동한 경우까지 합하면 더할 나위 없이 많은데, 이런 활동에 의한 결과를 토대로 확인할 때, 그는 향토문화와 파수꾼임에 틀림없다. 대표적인 몇 가지 사례를 정리하면 다음과 같다.

*국보 197호 청룡사 보각국사 정혜원융탑 : 김예식이 충북 중원군청 문화공보실장으로 재직시 1970년 청룡사 옛절터 쓰러진 석탑을 복원하고 문헌으로 정리, 신청하여 1977년 국보로 지정되었다. 또한 부도 앞의 사자석은 보물 657호로, 부도 뒤의 비석은 보물 658호로 지정되었는데, 김예식과 그의 이웃이 보여준 문화 사랑의 결실이다.

*국보 205호 중원고구려비 : 1977년 김예식을 포함한 예성동호회와 동국대 박물관이 공동으로 입석고비를 확인하고, 1978년 고구려비로 판독되었으며, 국보로 지정되었다. 이때 발견하고 확인하여 국보로 지정하지 않았다면 아마도 이름 없는 선돌로 남아 있었을 것이라는 것을 상기할 때, 대단한 업적임이 틀림없다.

*경종대왕 태실 복원 : 일제시대 조선의 기맥(氣脈)을 끊고, 우리의 민족호은 말살하지 위해 일본인들이 파괴한 문화재를 복원했다.

경종대왕실비를 근거로 하여 만난(萬難)을 무릅쓰고 복원하여 민족의 기맥을 되살린 것은 공무원으로서 뿐만 아니라 문화를 사랑하는 파수꾼으로서의 역할을 다한 쾌거라고 할 수 있다.

*기타 : 세계 최초의 금속활자를 제조한 홍덕사 명문 금구편의 발견, 조선통폐지인과 민비의 행방, 태화 4년 명 마애불 보호, 옥천 삼층석탑 보존 등 많은 업적을 보이고 있으나 사실 필자에게 가장 크게 울리는 그의 업적은 중원문화권의 성립이었다. 우리의 문화권은 왕도 중심이었다. 경주를 중심으로 한 신라문화권, 공주와 부여를 중심으로 한 백제문화권, 제주도의 특수문화권, 그리고 가야문화권 등이었다. 이에 김예식 등은 충주를 중심으로 한 중원문화권을 설정하고, 학계와 정 · 관계를 논리적으로 설득하여 이의 성립을 이루었다. 즉 신라의 중원경, 고구려의 국원경이었던 충주, 국토의 중심인 충주, 역사상 국방의 보루였던 충북 충주를 중심으로 한 중원문화권의 창설에 그가 차지한 몫은 아무나 흉내낼 수 없는 특별한 업적이다.

그가 견지하고 있는 우리의 고문화에 대한 사랑과 열정은 앞으로도 지속될 것이고, 이런 정신은 그의 노력만으로 완성되는 것이 아니라, 후학들에 의해 계승될 때, 문화의 연속성이 유지될 것이다.

3.

김예식의 공직에 대한 자세는 소명의식의 발현에 다름 아니다. 그가 공직에 들어선 이유는 호구지책을 위해서라고 한다. 그러나 공무원으로서의 처한 상황에 자신의 능동적인 사고, 끊임없는 연찬, 확고한 소명의식이 융해되어 힘을 발휘할 때, 개인과 국가의 발전은 기약될 수 있는 것이다.

어느 자리에 있든지, 자신의 위치에서 최선을 다하는 자세는 아름다운 법이다. 공직의 수행도 그러하고, 학자나, 예술가, 체육인, 회사원 등 어느 부류에 봉직하던지 최선을 다하는 모습은 아름답고 존경받게 되어 있다. 김예식의 삶도 이런 전제에서 아름답고 존경받아 마땅하다. 그가 견지하고 있는 공무원으로서의 자세는 공무원 사회에 하나의 전범을 보이고 있기 때문이다. 그보다 지식이 높은 사람, 그보다 지혜가 뛰어난 사람, 그보다 힘이 있는 사람, 그보다 권위가 있는 사람이 있을 수 있지만, 그는 그가 처한 위치에서 최선을 다했기에 그의 삶은 가치로운 것이다.

공무원으로서의 그의 자세는 최고가 되고자 하는데 있다. 문화재 사랑에 대한 최고, 세정에 대한 최고, 공무원 교육에 대한 최고를 지향한 것이다.

*세정의 보루 : 그는 〈苟政이 猛於虎라〉는 것을 잘 알고 民福을 위해 최선을 경주했다. 그러나 큰 기업의 탈세는 끝까지 막고 징세를 하였다. 한일시멘트공장, 현대시멘트공장, 관광호텔의 세금 징수는 온갖 어려움을 무릅쓰고 이루었다. 이 뿐만 아니라, 그는 세정의 연찬에도 힘써서 제4회 충북지방 세정연찬회 최우수논문으로 입상하기도 했는데, 제목은 「세제면에 있어서의 문제점과 개선 방안」이었다. 이후 그는 수차fp 상을 받기도 했고 또한 발표자로서, 또 교육자로서 공무원들의 연찬에 공헌한 바 크다. 이 모든 것이 그의 적극적 사고와 끊임없는 노력의 산물이라 할 수 있다.

*문화재의 산 증인 : 문화재 사랑에 대해서는 이미 언급했다. 그런 업적 이외에도 그가 공무원으로서의 문화재에 대한 사랑과 열정을 확인할 수 있는 요소는 많다. 특히 1944년 1월의 인물로 선정된 신라시대의 음악가 우륵에 대한 안내서에 김예식의 글 「우륵의 생애」가 수록된 것은 그가 이미 사계에 정평이 난 연구학자라는 것을 증명하는 것이다. 또한 그의 논문 「향토문화의 보존과 문화원의 역할」은 반사상태의 향토문화에 대한 연구에 경종을 울린 수작이라 평가받고 있다.

*공무원의 역할과 자세 : 김예식은「지방자치시대 공무원의 역할」에서 다음과 같이 예상하면서 공무원들이 빨리 적응하기를 고대하고 있다. 첫째, 지방자치에 정치논리가 정책결정의 주요변수로 등장하고 전반적으로 지방행정의 정치화가 예상된다. 둘째, 지역 주민의 참여 확대와 행정수요의 폭발적 증대가 예상된다. 셋째, 중앙권한의 지방이양 및 자체시설 개발의 필요성에 따라 업무량의 확대 및 다양화가 예상된다. 넷째, 중앙과 자방 그리고 자치단체간의 갈등과 마찰이 심화될 것으로 예상된다. 다섯째, 민선단체장과 부단체장 및 기존 공무원과의 마찰이 우려된다. 이런 전제로 공무원들이 가져야 할 자세를 제시하고 있다. 첫째, 공무집행의 철저한 정치적 중립성이 요구된다. 둘째, 공무원 자신의 경쟁력 확보를 위한 전문성 제고가 시급하다. 셋째, 기업가적 경경마인드 형성이 필요하다. 넷째, 주민을 위해 질 높은 행정서어비스를 제공하는 봉사자세를 확립해야한다. 다섯째. 중앙과 지방간, 지방상호간 공동의 선을 찾아가는 동바자적, 합리적 업무 처리 자세가 필요하다. 여섯째, 법령에 근거한

원칙과 소신을 중시하는 근무자세가 요청된다. 어떻든 이런 문제점을 예상하고 그에 대처해야 하는 것은 공무원으로서 가져야 할 덕목 중의 하나임에 틀림없다.

*향토 발전의 비전 제시 : 김예식은 향토의 발전에 지대한 관심을 갖고 그 해결책을 논문과 언론을 통해 제시한 바 있다. 특히 충주인으로서의 그는 충주의 발전에 특별한 애정을 보이고 있다. 이런 자세를 향토인 모두 견지한다면 해당 향토의 발전을 가져올 것이 확실하고, 모든 향토가 이런 발전을 이룩한다면 국가의 균형적인 발전도 기약될 수 있는 것이다. 이런 면에서 그의 자세는 공무원으로서의 귀감이 되기에 충분한 것이다.

행정공무원으로서의 김예식, 문화재 연구인으로서의 김예식, 그 이전에 그는 문인이었다. 충주고등학교 3학년 재학시에 이미 〈충청일보〉 신춘문예 소설부문에 소설 「달빛 아래서」가 가작으로 당선되어 한 사람의 소설가로 자리매김되어 있었다. 그래서 그는 문화재와 관련된 수필에서도 물이 흐르는 듯한 유려함을 더하고 있는 것이다.

그후 군에서 창작한 소설이 상급자에 의해서 불에 태워지고, 본인의 술회대로 이무영 선생과의 만남에서 얻은 정신적 갈등에 따라 절필했을 뿐이다. 그러면서도 그는 쉬지 않고 글을 발표했다. 신문과 연구서적, 잡지, 동호인회지 등에 발표한 그의 글은 다분히 잠복해 있던 문인의 기질에 덕을 본 것이다.

그러다가 그는 전태익, 최진섭, 지용옥, 김기원 등을 만나면서 충북 도청 산하의 공무원들 중 문인들의 모임인 〈행우문학회〉를 조직하고, 초대회장이 되면서 기실 문학의 길에 다시 발을 들여놓았다.

이때는 소설이 아니라 수필분야의 회원으로서 그의 사상과 감정이 무르녹은 글을 발표하곤 했다.

행우문학회의 활동을 10년 가까이 지켜보고, 그들의 권유에 의해 발간하는 그의 회고록『34년만의 외출』을 보면서, 그는 어쩔 수 없는 문인의 '끼'를 타고난 사람이고, 어떤 일에 대한 집념 역시 최고와 최선을 경주하는 예술가의 기질을 보여주는 것으로 파악되었다.

그의 첫 번째이자 마지막 소설인 「달빛 아래서」는 일제시대의 피폐한 농촌과 당시 식민지 상황에 끌려가는 무기력한 농민의 생활을 사실적으로 표현하고 있다. 특히 가난과 질곡의 원인이 민족정신이 용해되어 있다. 주인공인 최점지는 손자를 학교에도 보낼 수 없을 정도로 궁핍했고, 그로 인해 이웃의 밭에 가서 보리를 도둑질해야 하는 극빈 상황이었다. 현실의 질곡으로 죽음과 삶을 반추하는 고통 역시 아들의 일제 징용에 의한 것으로 구성되어 있다. 이 작품이 좀 더 깊이 있게 연구된다면, 항일 문학의 선두에 설 수도 있는 훌륭한 작품이라는 것을 알 수 있다. 물론 소설의 제 요소와 관련, 현대적 기법상으로 분석할 때, 부족한 부분이 산견되기도 하지만, 당시 고등학생의 신분으로 이만한 저항 정신과 통찰력을 보여준 것은 놀라운 창작임에 틀림없다. 특히 복동이라는 아이를 중심으로 한 어른들의 사랑은 현실적 절망을 더욱 아름답게 드러나고 있다. 또한 포악한 황서방과는 달리 인정어린 이첨지를 통하여 제시되고 있는 고난의 탈출 암시는 소설 기법상에도 특출한 바 있다. 만약 그가 계속하여 소설 창작ㄷ을 했더라면 그는 뛰어난 작가가 되었을 것이 분명하다. 인생은 하나의 삶을 선택할 수박에 없기에 내려본 가정이다.

또한 그의 수필은 진실한 삶을 진실되게 표출하였고, 일관된 삶의 자세를 보여주고 있기 때문에 독자들의 사랑을 받기에 충분하리라고 믿어진다. 진실한 삶을 진솔하게 투영하는 것보다 가치로운 것은 없기 때문이다.

4.

김예식의 회고록 『34년만의 외출』을 통독하고 정독한 바를 분석하고 정리한다. 서두의 말처럼 한 사람의 다양한 삶을 간략하게 정리한다는 것이 어쩌면 외람된 일인지 모른다. 그러나 이런 작업이 한 사람의 삶에 대한 이해를 돕는 방편이라고 믿으며 정리한다.

첫째, 김예식은 문화재 사랑에 투철한 사명의식을 갖고 있으며, 그로 말미암아 수많은 업적을 이루었다. 이는 그가 견지하고 있는 정신 문화에 대한 열정의 소산이다.

둘째, 김예식은 공무원으로서 남다른 자세를 보여주고 있다. 맡은 바 임무를 소신에 따라 완수하며, 끊임없는 연찬의 자세를 견지하고 있어, 여타 공무원들의 귀감이 되고 있다.

셋째, 김예식은 문인으로서의 집념어린 자세를 보여주고 있다. 그런 정신은 문화재 사랑과 공무원으로서의 자세로 승화되어 그가 봉직한 34년의 존경받는 삶의 투영으로 확인되고 있다.

우리 문화에 대한 사랑의 회신, 청렴하면서도 국리민복을 위해 최선을 다한 공무원, 문인으로서의 꼿꼿함을 보여준 김예식, 그의 여생(餘生)에 연부역강(年富力强)과 일신우일신(日新又日新)을 빌면서 맺는다.

◇ 박노선 수필론 『반딧불이의 노래』 평설. 1996.

삶의 순수성과 치열한 창작 의식

1.

수필가 박노선은 1932년 대전에서 출생하여 대전에서 성장하고, 또한 이순(耳順)이 넘도록 대전에 뿌리를 내리고 살아온 대전의 토박이다.

그는 언행과 사상에 꾸밈이 없이 순수하며, 군자의 덕을 지니고 있다. 그는 언행에 사상까지도 일치시키고 있어 많은 사람들이 그를 일컬어 사상 · 말 · 실천력 삼자(三者)를 갖춘 삼위일체(三位一體) 인간상이라고 칭송하고 있다. 그의 수필을 보면 더욱 명징하게 드러나는데, 그의 인격이 묵향처럼 은은하게 배어 있기 때문이다.

그는 첫 수필집 『반딧불의 노래』 '머리말'에서 그의 인생관, 그리고 작품 창작에 대한 치열한 의식의 단면을 보여주고 있다.

> 사시의 변화와 비나 눈이 내리는 날에 항상 새로움을 느끼고, 남이 마땅치 않게 생각하고, 싫어하고, 우습게 여기고, 하찮게 생각하는 일을 나는 귀중히 여기고 사랑하며, 평생

을 동행하는 외로운 고독의 일로 여기고 싶기 때문이다.

〈중간 생략〉

수련을 쌓는 기사(騎士)나 외로움과 사투(死鬪)하는 수도승은 일정한 기간이나 한도가 있을지 모르나 독서하고 숙고하며 무엇인가 집필하는 일은 한도 끝도 없는 작업이 밤낮을 가리지 않고 이어지는 것이며, 더구나 그것은 새로워야 하고, 신선해야 하며, 자기 나름의 철학을 주장해야 하는 처지가 긍정스럽기도 하다

—「머리말」 중에서

세속의 흐름과는 달리 작거나 잊혀져 가는 것에 애정을 갖고 있는 박노선 수필가의 독자적 인생관을 보여주고 있는 글이다. 또한 새롭고 신선한 수필을 창작하고 싶다는 심적 단면을 표명하고 있는 글이기도 하다. 이는 고독한 가운데 개성 있는 수필을 창작하겠다는 작가의 마음다짐에 다름 아니다. 이처럼 그는 훌륭한 작품 창작에 남달리 집착하는 치열한 의식을 보여주고 있다.

오직 한 가지, 좋은 수필 창작에만 집착하는 그의 순수성을 대하고 나서, 그의 작품을 대했다. 나름대로 인식하고 있었지만, 그의 수필을 재독하고 다시금 놀랐다. 한 사물에 대한 그의 인식이 예리하고 정확했기 때문이다. 또한 사물에 대한 속성(屬性)을 삶과 연계시켜 전개해가는 놀라운 힘이 있기 때문이기도 했다.

그러면서도 그가 견지하고 있는 순수성을 끝까지 지닐 수 있었다는 것은 진정한 수필가로서의 면모를 유감없이 보여준 것에 다름 아니다.

2.

박노선 수필가의 작품에서 찾은 첫 번째 영역은 사물에 대한 긍정적 인식이다. 그는 사물에 대한 예리한 인식 속에서도 훈훈한 인정과 삶의 참모습을 찾아내어 형상화하고 있다.

그의 작품 「모과」를 보면, 모과에 대한 여러 특성을 효과적으로 표현하고 있다. 아마도 수수하고 토속적인 것을 좋아하는 작가의 의식이 빚어낸 작품이기 때문으로 보인다. 작가는 모과를 우리 민족성을 지니고 있는 과일로 인식하고 있다. 과일로서의 약점을 극복하고 향기와 약효로 훌륭하게 역할을 다하는 것에 의미를 부여하고 있다.

말하자면 겉모습보다는 내실에 더 무게 중심을 두고 있다. 속설(俗說)에 '어물전 망신은 꼴뚜기가 시키고 과일전 망신은 모과가 시킨다.'고 하듯이 겉모습은 그야말로 모잘 것 없는 것이 모과이다. 그러나 그는 이런 평범성을 거부하고 작가 나름대로의 프리즘(prism)을 통해 개성적으로 형상화하고 있다. 말하자면 작가의 심적 편린이 작품 속에 용해되어 있는데, 그는 이를 모과라는 제재를 통해 구체화하고 있다.

> 모과는 우리 민족성을 상징하는 과일이라 하겠다.
>
> 허여멀건한 양리(洋梨)나, 흑진주를 뭉쳐놓은 것 같은 포도가 서양이나 서구를 상징한다면, 모과는 동양적이며 그 중에서도 순박하고 토속적인 면으로 보아 다분히 한국적이라 하겠다. 아무렇게나 뭉쳐놓은 메주덩이처럼, 제멋대로 생긴 모과는, 고대로부터 내려오는 우리의 꾸밈없고 소박한 민족성을 그대로 반영하는 잔상(殘像) 같다고나 할까…….

> 마치 그의 향기는 조상님의 엄숙하고 점잖은 인격의 성품이 역력히 몸에서 풍겨 퍼지는 것 같다.
>
> — 「모과」 중에서

수필가 박노선이 느끼는 모과는 외양과는 달리 지고지선(至高至善)의 가치를 지니고 있다. 그것은 모과에 대한 독자적 프리즘 때문일 것이다. 그는 모과를 비유적으로 정의함에 있어, 앵두처럼 앳되고 청순한 소년기를 지나고, 석류처럼 정열적인 청년기도 지나고, 또한 원숙한 장년기도 거쳐 이순(耳順)에 들어선 경지로 보고 있기 때문이다. 동병상련(同病相憐)의 대상으로 모과를 인식하고 있는 듯도 하다.

구체적 사물을 통해 삶을 조감(照鑑)하는 바, 이런 인식은 그가 견지하고 있는 긍정적 인생관에 기인된 것이다. 이로 인해 달관적 자세를 작품 속에 용해시키고 있는데, 자연을 통한 형상화도 뛰어나다.

> 하늘을 덮은 수해(樹海)의 지붕을 뚫고 화살처럼 내리꽂는 햇빛줄기로 겨우 물체의 윤곽을 판별케 한다. 사시사철 극심한 온도의 변화가 연속되어도 숲속은 군자인 양 태연하고 그 변화에 무관심하다.
>
> 솔 향기 짙은 내음은 아무리 마셔도 질리지 않는다. 탁수가 여과되어 청수를 빚듯, 밖에서 불어오는 탁한 바람은 이곳에서 걸러져 청풍으로 변한다. 어찌 그뿐이랴, 세속의 일은 이곳에서 정화되어 안거(安居)내지는 무심의 경지에 이르게 한다고 볼 수 있지 않은가

—「숲에서」 중에서

이 글에서 보여주는 작가의 품성은 바로 군자의 도이며, 장자(莊子)의 무위자연과도 상통하고 있다. 문맥의 흐름도 그러하지만, 묘사의 뛰어남으로 이 작품은 수필을 읽는 쾌감을 주고 있다. 그는 이 글에서 〈날이 갈수록 불신의 시대로 바뀌어 가는 속세의 일들을 잠시나마 잊고 싶은 마음에서 신선한 숲을 찾게 되면 스스로 현자인 양 겸손해지고 달관해진다.〉고 술회하고 있다. 결국 그는 자연을 통해서 입신 수양의 겸양지덕을 내면화하고 있는 것이다.

이렇듯이 작가의 내면이 자연과 융합하여 아름다운 수필로 승화(昇華)한 글은 여러 편에서 산견된다. 「구봉산에 오르다」「등산길에」「계족산성」 등의 글에 잘 나타나 있다. 특히 상황에 맞는 시(詩)를 적재적소에 인용하여 감동의 진폭을 확대하고 있는 것도 효과적인 표현이다.

3.

박노선 수필가의 작품에서 찾은 두 번째 영역은 우리 문화유산에 대한 남다른 애정이다. 그는 생활의 어려움 속에서도 문화재를 찾아 역사적 의미를 재조명하고 있다.

토인비가 말하기를 역사는 도전(挑戰)에 대한 응전(應戰)의 소산이라고 했다. 박노선 수필가는 망각 과정의 문화재에 대한 애정을 토로하여 응전의 자세를 확립하고 있다. 이러한 의식이 용해된 작품은 「윤고산과 보길도」를 비롯하여, 「송강의 유적지」「김삿갓 유적지를 찾아서」「정다산 유적지」「도계서원을 찾아서」「계백 장군 묘를 찾아서」 등인데, 대부분 작가가 존경하는 분들의 유적에 대한 답사 형식을 갖춘 것이다.

「윤고산과 보길도」에서는 고산 윤선도의 시조(時調)를 인용하여 계절별 정취를 드러내고 있으며, 토말비(土末碑)의 내역을 인용하여 민족의식의 단면을 드러내고 있다. 또한 목적지 보길도를 향한 작가의 심회가 애틋한데, 심리적 묘사가 뛰어나다. 〈목적지인 보길도(甫吉島)는 여기 땅끝에서도 남쪽으로 배를 타고 얼마간은 더 가야 한다 하니 그럼 바다 속으로 떨어지지나 않을는지, 그림처럼 펼쳐진 크고 작은 섬의 풍경에 시간 가는 줄을 몰랐다. 그리고 아름다운 광경이 어느덧 서글픈 마음으로 젖어드니 허무하게 살아온 나그네의 회한(悔恨)이라 할까.〉 그러나 낙서재를 찾는 과정에서 느끼는 부실한 유적관리에 대한 분노를 표출하기도 하고 문화재 당국에 방안모색을 당부하기도 한다. 〈고산처럼 훌륭한 문인의 유적을 너무 소홀하게 생각하는 것 같았다. 당국에 단 한 사람이라도 관심 있는 이가 있더라면 이렇게 무심하게 방치해 놓을 수가 있을까.〉 하면서 그는 〈하루속히 문화유적 탐구인이나 관광인, 기타 후학들에게 친절한 안내를 제공해 줘야 될 줄 안다.〉 고 제안하고 있다.

여타의 작품에서도 시를 인용하면서 문화유적의 의미를 되새기고 있다. 대체로 문학과 관련된 유적이나 소외된 문화유산에 대한 애정이 오롯하게 정리되어 있다. 그러면서도 작가의 유려한 문체로 현장감을 갖게 하는 매력이 있다.

가을비는 옷을 적실만큼 추적추적 내리고 있다.

어쩌면 이 암울한 송림과 풀과 돌과 단묘와 함께 비를 맞으며 서 있는 것도 자연과의 인연인가. 천진난만하게 나뭇가지에 말을 타며 노닐던 어린 단종의 모습이 윤회하듯 비에 실려 영상될 수는 없는 것일까. 처연하고 고적했던 당시의 모습과 비화(秘話)가 뿌리에서부터 가지를 타고 잎에 이르기까지 연신 오르내리는 것 같다.

반천 년의 풍상을 겪으며 인간들의 희 · 로 · 애 · 락을 묵묵히 지켜보며 영원한 함구(緘口)의 성상(聖像)인 양 서 있는 관음송 앞에 나그네의 속절없는 넋두리는 무한한 아쉬움에 사로잡힌 심정이었다.

— 「비에 젖는 관음송(觀音松)」 중에서

이 글은 조선 단종 임금의 유배지였던 강원도 영월에 있는 소나무에 대한 수필의 끝부분이다. 단종의 「두견시」 후절의 안타까움과도 일맥 상통하는 애절함과 무상함이 묘사를 통해 절절하게 표현되어 있다. 작가가 번역한 단종의 한시(漢詩)를 한 번 보자. 〈두견새 울다 지친 새벽녘에 지다만 달빛은 환한데/ 피흘린 봄 골짜기에 떨어진 꽃은 붉게 물들었고나/ 하늘마저 귀먹어 이내 슬픔 하소연 들어주지 않는데/ 어찌하여 너의 구슬픈 소리가 근심 많은 내 귀에만 들려오는고〉 사랑하던 왕비와 가족들을 그리는 소년왕의 애절한 심리가 잘 드러나 있는 시인데, 작가는 이 시를 인용하여 그 애절함을 배가시키고 있다. 소년왕의 애절한 상황을 모두 보았을 역사적 증인으로서의 소나무와 함께 현실에서 비를 맞는 작가의 처연한 심리가 잘 드러나 있다.

이처럼 그는 화려하게 드러나는 역사보다 애잔한 역사에 더 관심이 있는 듯싶다. 「계백 장군 묘를 찾아서」도 같은 맥락이다. 〈황산벌을 끌어안은 저수지에서 자욱이 피어나는 물안개는 1330년전 나제(羅濟)군의 말발굽에서 피어나는 질풍 같고, 산골짝에 빼꼭이 들어선 송림에 바람이 스칠 때, 피아의 군사들이 와와 질러대는 함성 같다. 종횡으로 내달리던 장군의 당찬 모습과 노도 같은 호령이 아직도 남아 있는 듯싶어 귀를 기울인다.〉에서는 과거와 현실을 오버랩기법으로 묘사하여 더욱 선명한 이미지를 창출하고 있다.

말하자면 작가는 역사의 현장이나 문화재에 대한 애정을 수필로 곡진(曲盡)하게 표출하고 있는데, 주로 화려하게 드러나지 않은 애잔한 사물에 경도되어 있다. 이는 박노선 수필가가 견지하고 있는 섬세하고 인정어린 성품에 의한 형상화로 보인다.

4.

박노선 수필가의 작품에서 찾은 세 번째 영역은 우리 사회에 대한 비판의식이다. 그는 사회의 여러 측면을 통하여 시시비비(是是非非)를 분명히 하고 있다. 그러나 이것은 비판을 위한 비판이 아니고, 밝고 따뜻한 세상에 대한 동경과 희망의 표출이다. 특히 그가 추구하고 있는 인간상은 선비 정신인 바, 이는 그의 생래적(生來的) 특질로 보인다.

「전자오락실」에서는 오락실 유흥비로 인해 싸우는 소년들의 에피소드를 통하여 우리 현실을 비판하고 있다. 그는 이 작품에서 〈돈이면 다된다는 황금만능주의를 어렸을 때부터 잘라버려야 한다. 특히 도박성이나 요행주의의 심리상태는 자라서 크나큰 범죄를 잉태한다는 걸 명심해야 할 줄 안다.〉고 청소년문제에 대한 대책을 제시하기도 한다.

「인정 불감증」에서는 현실에서 자주 목격할 수 있는 현상 중 약자나 노인에 대한 인정 불감증을 염려하고 있다.

> 목을 빼고 사람들 머리 틈새로 넘겨다 보니 사십대의 여인이 한손으로는 손잡이를 잡고 한손으로는 업은 아기의 포대기를 다독거리고 있다.
>
> 〈중간 생략〉
>
> 할아버지는 빈 자리가 없어 기사 뒤에 있는 기둥을 잡고 겨우 몸을 지탱하고 섰지만 누구 하나 자리를 양보하는 이가 없었다. 바로 옆에 노약자석에는 오륙 세쯤 되는 어린이가 앉았고, 그 뒤에는 20대로 보이는 여인이 앉아 있었다. 얼마동안 시간이 흘러도 할아버지에 대한 동정심이나 연민의 눈초리가 있어 보이지 않았다. 앉아 있는 사람들은 출렁거리는 차체에 편안히 몸을 맡기고 차창 밖을 주시하고 있으나, 서 있는 할아버지의 몸은 유난히 기웃둥거리고 흔들거렸다.
>
> —「인정 불감증」 중에서

이 부분은 객관적 묘사로 되어 있다. 즉 작가의 감정이나 주관성은 배제되어 있다. 그러나 독자들은 작가의 창작의도를 용이하게 파악할 수 있을 것이다. 아기를 업고 서 있는 여인과 노약자석이 있지만 서 있어야 하는 노인을 객관적으로 묘사하여 그들에 대한 연민을 불러일으키고, 또한 독자들의 인정을 자극하여 현대인의 불감증을 치유하고자 한 것이다.

또한 「대화에 대하여」에서는 현대인의 언어습관을 비판하면서 올바른 언행에 대한 지침을 강구하고 있다. 막된 말, 악에 바친 말, 폭언, 극언, 살인적 독언 등으로 타인을 공포에 떨게 하는 언행을 비판하고 있다. 동시에 부드럽고 듣기좋은 말, 아름다운 말, 온화한 말을 제시하고 있다. 이처럼 언행을 조심하여야 하는 이유도 밝히고 있다. 〈언신지문(言身之文)이라고 언어는 내 몸의 문장이란 뜻으로 말과 행동이 일치되어야 한다는 데는 이의가 없다. '말 헤픈 년이 서방질한다.'는 속담처럼 말은 행동을 수반한다는 것을 전제로 삼아야 할 것이며, 말이 씨가 된다는 것을 하나의 교훈으로 삼아야 할 일이다. 별 생각 없이 불쑥 튀어나온 한마디 말로 인하여, 돌연 악의적인 사실로 현실화된다면 그처럼 불행한 일이 없기 때문이다.〉 라고 하는데 이는 작가의 언행에 대한 관점을 구체화한 것이다.

더불어 인간 심성의 저변에 도사리고 있는 도박적 속성에 대한 경계도 늦추지 않고 있다.

> '도박'이라는 수렁에 빠지게 되면 잃었거나 땄거나 그 마력(魔力)을 떨쳐버리기가 어렵다. 잃은 사람은 본전을 만회하려는 기대하에 끊임없이 도전하며, 딴 사람은 오만을 부리며 더욱 신나게 대해주는 것이다. 잃고 따고 속고 속이며 감출래야 감출 수 없는 인간의 본성이 '돈'이라는 매개체로 적나라하게 나타나는 것이다. 상대방이 비참하게 쓰러지면 쓰러질수록 희열을 맛본다는 인간의 잔혹성(殘酷性)을 드러내

는 것이다. 마침내 '부자간에 노름을 해도 돈이 빈다.'라는 말에서 '노름에 미치면 마누라도 팔아먹는다.'하는 판이니 집문서 땅문서가 아까울 게 뭐랴.

—「도박인생(賭博人生)」 중에서

박노선 수필가는 도박에 몰입한 실존 인물을 통하여 도박의 의미를 되새기고, 또한 도박을 경계하며, 인생의 단면을 철학적으로 접근하고자 한 것 같다. 그는 미국의 초대 대통령이었던 워싱톤이 말한 바, 〈노름은 탐욕의 아들이요, 죄악의 형제요, 절망의 아버지다.〉라는 의미를 천착(穿鑿)하고 있다. 또한 그는 철학자 파스칼이 설파한 바, 〈모든 도박하는 자는 불확실한 것을 얻기 위하여 확실한 것에 건다.〉는 의미도 천착하고 있다.

그리하여 그는 도박성에서 벗어나 진실된 삶을 영위할 것을 제시하고 있는데, 파스칼의 주장을 인용하고 있다. 〈인간은 신의 존재를 믿든가 믿지 않든가 양자택일에 놓여 있으며, 인간의 이성으로는 이를 결정할 수가 없을 것이다. 따라서 우리가 가지고 있는 모든 밑천을 신의 존재에 걸고 도박을 한다면, 여기에서 지는 경우 한정된 손실을 입을 우려가 있으나, 이긴다면 영원한 축복을 얻게 될 것이다. 무한한 이득을 얻을 가능성이 있다면 한정된 손실은 마땅히 주저말고 신앙을 선택하라.〉 이 말은 '인생은 도박이다.'라는 전제에 뿌리를 두고 있으며, 인간의 모든 선택은 하나의 도박이라는 개념을 원용하기 위해 작가가 인용한 듯하다.

박노선 수필가는 사회의 여러 단면에서 시시비비를 분명하게 하고 있는데, 이는 거듭남을 위한 비판으로 보이며, 수필 속에 긍정적

비전을 제시하고 있어 신뢰할 수 있다.

5.

박노선 작가의 수필을 정독했으나, 수필가의 깊은 속내를 확연하게 분석하기란 참으로 난감한 일이다. 그의 평생 경험을 통한 인생철학이 녹아 있는 글에서 그 중심 줄기를 잡는다는 것 또한 지난(至難)한 일 중의 하나이다. 그러나 일차적으로 그의 수필에서 드러나고 있는 큰 가닥에 따라 분석하고 정리하는 것도 의미있는 일이라는 판단이다. 그의 다양한 작품 세계를 나름대로 분석한 바를 정리하면 다음과 같다.

첫째, 박노선의 수필은 사물에 대한 긍정적 인식을 보여주고 있다. 그는 어떤 사물에 대한 예리한 인식 속에서도 훈훈한 인정과 삶의 진정한 모습을 찾아내어 형상화하고 있다. 특히 작가의 내면이 자연과 융합하여 아름다운 수필로 승화한 글이 산견되는데, 글의 상황과 단계에 맞는 시(詩)를 적재적소에 인용하여 감동의 진폭을 확대하고 있어 매우 효과적이다.

둘째, 박노선의 수필 속에는 우리 문화유산에 대한 남다른 애정이 표현되어 있다. 그는 생활의 어려움 속에서도 문화재를 찾아 역사적 의미를 재조명하고 있는데, 화려하게 드러난 문화유산보다 애잔한 사물에 경도되어 있다. 이는 박노선 수필가가 견지하고 있는 섬세하고 인정어린 성품에 의한 형상화로 보인다.

셋째, 박노선의 수필에는 우리 사회에 대한 비판의식이 들어 있다. 그는 사회의 여러 측면을 통하여 시시비비(是是非非)를 분명히 하고 있다. 그러나 그것은 비판을 위한 비판이 아니고, 밝고 따뜻한 세상에 대한 동경과 희망의 표출이다. 특히 그가 추구하고 있는 인간상은 곧고 단아한 선비 정신인 바, 이는 그의 생래적 특질로 보인다.

이상과 같이 정리하였으나, 그리운 사람에 대한 추억을 담은 글, 아름다운 서정이 녹아 있는 글, 한국적 토속에 대한 남다른 애정을 보이는 글 등에 대한 천착이 미흡(未洽)했음을 토로한다. 동시에 그의 수필적 문채(文彩)가 빛남에도 그에 대한 논급(論及)이 부족했음도 밝힌다. 이미 훌륭한 수필을 빚어냈으니, 앞으로 많은 사람으로부터 회자(膾炙)되고 존경받는 수필가로 대성하리라 믿으며 맺는다.

◇ 박필규 수필론『아침 이슬 이 고운 금강석』평설. 1997.

불심(佛心)이 빚은 삶의 진정성

1.

수필가 박필규(朴畢圭)는 일제시대에 태어나고 자랐다. 그런 까닭으로 당시 대부분의 청소년처럼 힘든 청소년기를 보내여 했다. 특히 여고시절에 겪은 일본 학생과 한국 학생의 차별은 감수성이 예민한 시기에 충격으로 받아들여졌다.

광복과 함께 대학 진학을 앞두고는 남녀의 현격한 차별에 또한 분노를 터뜨려야 했다. 대학 진학의 어려움을 극복하고 졸업(경북대 사범대 사회과)한 후 일선학교 교사와 교장을 역임하면서도 학업에 대한 갈급증을 해소하고자 대학원에 진학하여 학문 연구에 몰두한 것도 그에 연유한 것으로 보인다.

영남대 대학원 동양철학과에서 동양철학을 전공하고, 이어서 계명대 대학원 일본문학과에서 일본을 알고자 일본문학을 전공했는데, 그는 여기서색다른 불교의 영향을 받게 되었다. 그리하여 그는 「밀교의 특질과 한국에서의 유통사적 과정」「空海의 三教指歸에 관한 研究」라는 논문을 발표하기에 이르렀고, 이와 관련하여 『밀교 명상과 심층 심리』『밀교 상승자』『불교란 무엇인가』 등의 번역서도 발간하기에 이르었다,

그는 수필 창작에도 힘써서 여러 지면에 수필을 발표하였다. 더불어 수필가들과의 교류에도 적극적이어서 한국수필가협회, 불교문인협회, 오늘의문학회, 한국일어일문학회, 영남수필문학회, 대구문인협회, 등의 문학단체에서 활동하고 있다. 또한 종교문화연구소 연구원, 회당(悔堂)학회 고문, 진각문학회 회장 등을 맡아 문학활동과 아울러 불교의 발전에도 이바지하고 있다.

그의 생은 일제시대의 참담함과 광복 후의 만난을 극복한 한국 여성의 질곡사(桎梏史) 자체였다. 그러나 불교에 귀의하면서부터 그의 내면에는 불심이 굳건히 자리잡게 되고, 그로 말미암아 긍정적이고 여유로운 사고의 원형을 구축하게 되었다.

2.

수필가 박필규는 아름다운 여심, 섬세한 여심을 수필로 보여주고 있다. 세상과 사물에 대한 따뜻한 시각이 남다르다. 불심에 의해 형성된 듯한 이런 형상화는 여러 작품에서 산견된다.

> 네모진 큰 굴뚝에서 나온 연기는 북풍에 쫓겨 동녘 마른 숲을 휩싸 덮었다. 나뭇가시 사이를 지나는 소리는 쏴아쏴아 하며 큰물졌을 때의 냇물소리와도 흡사하다. 만상(萬象)을 질타하는 불호령처럼 맹렬하다. 땡땡 땡그르 땡땡…….

풍경은 깨어질 듯 부딪친다. 깊은 잠에서 깨어나라고 조용히 울려오던 때는 어느 때던가.

뜰 아래는 가랑잎들이 구를 새도 없이 날아가며 부딪치는 소리가 쏴악쏴악 하고 있다. 산(山)모래가 창호지를 두두둑 친다. 모진 바람이 저렇게 몰아칠 때마다 어떤 좋지 않은 일들이라도 일어나지 않을까. 겨울이 오면 봄은 멀지 않다 하지마는, 겪고 있는 시려움은 마음을 얼게 한다. 이런 때라도 낮에 보았던 동향받이 축대의 돌 틈에 서있던, 여남은 가지의 전나무는 아무 일 없이 귀엽게 서 있겠지. 키가 클수록, 가지가 많을수록 바람 잘날 없는 몸부림은 괴롭다.

— 「산사 이제」 일부

수필가는 겨울 어느 날 스님들께 강의를 하기 위해 산사에 들러 하루 묵게 되었다. 그날 바람이 몹시 불고 추웠다. 바람이 부는 점경의 묘사와 더불어 자신의 심경을 은연중에 표출하고 있다. 이 작품은 묘사로 출발해서 심리적 추이를 보여주고 있다. 어린 전나무를 걱정하는 마음은 바로 한국적 모성의 발현에 다름 아니다. 같은 수필에서 겨울 산사를 찾아 머무는 사람들을 걱정하는 마음과 같다. 〈이불이 모자라지나 않은지, 낮엔 강의시간에 군불 연기가 매워서 혼났는데, 이젠 괜찮은지 할멈 걱정이 많다〉에서 보여주는 섬세한 배려가 동일 궤적의 형상화이다. 또한 〈가지가 많을수록 바람 잘날 없는 몸부림은 괴롭다.〉에서 보여주는 심상은 자화상의 발현에 다름 아니다. 물론 이는 자연 현상에 대한 순수한 직관일 수도 있으며, 이미 속담화된 우리 민족의 보편적 정서를 보여주는 것일 수도 있으나, 이 글에서는 자신의 처지를 완곡하게 표출한 것으로 보인다.

이렇듯이 일반적 사물에서 모성을 자각하게 되고, 그로 인하여 스스로의 내면을 한편의 글로 형상화하여 보여주는 것은 박필규 수필가가 지닌 특성 중의 하나로 보인다.

> 싱그러운 바람이 불어올 때, 새 삶의 윤기가 흐르는 파아란 깃발들을 수없이 흔들려 미루나무는 환호한다. 오월은 미루나무 잎사귀에 파득거리고 우리의 침체된 삶에 활력을 불어넣는다. 더러 황혼이 깔려오면서 젖은 바람이 세게 몰아붙일 때는, 긴 허리를 구부리어 허공에 비질을 하며 인고(忍苦)의 어려움을 보여주는 미루나무다.
>
> 〈중간 생략〉
>
> 학생들의 맨적삼의 싸움은 처절하다. 그것은 저 폭풍 속에서 높은 몸을 구부려 중천을 쓸며 얼러대고 부르짖던 포플러나무의 노호(怒號)와도 같았다. 간절한 소원을 성취해야 하는 고행의 길은 험난하고도 아득한가보다.
>
> ―「미루나무 아래서 드리는 기원」 일부

이 작품에서 작가가 밝히고자 하는 바는 명백하다. 자연 현상 속에서 삶의 일반적 원리를 천착하고자 한 것이다. 오월의 아름다운 자연과 대학생들의 시위, 그리고 양자를 바라보는 작가의 시선이 오롯하게 들어있다. 짧은 이 글 속에 변증법적 구조를 갖추고 있다. 〈저 파닥거리는 오월의 미루나무 잎에서 멈출 것과 나아갈 것을 생각해야 할 것〉 이라는 글에서 독자들은 아름다운 계절에서 시대적 의미와 삶의 진정한 의미를 천착할 수 있다. 또한 〈화염병은 플라타나스에 꽂혀 불붙고 최루탄은 터져 매운 연기를 내어뿜는〉 데에서 시대적 아픔을 확인할 수 있다. 그러면서도 〈저들이 외치는 조국의 통일과 진정한 민주사회는 언제나 이루어질까〉 노심초사하는 지성인의 고뇌를 함께할 수도 있다. 더불어 〈싱그러운 신록에 생기가 돌고, 복사꽃 꽃무리 지는 평화스럽고 아름다운 영원한 고향의 상념이 모두의 가슴을 적시는 그런 우리들의 세상〉 을 염원하는 아름다운 모성을 발견할 수도 있다.

이런 모성의 발현은「구름을 바라보며」의 〈예쁜 입술로 힘차게 젖을 빨아 입가에 흰 거품을 일굴 때면 엄마의 온몸에서 너를 향한 자애가 쏟아져 들어갔지. 저린 오뉴월 햇발처럼 형언할 수 없는 어미의 사랑과 기쁨이 가슴 가득히 너희들에게로 부어졌더란다.〉 에서 구체적이고 생생하게 드러나고 있다. 그러면서도 여성의 입장에서 자신의 경험을 소개하며 여성의 분발을 촉구하고 있기도 하다. 자신이 겪은 부자유, 불평등에 대해서 그는 〈그 원천은 대개 우리 역사 속에서 여성이라는 편견과 차별대우로 인한 원통함과 원망심에 인연한 것이 컷다.〉 고 보면서 현재의 상황도 〈지금도 많은 여성들과 열등한 종족들이 운명처럼 그 불평등을 눈물 속에서 감당하고 있다.〉 고 정리하고 있다. 그러면서 〈역사의 큰 소용돌이에 말리면서 이미 걷히어 가고 있다〉며 미래를 긍정적으로 보고 있다.

이런 심리적 갈등도「가야산에 다니면서」에서 인생무상을 체득하게 되고,「구름」에서 무위자연의 섭리를 감득하면서 그는 긍정적이고 따뜻한 여심을 보여주고 있다. 이는 어느 순간에 이루어진 것이 아니고 원천적으로 간직하고 있던 그의 모성적 심상이 작품으로 거듭난 것으로 보인다.

3.

수필가 박필규는 한국적인 것, 한국적인 멋을 수필로 보여주고 있다. 한국인이 한국적을 추구한다는 너무나 당연한 일이지만, 작금에 이르러 현대화가 서구화의 일환으로 받아들여지고 있는 현실에서 볼 때 한국인이 한국인다운 것을 추구하는 것은 정말로 귀한 작업이다.

> 우리의 숭늉은 꽤나 간소한 고유차다. 밥을 뜸들이다 보면 솥 밑에 노릇노릇 눌은 것에 살살 물을 부어서 주걱으로 두욱두욱 긁어서 끓이면 되는 것이고, 이것을 눌은 밥알이 들어가지 않도록 떠서 숭늉 쟁반에 놓아 두 손으로 공손히 갖다 드리면, 웃어른 대접이 되는 것이라 간단하다
>
> —「숭늉」 일부

그는 숭늉뿐만이 아니라 한국의 여성이 갖고 있는 고유의 정성과 사랑에 대한 향수가 남다르다. 이 작품에서 보면 현대적 커피문화에 대한 비판적 시각과 함께 우리 고유의 숭늉에 대한 특별한 애정이 엿보인다. 〈하루 세끼 짓는 밥의 부산물로 만드는 우리의 숭늉, 식후에 체하지 말라고 하는 뜻 말고도 지금의 커피나 녹차와 같이, 식구나 가까운 사람의 정다운 나눔의 구실을 하는 우리네의 숭늉〉이라며 예찬론이 한창이다. 그러나 박필규 수필가가 커피를 못 마시거나 녹차 마실 줄을 몰라서 숭늉 예찬을 늘어놓는 것은 아니다. 그는 이미 녹차문화에 대해서는 높은 식견이 있으며 동시에 사찰에서의 차문화에 익숙한 사람임을 그의 수필에서 산견할 수 있기 때문이다.

다만 가장 한국적인 것, 가장 서민적인 것을 사랑하다 보니, 숭늉에 대한 남다른 애정과 향수를 작품으로 형상화하였다는 것이다.

이렇듯이 한국적인 것에 대한 사랑과 향수가 짙게 드러난 작품으로는 「박넝쿨」「효자손」「호박」「산나물」「다락」「포대기」「씨앗」 등이 있다. 그 중에서 「올케놀이 땅뺏기」는 한국적인 것을 보여주면서 동시에 민족의 미래 소망을 보여주는 작품이다.

> 땅바닥을 쓸고 불고하여 정갈하게 해서 네모진 구역을 그려놓고 그 한 귀퉁이씩을 차지하고 땅뺏기를 시작한다. 오른쪽 엄지의 바닥 아래쪽에다 인지의 손톱을 꽉 말아 넣어 준비 자세를 취하고 올캐를 인지로 퉁겨서 올캐가 밀려나간 자리를 원 둘레의 끝으로하여 고를 그려나가 땅을 넓히는 것이다. 너무 적게 퉁겨내면 내 땅이 얼마 늘지 않고, 힘이 넘쳤다간 아웃되기가 십상이다. 소심한 애는 늘 조작조작 2,3 센티를 나가기가 고작이었고, 투기적인 아이는 힘껏 퉁겨서 자주 금을 벗어나곤 했다. 〈중략〉
>
> 그때의 땅뺏기놀이가 흙과 친한 놀이였고 '빼앗긴 들'을 다시 찾는 세대의 놀이였다면 오늘의 것은 미지의 무한한 가능성을 안은 시대를 맞이할 아이들의 놀이다. 〈중략〉 해가 뜨는 새아침, 둥근 달이 뜨는 저녁에 한없는 은혜를 느낀다. 우리 나라는 역시 살기 좋은 곳이다. 역사가 우리에게 어떤 손익을 가져온다 하더라도 무너지지 말고 의연히 대인답게 대처할 줄 알아야 할 것이다. 그런 인물로 키우는 놀이를 아이들에게 주고 싶다.
>
> ―「올케놀이 땅뺏기」 일부

인용한 글을 대략 세 부분으로 나누어 보면 다음과 같다. 첫 번째 부분은 놀이의 방법에 대한 묘사인데 구체적이어서 누구나 쉽게 이해할 수 있다. 이런 묘사력이 바로 수필가 박필규의 강점이라 할 수 있다. 수필이 서술로만 이루어질 때, 그 수필은 생명력을 반감하게 되고 마는 것이기 때문이다. 남다른 관찰력과 그것을 구체화하여 묘사하는 것, 이것이 작가의 힘이다. 두 번째 부분은 옛 놀이의 성격 규정이다. 땅뺏기 놀이는 이상화의 시 「빼앗긴 들에도 봄은 오는가」에서 상징적으로 보여주는 「빼앗긴 들」을 찾자는 의미의 놀이라는 것이다. 결국 그는 이 놀이를 통하여 민족정신을 발양할 수 있었다는 주장에 다름 아니다. 세 번째 부분은 민족의 미래에 대한 간절한 소망이다. 우리 민족의 놀이였고, 민족정신이 은연중 배양되는 그 놀이를 통하여 민족의 미래를 이끌 지도자를 육성하고자 하는 필자의 정신이 적나라하게 드러나 있다. 이런 놀이를 하며 자란 세대가 갖는 희망 중의 희망이 바로 민족의 미래에 대한 간절한 소망이라는 것은 어쩌면 당연한 명제인지도 모른다.

그러면서도 그는 동양적 풍류를 즐길 줄도 알고, 작은 것에서 큰 진리를 얻어 삶의 철학으로 정립하기도 하였다. 그의 작품 「명아주」에서 그가 말하는 바는 하찮은 사물에서 찾은 대오(大悟)였다. 조명이와 김천택의 시조에 나타난 명아주를 만난 작가가 학교 교정에서 웃자란 명아주를 관찰하고 삶의 철학을 재정리했다는 것이다. 명아주를 보고 그는 '하나의 생명의 완성! 나는 아득한 여로를 가는 나그네가 되어 그 그늘에 쉬고 있었다. 크고 작은 것이라든가 귀천의 분별 같은 것은 간데없고 오직 표현할 수 없는 경이와 감동뿐이었다. 틈만 있으면 여행이 하고 싶던 갈망이 어쩌면 그후로 없어졌는지 모르겠다. 저 작은 우주가 바로 가없는 큰 우주인데, 뛰어다녀도 더 신기할 것이 없을 것 같은 느낌에서였다.'결국 그는 일상사에서 돈오(頓悟)할 수 있는 자질을 한편의 수필을 통해 유감없이 보여준 것이다.

또한 생활 속에서 삶의 지혜를 터득하여 수필로 구체화하고 있다. 「후생가외」에서 보여주는 바, '지난 날 젊었을 때에는 장유유서를 머릿속에 두고 살았건만 이제 주위를 둘러보며 후생가외를 느끼고 심신을 격려하며 도도한 시대의 물결에 따르리라고 생각한다. 후생가외! 참으로 묘한 인과(因果)가 역사 바로 그것인 것을 절감한다.'에서는 삶에 대한 뛰어난 직관력을 보여주고 있다.

4.

수필가 박필규는 동심을 주제로하여 보석처럼 빛나는 수필을 빚어내고 있다. 여러 작품에서 보여주는 순수성이나 한국적인 것도 훌륭한 것은 사실이지만, 동심을 주제로 한 작품에서는 순진무구(純眞無垢)한 작가정신이 오롯이 배어 있다. 「아침이슬, 이 고운 금강석」에서는 어린 시절로 돌아가 아름답고 영롱한 동심을 형상화하고 있다.

> 여기는 풀섶입니다. 햇볕에 그을은 검스레한 종아리에는 촉촉한 이슬 줄기들이 조록조록 흘러내리고 금세 김발이 다 젖었습니다. 반짝! 반짝! 여기서도 저기서도 반짝거리는 영롱한 빛의 보석을 보았습니다. 정말로, 진짜로 고운 금강석

이었습니다. 그것은 밤하늘의 별보다도 더 빛나는 아름다움이었습니다. 풀섶 명아주 잎사귀에 앉은 것은 여왕구슬입니다. 풀피리감 잡풀 끝에 앉은 것은 좀더 작았습니다. 잎 끝에 앉아서 금방 떨어지려는 것은 방울도 보이지 않고 오색의 반짝이는 빛깔뿐입니다. 모두 다 놀랍게 아름답고 기함할 만큼 곱디고운 보석들이었습니다.

—「아침이슬, 이 고운 금강석」 일부

어린 시절의 아름다운 추억을 아름다운 언어로 아름답게 형상화한 수필이다. 아름답고 영롱한 이슬에서 작가는 무상을 깨닫게 되었고, 이를 시로 지어 보여주기도 하였다. 〈밤이슬에 흠뻑 젖은 풀섶/ 아침 햇살 퍼지는 이슬밭/ 영롱한 맑은 빛 오색 보석/ 아무 유념 없는 빈 마음으로 와서/ 보석 상자 들지 말고 빈손으로 와서는/ 고운 눈물마저 맺어놓고 가야지.〉에서 수필가는 인생무상을 노래하고 있지만, 이는 작가의 생래적 순수성에 기인한다고 볼 수 있다. 순수하기 때문에 민족의 미래를 짊어지고 나갈 2세 교육에 대해서도 남다른 관심을 갖고, 그에 따른 자신의 주장을 펴고 있다.

거목(巨木)감을 억제하여 분재형 인간을 만들려고 하지 말고 어린 인재를 잘 키워서 되도록 빨리 자립하게 하고 그 순수한 맑은 정신으로 살아갈 터전을 마련해 주어야 할 것이다. 역사는 영원한 것이므로 지나간 어둠의 세월을 거울삼아 기초공사부터 다시 터서 국민의 수준을 높여 나가자.

—「지나간 어둠의 세월을 거울삼아」 일부

고등학생 된 나이는 얼마나 찬란한 꿈을 가질 나이인가. 우리는 그런 나이의 값진 젊은이를 밀가루 반죽하듯이 한 모양으로 주물러 로봇을 대량 생산하는 것처럼 대학의 문을 통과한다는 목적으로 규격화된 교육을 해온 지 오래다. 대학의 문턱을 넘어서기 위하여 정신없이 바쁘기만한 분위기로 몰아넣은 지 오래다. 교과과정도 중학교의 과정을 좀더 심화한 것일 뿐으로 아까운 젊음을 낭비시킨 지가 놀랍게도 오래되었다. 그네들의 고귀한 이상이 자신의 손으로 깃발을 올리도록 억압되지 않는 자유민으로 길러야 한다.

— 「약하고 어리석은 존재」일부

한국의 교육 현실에 대한 준엄한 경고 메시지이면서 동시에 앞으로 추진해야 할 방향을 작가 나름대로 주장한 것이다. 이 주장에 대하여 이론(異論)이 있을 수도 있으나, 대부분은 동감을 표시할 것이다. 한국인이 한국어도 제대로 알지 못하는 어린 시절에 외국어 교육에 목을 매고 있는 현실이 안타까운 것은 너무나 당연한 것이기 때문이다. 국제화를 해도 우리의 정체성(正體性)을 확립하고 난 후의 일이라는 명제는 설득력을 갖는 주장이다. 또한 여러 제약의 테두리에 갇혀 지내는 청소년들에 대한 견해도 설득력이 있다. 약간의 문제점이 노정될 수도 있으나 거목감을 분재로 만들지 말라는 강력한 호소에는 누구나 감동할 수 있는 비유이기 때문이다.

그는 여행하면서 보이는 정경에서도 교육에 대한 관심을 게을리하지 않고 있다. 「차창가에서」의 〈이편 얕은 곳에도 벌써 까맣게 그을은 하동(河童)들이 물 속으로 숨었다 나왔다 하며 멱을 감는다. 몇 차례의 진통(陣痛)을 지나고 자라나는 동안 저들이 장차 뜨거운 공감을 안겨주는 시(詩)를 지을 것이고, 진한 눈물과 활짝 핀 웃음에 바탕한 조국애로 나라를 이끌 것이다.〉역시 민족의 맑은 미래를 염원하는 작가의 정신이 확연하게 드러나 있다.

5.

박필규의 수필을 간략하게 분석하였다. 재독하고 삼독한 정리이지만, 작가의 이성과 감성이 빚어내는 작품의 깊이와 폭이 무한할진대 혹여 주마간산(走馬看山)이 되지 않았을까 염려된다. 부족한 것은 채울 것이고, 넘치는 것은 덜어낼 요량이다.

첫째, 수필가 박필규는 아름다운 여심, 섬세한 여심을 수필로 보여주고 있다. 세상과 사물에 대한 따뜻한 시각이 남다르다. 불심에 의해 형성된 듯한 이런 형상화는 여러 작품에서 산견되는데, 한국인의 보편적 정서와 같은 맥락으로 보인다.

둘째, 수필가 박필규는 한국적인 것, 한국적인 멋을 수필로 보여주고 있다. 한국인이 한국적을 추구한다는 너무나 당연한 일이지만, 작금에 이르러 현대화가 서구화의 일환으로 받아들여지고 있는 현실에서 볼 때 한국인이 한국인다운 것을 추구하는 것은 정말로 귀한 작업이다.

셋째, 수필가 박필규는 동심을 주제로하여 보석처럼 빛나는 수필을 빚어내고 있다. 여러 작품에서 보여주는 순수성이나 한국적인 것도 훌륭한 것은 사실이지만, 동심을 주제로 한 작품에서는 순진무구(純眞無垢)한 작가정신이 오롯이 배어 있다.

이렇게 정리를 하고 다시 읽으면서 그의 순수한 정신을 만날 수 있는 수필을 찾았다. 「심심 산중의 고운 얼레지」에서 그는 순수한 내세를 소망하고 있다. 〈혹시 이룰 수 있다면 후생에는 산을 정원으로 하여 얼레지가 자생하는 곳에서 꽃과 더불어 살리라. 봄이 오노라면 막연히 먼 산의 아지랑이와 진달래, 개나리의 꽃무리를 바라보지만 않으리라. 그 힘찬 얼레지의 부활에 어깨춤을 추면서 구체화되는 삶의 희망을 만끽하리라.〉

수필가 박필규가 견지하고 있는 순수성을 잃지 않는 한 그의 수필은 산자락에 피어난 싱그러운 얼레지처럼 생명력 넘치리라 추단(推斷)한다. 후생이 아니라 현실에서 생명력 넘치는 작품을 창작하리라는 것을 믿어 의심치 않는다.

◇ 원종린 수필론 『오늘의문학』 가을호, 평설. 1998.

진실하고 올곧은 삶의 투영

1.

한 사람이 특정 예술 분야에 평생 동안 매진한다는 것은 가치 있는 일이다. 그것도 만난(萬難)을 극복하고 올곧게 일관한다는 것은 누구나 쉽게 할 수 있는 일이 아니다.

수필가 원종린의 일생이 그러하다. 그는 수필에 전념하면서 여타의 장르를 기웃거린 적이 없다. 겸손하면서도 당당하게 수필 창작에 전념하였고, 감성적이면서도 이성적인 수필을 창작하여 수준 높은 작품을 선보였다.

그는《현대문학》에 수필을 발표하면서부터 수필가로서의 본분을 지켜 세 권의 수필집을 발간한 바 있다. 『하늘 높이 차 올리는 구두』 『사랑과 미움』 『녹음일기』인데, 진실한 삶의 반영으로 상찬받고 있으며, 예술성의 획득으로 수필문학 발전에 기여했다는 것이 정평이다. 그리하여 월간《수필문학》에서 제정한 제1회 수필문학 대상을 수상한 바도 있다.

그는 수필의 창작에 심혈을 기울일 뿐만 아니라, 수필 창작의 이론에도 일가견을 갖추었다. 「수필을 어떻게 쓸 것인가」라는 글에는 수필에 대한 그의 이론이 개성적이고 논리적으로 설파되어 있는데, 그의 수필관이 확연하게 드러난 부분이 바로 다음의 구절이다. 〈나는 가끔 수필을 목공예품에 비유한다. 어떤 목공예는 통나무(소재)를 공들여 파고 다듬고 새기듯이 수필도 공들여 파고 다듬고 새겨서 만드는 말의 공예품이 아닌가 생각하기 때문이다. 그런 의미에서는 수필을 '쓴다'는 말보다는 '만든다'는 표현이 더 적절할는지도 모른다.〉

그가 견지하고 있는 말의 공예품, 목공예의 소재인 통나무의 질이 좋아야 하듯이 수필의 소재가 좋아야 한다는 지론 때문에 그는 소재의 선택에 남다른 고심을 하고 있다. 그래서 그는 다작할 수가 없었을 것이다. 고희가 지나도록 세 권의 수필집만을 발간한 것은 그가 소재 선택에 얼마나 고심하고 있는지 증명하고도 남는다.

목공예가 좋은 소재에 공예가의 혼이 깃들여야 예술품으로서 완성되듯이, 수필도 같은 맥락으로, 수필가의 혼이 깃들인 절차탁마(切磋琢磨)가 있어야 예술품으로서 완성되게 마련이다. 그래서 수필가 원종린은 한 편의 수필을 창작함에 있어서도 소재 선택, 구성, 문체, 표현의 예술성 등에 경건하리만큼 치밀한 면모를 보이고 있다.

수필가 원종린, 그의 인생관이 진실하게 투영된 수필을 천착하면서 간단하게 정리하고자 한다.

2.

수필가 원종린의 일생은 파란 만장(波瀾萬丈)한 근 · 현대사의 축소판과 같다. 일제시대에 태어나 학교를 다녔고, 일제 말기에는 일본군으로 강제 징집되어 복무하였으며, 또한 학병 사건으로 복역 중에 광복이 되어 출소를 하는 등 민족의 시련기를 통틀어 경험했다. 그후에도 건국의 소용돌이에서 펼쳐지는 교육자의 보람과 애환, 민족 웅비의 기치를 내걸고 경제부흥을 외치던 시대의 격랑을 헤치고 고희를 넘긴 그의 생애가 세 권의 수필집에 오롯이 들어 있다. 따라서 그의 수필을 읽어 보면 삶과 인생관이 일목요연해진다.

첫째로, 그의 수필에는 일제 말기 일본군에 강제 징병되어 겪은 수난사가 여러 편 보인다. 특히 학병 서건에 연루되어 겪은 일들을 기록한 「조선 제22부대 학병사건수기」는 솔제니친의 『이반데니소비치의 하루』 와 같은 내용으로, 일본 육군 헌병대의 야만성을 부각시키는데 중요한 자료의 역할을 하고 있다. 또한 이 글을 통하여 그는 자신의 인생관을 확연하게 보여주고 있다.

> ① 그들의 위협에도 불구하고 처음에 나는 혐의를 완강하게 부인했다. 그러자 그들은 코에 수건을 씌워 놓고 주전자의 물을 들어부었다. 고문에는 주리를 틀고, 단근질을 하고, 비행기를 태우고, 전기를 들이대는 등 그 종류가 무수히 많다고 하지만 이런 것들에 못지 않게 가혹한 것은 숨을 막는 것이 아닌가 생각된다. 이 말이 믿어지지 않으면 시험 삼아서 입과 코를 꼭 막고 20~30초만 견디어 보면 그 괴로움이

어떤 것인가를 짐작할 수 있을 것이다.

② 그들이 이를 악물고 캐려고 하는 것은 모의의 주동자였다. 나는 그들이 믿을 리 없다고 생각을 하면서도 주동자를 자청하고 나섰다. 그들이 꾸민 대로 모의 내용까지 시인한 이상 나는 그 이상 아무 것도 회피하고 싶지 않았던 것이다. 그러나 그들은 내 자백을 믿으려고 하지 않았다. 나는 그때 만 21세가 채 안된 우리 동지들 중에서 최연소자여서 그들이 나를 주동자로 생각하지 않고 있었다. 그런데도 끝내 내가 우겨대자 의도적인 야유인 줄 알았던지 욕설만 몇 마디 퍼붓고 그대로 넘기고 말았다.

③ 그러고 보니 내 본래의 성은 저 악명 높은 창씨개명으로 모두모라(元村)에게 빼앗기고, 이 구접스러운 왜식 성은 또한 76番라는 아라비아숫자에게 빼앗기고 말았으니 나의 버젓한 성명은 어느 세월에나 다시 찾을 수 있을는지 실로 암담했다. 시대를 기구하게 타고 나서 사람의 팔자(八字)가 기구하고 이름 삼자(三字)가 또한 기구하다고나 할까?

④ 때때로 절망은 체념으로 바뀌었다. 대아를 위한 소아의 체념이라고나 할까? 독립의 횃불을 들었다가 이런 기쁜 소식도 못 듣고 이슬처럼 사라진 선현들을 생각하면 우리는 백배나 천배, 아니 헤아릴 수 없이 많은 행복을 누린 사람들이라는 생각이 들었다. 실상, 그 동안 조국이 광복만 되면 죽어도 여한이 없다고 생각한 때가 얼마나 많았던가 하고 돌이켜 생각해 본다.

작품 속에서 발췌한 부분들인데, 이에 대한 설명은 사족이 될 것이나 전체적인 구성을 위해 몇 마디 첨언할 수밖에 없다. ①은 일본 현병대의 야만적 고문 현장의 일례에 불과하다. 이외에도 피의자 대기실에서 일본 헌병들의 검도 연습 대상이 되기도 했고, 그들의 놀림감이 되기도 했으나 가장 힘든 것은 같은 민족인 가네미쓰(金光伍長)의 위협과 가혹행위였다. 이런 민족 반역자들이 있어 수필가 원종린은 절망하기도 했다.

그러나 그런 사람과 대조적으로 소학교 학생이면서 항일운동을 펼친 실례를 들어 그는 절망에서 벗어날 수 있었다. 이 소년은 학교 변소에 '일본이 망하게 미군과 영국군은 빨리 상륙하라'라고 낙서한 것이 탄로가 나서 검거되었는데, 온갖 고초를 겪고도 의젓하게 처신을 해서 숙연한 생각이 들 때가 한두 번이 아니었다는 것이다. 특히 헌병들이 묻는 말에 똑바로 쳐다보고 또렷하게 대답한 어린 투사의 뒷소식이 걱정스러웠다는 대목에서 수필가 원종린의 인간적 면모가 뚜렷하게 부각되는 것이다. 다시 말하면 그의 강직한 성품이 ②와 같은 의기를 보일 수 있었겠지만, 이 소년과 같은 어린 투사들을 생각하면서 그는 의연한 면모를 지킬 수 있었다.

이 작품에서 특히 눈길을 끄는 부분은 바로 ③과 같은 대목이다. 나라를 앗긴 후 성까지 앗기고, 다시 왜놈 성마저 빼앗긴 민족의 애환이 여실하기 때문이다. 더구나 지성을 갖춘 학병들이었으니 그의 자괴감은 필설로 다할 수 없었을 것이다. 그래서 그는 벌거숭이의 군상으로 각양각색의 성기를 과시하면서 허리를 구부리는 궁성요배(宮城遙拜)는 요배(遙拜)가 아니라 동음이의어인 요배(遙背)라는 것이다. 즉 절하는 요배가 아니라 배반한다는 요배라는 것이다. 물론 이는 그의 언어감각과 기지가 빚은 해학이지만, 그의 민족정신이 반영된 것에 다름 아니다.

이와 같은 온갖 고초와 수치를 감내하고 광복이 되어 다시금 반추한 것이 ④라고 하겠다. 민족의 광복을 위해 받은 수난은 누구나 크지만 자신은 광복을 보게 되어 행복하다는 것이다. 광복 후에도 그는 교육을 통해 조국의 발전에 기여했으니, 이는 아마도 청년시절에 겪은 시련의 결과로 보인다.

둘째로 그의 작품에서 보여주는 것은 교육자로서의 자세라고 하겠다. 많은 작품에서 교육과 관련된 소재가 등장하지만, 인간적 면모를 가장 잘 드러낸 작품은 「전화는 춘삼월에」이다.

이 작품의 줄거리는 대략 다음과 같다. 여러 제자들이 모교에 근무하는 원종린 교수에게 각종 증명서를 부탁하여 들어주었는데, 부탁할 때와는 달리 뒷소식이 없었다는 것이다. 그러나 이에 실망하지 않고 계속 부탁을 들어주었는데 어느 해 겨울에 있었던 에피소드가 절정을 이룬다. 제자의 전화를 받은 후 자전거를 타고 학교에 가서 증명서를 발급해 귀가하던 중 빙판에서 공중회전(?)을 하여 오랜 기간 다리를 절었다는 것이다. 이런 상황을 담담하게 술회하던 그는 〈무릎의 타박상이 지루하게 두 달이나 끄는 동안 그 빙판의 얼음도 다 녹아서 이제는 잡초들의 새싹이 움트기 시작한 지도 오랜데 C군의 회답은 아직도 올동말동하다. 회답은 애당초 못 받을 것으로 치고 앞으로 증명서 일로 나에게 전화를 걸 사람은 부디 눈보라치는 겨울 날만은 삼가 주었으면 고맙겠다. 꽃 피는 춘삼월(春三月)이면 오죽이나 좋겠는가 말이다.〉 라고 결구(結句)하고 있다.

이런 상황이 되면 대부분의 사람들은 부탁할 때와 끝날 때가 다르게 변하는 인간성에 실망하게 마련이다. 때로는 이런 부탁은 들어주지 않겠다고 다짐하거나 욕설을 하게 마련이다. 그러나 천성이 교육자인 그는 긍정적 자세와 스승으로서의 관용을 보여 주고 있다.

셋째로 현상에 대한 객관적 자세를 견지하고 있다. 특히 현혹되기 쉬운 상황에서 과학적이고 객관적인 이치를 확인하고 있는데, 직술하지 않고 예화를 통해 넌지시 밝히고 있다. 여러 작품 중 「하늘 높이 차 올리는 구두」에서는 토속과 무속의 접합체인 점(占)에 대해 여러 사례를 들어 밝히고 있다.

이 글에서는 점을 치는 경우와 산부인과 의사의 남아 진단을 견주어서 점의 허구를 밝히고 있다. 어떤 산부인과 의사는 산모마다 '고추'라고 했다 한다. 아들을 낳은 산모는 뜨겁게 맞추었다며 고마워한다는 것이다. 딸을 낳은 산모가 서운해 하며 항의를 하면 진료부를 보여 준다. 거기에는 여아라고 적혀 있는 것이다. 사실은 딸인데 산모가 서운해 할 것 같아서 아들이라고 했다는 설명이다. 점도 이와 같다는 것이다. 선거시에 점을 칠 때면 모두 당선이라고 하면 된다는 것이다. 당선된 사람은 뒷날 찾아와서 사례금을 줄 것이요, 떨어진 사람은 실망해서 최선을 다하지 않을까봐 드린 말씀이라고 하면 된단다. 이와 같은 비유로 점을 진단하고 있다.

특히 말미에 부인의 복채로 인한 자신의 점괘를 예로 들어 운명에 대해 점검하고 있다. 특히 말운의 학업성대(學業盛大)에 인덕광명(仁德光明)은 아직도 유효한 터라 아직은 미흡하다는 겸양 아래, 다시금 자신을 추스른다는 것이다. 그러나 그는 이런 점괘는 재미로 생각하는 듯싶다. 〈백사장에 나가서 고무신 대신 이번에는 구두나 한 켤레 하늘 높이 차 올릴 수 있을 뿐이다. 어떤 충동이 일어났을 때〉 에서 말하는 세 가지 경우(양쪽이 엎어지거나, 양쪽이 바로되거나, 서로 다를 때)의 점이나 친다는 것이 그러하다.

이외에도 수필가 원종린의 작품에는 많은 소재와 주제가 있지만, 대표적인 몇 가지 예만을 들어 그의 인간적 면모와 삶의 진실성을 확인해 보았다.

3.

수필가 원종린은 수필에 대한 자세가 진지하여, 어찌 보면 경건할 정도의 의미를 부여하고 있는 것 같다. 특히 수필 작법의 요체에 대한 그의 관점은 매우 중요한 시사점을 주고 있다. 〈역사, 철학, 과학, 예술 등 모든 바탕 위에서 우러나오는, 아니 모두가 응결된 인간 전체의 표현이 있다. 다만 역사를 말하지 않고 역사가 표현되고 철학을 말하지 않고 철학이 우러나와야 한다. 이것이 바로 수필 작법의 요체가 아닌가 생각한다.〉

또한 수필의 멋에 대해서는 〈쉬운 글이면서 재치와 해학이 있으면 독자에게 즐거움을 줄 것이다. 이것이 바로 수필의 멋〉이라고 정의하고 있다. 이어 그는 수필을 〈읽고 난 뒤에 향기와 생기를 느끼는 글, 이런 글을 우리는 문학성이 짙은 글이라고 말하는 것 같다. 수필은 문학성으로 뭉친 짧은 글이라고 정의〉 하고 있다.

그의 수필은 대체로 그가 견지하고 있는 수필관과 일치하고 있다. 그래서 그의 수필을 읽으면 그의 겸손하면서도 당당한 인간성을 찾을 수 있고, 제자 사랑과 나라 사랑으로 일관한 교육자로서의 길이 들어 있으며, 고희를 지난 삶의 지혜가 수묵화처럼 배어 있다.

쉬운 글이면서, 삶의 체취가 물씬 풍기는 아름다운 수필이 바로 「초여름 밤」 이다.

> 도랑길을 지나면 외나무다리가 나서고 그 다리를 건너면 또 냇가의 모래밭이 이어진다. 그 모래밭 길의 끝닿는 곳이 마을의 어귀다. 어디서나 흔하게 보는 시골길이다. 그런데도 이 길은 언제 걸어도 내 마음에 드는 길이다.
>
> 발에 익은 길이지만 나는 조심조심 발걸음을 떼어 놓았다. 도랑가에 우뚝우뚝 솟은 미루나무들은 어둠 속에서도 훈훈한 바람을 일으키며 가볍게 흔들리는 것을 알 수가 있었다. 그 나무들 사이를 따라서 한동안 도랑길을 걸었다. 길가의 무논에서는 개구리 떼들이 서로 경연이라도 하듯이 목청을 돋구어서 울어대고 있었다.
>
> 나도 오랜만에 농촌의 조용한 정취를 맛보는 것이 마음에 흡족했다. 별로 서두를 것도 없는 길이다. 그래서 시골길이 더 좋은지도 모른다. 풀섶에서 쉬고 있던 개구리가 몇 마리 내 발자국 소리에 놀라서 텀벙텀벙 논으로 뛰어들기도 했다. 낮 같으면 앞 뒷다리를 쭉 뻗고 물 속으로 뛰어드는 이 귀여운 다이빙 선수들의 애교 있는 포옴을 즐길 수가 있을 터인데 어둠 속에서는 그저 소리만 들을 뿐이다

편찮으신 어머니를 찾기 위해 시골길을 걸으면서 서술과 묘사로 표현한 부분이다. 이 부분은 잊혀지고 있는 시골길을 정감어린 묘사로 되살려내어 아름다운 수필을 빚어내고 있다. 같은 길을 가더라도

누구나 이와 같은 수필을 빚어내는 것은 아니기 때문이다. 수필가의 남다른 감성이 흘러간 풍광을 아름답고 섬세한 묘사로 되살리는 것이다. 어머니에 대한 지극한 효성과 함께 정감어림 수필은 독자로 하여금 재미와 교훈이라는 두 마리 토끼를 좇게 하는 마력이 있다.

그러면서도 돌아가신 어머니에 대한 심리적 명암을 서술과 묘사로 뛰어나게 보이고 있다. 〈어머님은 봄볕이 쏟아지는 이른 봄날을 가려서 영생의 길을 조용히 떠나셨다. 그날은 지루하고 음산한 긴 겨울이 한꺼번에 풀린 것 같은 따뜻하고 맑은 날씨였다. 구름도 없고 바람도 없이 개인 날이었다. 한평생을 착하고 어질게만 살으셨던 어머니, 나는 어머님의 아들로서보다도 한 평범한 인간으로서 그 훌륭하신 생애 앞에 항상 고개를 숙인다. 어머님의 일생은 결코 화려하고 편안한 것은 아니었다. 오히려 그보다는 간구하고 외롭고 고단한 편이었을는지도 모른다. 그러나 항상 바르고 성실하고 착하게만 한평생을 살으신 분이셨다. 돌아가시고 나니 더욱 높은 덕이 우러러 뵈는 어머님!〉을 찬양하며 회고하는 것이다. 어머님이 돌아가신 상황에서 이와 같은 표현을 한다는 것도 쉬운 일이 아니다. 수필가의 예리한 관찰력과 예지가 빚어낸 산물이다. 효성을 말하지 않고도 효성을 웅변하는 수필 작법의 요체가 빛나고 있는 작품이다.

둘째로,수필가 원종린은 쉬우면서도 재치와 해학으로 수필의 멋을 찾아내는 비법을 지니고 있다. 특히 언어에 대한 감각은 남달라서 언어의 보석을 대하는 것 같다.

○ 우리집 준이가 짐승 샘이 많아서 강아지를 기르자고 막내동이의 응석을 곁들여서 칭얼거리는 것을 마침 집에 놀러 왔던 제자 한 사람이 듣고 가더니 며칠 뒤엔 토실토실한 잿빛 오지공 한 마리를 들고 왔다. 오지공은 평소희락(平素喜樂) 꼬랑지, 고대광실(高臺廣室) 아궁지, 평생소원(平生所願) 누룽지, 인간세칭(人間世稱) 강아지, 영결종천(永訣終天) 올감지에서 유래된 견공(犬公) 최대의 존칭(?)이다.

— 「개타령」 중에서

○ 한때 쥐를 섬멸(殲滅)하는 방법으로 학교에서는 학생들을 시켜서 쥐꼬리를 모은 일이 있었다. 사람은 죽어서 이름을 남기고 호랑이는 죽어서 가죽을 남긴다는데 이제는 쥐도 죽어서 꼬리를 남기게 되었던 것이다.

— 「어떤 풍경화」 중에서

○ 취미가 궤도(軌道)를 벗어나면 이상(異常) 취미, 속물(俗物) 취미, 악(惡) 취미로 전락하기 쉽다. 여가 아닌 일과 시간까지 침해하는 따위는 이상 취미 또는 과잉 취미라고 할 수 있다. 철야가지 하면서 낚시 삼매경을 즐기는 태공(太公)님들이나 호주머니 사정은 제껴놓고 우선 사놓고 보는 수집광들, 승부에 너무 집착하여 이길 때까지는 결코 바둑판 앞을 물러날 수 없다는 임전무퇴파들은 아무래도 헤푸게 양념을 남용하는 주착없는 주부격이 아닐까?

— 「취미의 철학」 중에서

○ 어떤 외국 사람에게 뇌물을 'to eat money(돈을 먹는다)' 라고 직역을 했더니 눈을 휘둥그렇게 뜨면서 'dangerous(위험하다)' 를 연발하더라는 말이 있다.

'공수래(空手來) 공수거(空手去)'의 담담한 인생을 다들 '금수래(金手來) 금수거(金手去)'로 착각하고 있는 것이나 아닌지 모르겠다.

— 「金手來 金手去」 중에서

○ 계절 탓이라고는 하지만 요즘 같아서는 주말은 숫제 예식장 순례로 고역을 치르기가 일쑤다. 더구나 다른 지방까지 출장하례(出張賀禮)라도 나가는 날은 일요일 하루를 송두리째 빼앗겨서 그야 말로 실요일(失曜日)이 되는 셈인데, 토요일은 고요일(苦曜日), 일요일은 혼요일(婚曜日)이라 체념을 해 버린다.

— 「날짜 없는 請牒狀」 중에서

○ 나는 르포지의 편집인에게 전화를 걸어서 푸념을 늘어놓았지만 이미 엎질러진 물이었다. '엎질러진 활자'가 더 적합한 표현일는지 모르지만.

— 「誤植有感」 중에서

○ 재소자 전원이 앞 마당에 정열한 다음 동쪽을 향해서 궁성요배(宮城遙拜)를 한다. 그 뜻이야 어떠하든지 치부(恥部)까지 송두리채 들어낸 벌거숭이의 군상들이 각양각색의 성기를 과시하면서 허리를 구부리는 모습은 아무리 생각해도 희화중(戲畵中)의 희화가 아니었을까. 차라리 그것은 요배(遙背)라는 글자가 더 어울릴는지 몰랐다. 멀리서 배례(拜禮)하기보다는 배반(背反)해야 한다는 뜻이다.

— 「조선 제22부대 학병 사건 수기」 중에서

간략하게 몇 구절을 뽑아보았지만, 원종린의 수필에는 기지와 재치, 해학이 담긴 작품이 많아서 독자로 하여금 잔잔한 미소를 짓게 만드는 힘이 있다. 이런 부분들은 그 자체로도 의미가 있는 표현이지만 사실은 작품 속에서 역할을 다할 때 더욱 빛이 나게 마련이다. 그의 작품은 대부분 이러한 원리를 능숙하게 표현하기 때문에 표현의 예술성까지 획득하고 있다.

4.

수필가 원종린은 그의 수필론에서 〈이런 말을 하는 사람이 있다. 수필은 매력 있게 시작해서 능숙하게 끝맺는 기교가 필요하다.〉고 밝히고 있다. 이어서 〈끝이 좋아야 모두가 좋다는 서양의 격언〉을 회상하며, 〈수필에서는 용두사미보다는 사두용미가 열배는 낫고 화룡점정(畵龍點睛)이면 더할 나위 없겠다.〉 라고하여 수필의 구성에도 특별한 관심을 표명하고 있다.

그래서 그런지 그의 작품은 쉽게 시작하여 내용의 중심을 표현하다가 맺음에 이르러서 촌철살인(寸鐵殺人)의 경지를 보여주고 있다. 또한 다음과 같은 그의 수필 창작 태도에 따라 그의 수필은 앞으로도 계속 독자들의 사랑을 받는 예술품으로서의 가치를 지니고 있을 듯싶다.

> 목공예는 나무 결을 거슬러서 파면 거칠 듯이 수필도 무리없이 누에가 실을 뽑듯 자연스럽게 전개되어야 할 것이다. 다정한 사람과 마주 앉아서 담담하게 털어놓는 이야기를 글로 엮으면 수필이 되지 않을까 생각된다. 거기에는 가식도 없고 허세도 없다. 더구나 부담스럽고 어려운 말도 나오지

않을 것이다.

낱낱의 수필에서 예술적 끝맺음을 능숙하게 하듯이, 이제 고희(古稀)를 넘기고 팔순을 바라보는 수필가 원종린은 수필 창작의 원숙성으로 예술적 경지의 새로운 지평을 펼치리라 본다. 이미 이루어 놓은 성과만으로도 한국 수필의 중추가 되고도 남음이 있지만, 여생에 빚어낼 작품들 역시 수필 문학의 지표가 될 것에 틀림없다. 분명히 그러하리라 믿고 또한 기대하며 맺는다.

◇ 문용덕 수필론 『하늘만큼 바다만큼』 평설. 1999.

올곧은 삶, 구국(救國)의 화신(化身)

1.

구국(救國)의 일념으로 한평생을 보낸다는 것, 그것으로도 부족함을 느껴 후배들에게 귀감(龜鑑)이 될 진중(陣中) 수필을 집필하여, 『하늘만큼 바다만큼』 이라는 한 권의 저서로 발간한다는 것은 그야말로 값진 삶이라 할 수 있다. 그의 수필 원고를 읽으면서 그가 이미 발간한 바 있는 시집 『민들레의 소원』과 상당 부분이 조국애 · 민족애를 담고 있어서, 내용적 측면에서 동일함을 발견할 수 있었다. 현역으로 다 못한 구국 일념을 통일교육으로 이루고자 했으며, 통일교육으로도 모자란 부분을 시로 창작하였고, 시로도 다 못한 내용을 수필로 창작하였음이 확인되는 것이다. 첫시집의 해설에서 필자는 다음과 같이 서술한 바 있다.

민족의 수난기에 태어나 평생 동안 민족을 위한 일념으로 일관한다는 것은 아무나 할 수 있는 일이 아니다. 업적이 혁혁하거나 혹은 업적이 잊혀졌거나, 또는 주목받는 인물이거나 무명의 인물이거나

간에 민족의 이름으로 상찬(賞讚)받아 마땅하다.

문용덕 시인은 일제 강점기인 1929년에 태어나 굴욕적인 식민지 교육을 받았다. 광복이 되어 민족 웅지(雄志)의 사명감으로 교육자의 길을 선택하고자 했다. 그러나 운명의 신은 그를 다른 길로 안내했다. 청주사범학교에 재학 중 민족상잔인 6 · 25가 발발하여 곧바로 입대했고, 소정의 교육을 받은 후 소위로 임관하여 '수도고지 전투' 와 동해안 '351고지 전투' '월미산 전투' 등에 참전하게 된 것이다.

전후(前後)에도 계속 군에 남아 국토 방위에 전념하다가, 당시 우방국이었던 베트남 전쟁에도 참전하여 중견 장교로서 전술 전략의 일익을 담당했다. 2년간 해외 파견 복무를 마치고 1계급 특진하여 귀국한 후에는 학군단에서 청년 장교의 육성을 위해 진력하다가 전역하게 되었다. 전역 후에도 그는 통일원 통일교육 전문위원으로 위촉되어 민족 통일의 염원을 되새겼다. 고희(古稀)가 지난 현재에도 민주통일협의회 대표지도위원으로 최선을 다하고 있는 바, 그는 수많은 민족 영웅 중의 한 사람이다.

오직 조국의 통일을 염원하며 평생을 바쳤지만, 그래도 부족함을 느낀 시인은 자신이 못다한 조국에 대한 사랑을 문학으로 표현하고자 했다. 그리하여 고희를 앞두고 《오늘의문학》 신인작품상에 응모하여 당선하였으며, 주로 참전에 대한 회상을 작품화했다. 또한 주변에 대한 남다른 관심, 가족에 대한 지극한 애정에도 섬세한 시심으로 시집 『민들레의 소원』을 선보였고, 이제 다시 민족 통일의 강렬한 염원(念願)을 수필로 선보이고 있다.

2.

수필집의 서문에서 그는 집필 의도를 다음과 같이 밝히고 있다.

> 이제 고희를 넘어 의욕은 넘치지만, 신체의 여력이 따르지 못함을 느끼면서, 떠나기 전에 우리 군의 위용이 '하늘만큼 바다만큼' 성장하기를 소원하면서, 내 사랑하는 전우(戰友)들에게 그간 전하고 싶었던 이야기를 모아 한 권의 책으로 엮었습니다. 이름 없는 한 노병이 사랑하는 전우를 못 잊어 보내는 유언이라고 생각하고 읽어주기 바랍니다.
>
> 6 · 25 참전일지 및 베트남 참전일지, 그리고 포대장, 참모 등 병영생활을 하면서 기록해 둔 진중일지 중에서 지휘 오판, 시행 착오, 무지, 태만, 욕심, 실수 등으로 빚어진 일들과, 한국인으로서 하고 싶은 말들을 모았습니다. 그래서 우리 군이 성장하면서 겪은 이런 저런 역사를 남기고 싶었고, 내 사랑하는 전우들은 나와 같은 불행과 시행 착오를 되풀이하지 않기를 바라는 마음에서 집필했습니다.
>
> — 「책을 내면서」 일부

노병이 고희를 넘기면서 군에 대한 사랑을 표현하는 유일한 방법으로 선택한 것이 바로 진중 일지를 바탕으로한 수필집의 발간임을 알 수 있다. 그는 이 수필집을 글의 성격에 따라 5부로 나누어 발간하고 있다. 1부는 지휘 수기로 〈지휘관은 고독하다〉, 2부는 6 · 25 참전수기로 〈모슬포에서 수도고지까지〉, 3부는 베트남 참전 수기로 〈우리 모두의 이름은 '따이한' 이다〉, 4부는 진중 수기로 〈포병이 포를 태워 먹었으니 나도 타 죽어야 한다〉, 5부는 수필 작품으로 〈한국, 한국인〉 으로 구성되어 있다.

모든 글이 조국에 대한 사랑과 민족에 대한 사랑, 그리고 통일을 염원하는 간절한 심정과 우리 군에 대한 무궁한 사랑으로 직조되어 있음을 알 수 있다.

첫째, 그가 견지하고 있는 지휘관이 지켜야 할 자세를 확인해 보기로 한다.

「지휘관의 말 한마디에 수려한 계곡이 망가지고」 에서는 지휘관으로서 언행의 중요성을 자신과 관련된 에피소드를 통하여 진술하고 있다. 〈지휘관은 말을 조심해야 한다. 공적이든, 사적이든, 진담이든, 농담이든 부하의 귀에는 모두가 명령으로 들린다는 것을 깊히 명심해야 한다.〉 고 글을 맺고 있다. 또한 유사시 목숨을 같히 할 수 있는 결속된 부대를 만들기 위해서는 사병들의 이름을 외워야 한다는 뜻으로 「먼저 사병(士兵)들의 이름부터 외웠다」 고 자신의 체험을 고백하고 있다. 「수송부의 고사」 에서는 엄동설한에 목욕 재배하고 경건한 마음으로 고사를 지내어 사고를 예방할 수 있었음을 밝히며, 지휘관으로서 할 수 있는 모든 것을 다해야 한다는 것이다.

> 지휘관은 항상 자기 발견에 노력해야 한다. 자기 발전에 도움이 안되어도, 적어도 자기 통제에 필요하기 때문이다. 세상에서 가장 좋은 친구도 자신이요, 세상에서 가장 나쁜 친구도 자기 자신이다. 남을 탓하지 말라. 이 두 친구 중에서 어느 것을 선택하느냐에 따라 지휘관의 길이 정해진다.
>
> ―「지휘관의 성격 파악」 일부

지휘관은 스스로 생각하고, 고민하고, 계획하고, 지시하고, 확인하고 행동해야 한다. 또한 스스로 모든 것을 판단해야 하기 때문에 「지휘관은 고독하다」 고 설파하고 있다. 또한 「주인정신과 자전거」 에서는 연락병에게 자전거를 주면서 단독으로 사용하고 책임질 것을 명령으로 지시하여, 자전거의 멸실을 예방하고, 사고를 줄였다는 것이다. 이러한 주인 정신이 바로 나라를 지키는 기본이다. 그러면서 그는 지휘봉으로 부하의 손바닥을 때리고 나서 스스로 반성하였고, 제대할 때까지 부하를 구타하지 않게 되었다는 것을 밝히고 있다. 또한 그는 스스로 실천한 것 중 「군인의 삼기(三棄)」 를 들면서 〈나의 생활 신조에는 삼기(三棄)가 있다. 즉 술, 도박, 여자 등 3가지를 과감하게 버리라는 것〉 이라 밝히고 있다. 특히 군에서는 무(無)에서 유(有)를 창조하라고 하는 말을 자주 듣게 되는데, 그는 이와 반대로 「무(無)에서 유(有)를 창조하기를 바라지 말라」 고 주장하고 있다. 이는 합리적 지휘관상을 보여준 것인데, 과거의 군에서 이런 주장을 폈다는 것은 진정으로 용기 있는 지휘관의 모습이라 하겠다.

둘째, 그가 경험한 6 · 25의 참전수기를 통해, 민족사의 불행을 어떻게 극복하고자 노력하였는가 하는 지휘자의 모습이 역력하다.

영화에서 보는 전쟁은 참혹하기보다 멋있고 재미 있어 보인다. 특히 주인공(들)의 활략에 의한 전승은 전쟁에 대한 공포를 잊게 하며, 또한 주인공(들)의 아름다운 로맨스가 곁들여지면 달콤함마저 느끼게 한다. 그러나 참전한 용사들이 추억하는 전쟁은 그야말로 아비규

환의 생지옥이며, 이 생지옥에서 승리를 이끌어내고자 한다.

청년들의 애국애족 정신을 고양(高揚)할 때, 우리는 이스라엘과 아랍의 전쟁을 예로 들면서, 이스라엘 청년들의 참전을 역설하곤 한다. 이는 바로 우리 청년들에게 조국의 유사시에 외국으로부터 돌아와 살신성인(殺身成仁)하라는 것에 다름 아니다. 그러나 이러한 예화(例話)가 필요할 때, 이제는 문용덕 시인의 「보충대에서 만난 재일동포 학도의용군」을 원용(援用)하면 된다. 이 글은 6 · 25라는 동족상잔의 전장(戰場)에 재일동포 학생이 자원하여 군사교육을 받고 참전한 기록이기 때문이다. 우리에게도 이와 같이 훌륭한 청년이 있었고, 그로 인하여 조국의 밝은 미래를 구축할 수 있었기 때문이다.

> 보병 제11사단 전차 공격대에 현지 입대해서 군번 없이 근무하다가 육군 간부후보생 시험에 응시해서 합격했다. 최초로 집결한 곳이 부산 동래에 있는 육군 보충대였다. 이곳에는 나 같은 간부후보생 합격자, 일본에서 조국 전쟁에 참전하겠다고 지원한 학도의용병, 그리고 징병이나 거리에서 강제로 잡혀와 입대한 대기병들이 제주도에 있는 육군 제1훈련소로 가기 위해 대기하고 있었다.
>
> 나는 이곳에서 내 생의 철학을 바꾸에 한 재일 동포 학도의용군을 만났다. 그는 일본 동경에서 대학 1학년에 다니다가 의용병으로 지원해서 왔다고 했다. 그는 2차 대전을 대동아전쟁(大東亞戰爭)이라고 표현했다. 그는 한국말이 서툴렀다. 일본말을 하지 않고는 의사 전달이 잘 안 되었다. 다행히 내가 일본말을 잘해서 좋은 친구가 되어 틈만 있으면 나를 찾아왔다.

— 「보충대에서 만난 재일동포 학도의용군」 일부

자신도 현지 입대해서 군번 없이 싸우다가, 간부후보생에 지원하였으며, 일본에서 공부하고 있던 우리 청년도 자원해서 조국의 전쟁에 참여하였다는 것이다. 이런 정신이 바로 풍전등화(風前燈火)와 같은 민족의 위기를 넘기게 한 원동력이 되었으라 본다. 재일동포 학도병은 〈애국심 하나로 조국을 구하겠다고 부모 형제 버리고 달려 왔는데 한국말 모르는 '쪽발이' 라고 놀림감이 되고 있다고 하면서 눈물을 흘렸다. 그러면서도 싸우는 데는 말이 필요없고 눈과 귀만 있으면 된다고 주먹을 쥐었다.〉 는 대목에서 우리는 민족애의 화신임을 확인할 수 있다.

여타의 글을 감상하기 전에 참전에 관련된 그의 시를 감상하면 애국심의 깊이가 새로워지리라 믿는다.

벼락이 떨어질 것 같은
월미산 전적지(戰迹地)
화산이 터질 것 같은 공포

총알이 날아가고
포탄이 산야를 찢어도
산야(山野)는 아름다운 세상
온통 초록의 대지(大地)
눈물겹도록 아름다운 세상

이처럼 고운 땅

겨레의 심장에서
동족 상잔(同族相殘)의 아수라장을
빚어야 했다

—문용덕 시 「참전(參戰), 그리고 또」 일부

문용덕 시인은 이와 같은 생지옥의 추억을 시로 형상화하고 있다. 일반적인 목적시가 사실의 나열에 그치는데 반하여, 그의 시들은 애국심과 서정이 융합되어 특별한 의미와 예술성을 생성(生成)하고 있다. 전쟁의 참혹함 속에서도 국가와 민족을 위한 살신성인의 자세가 작품으로 승화되어 있다. 그래서 그의 작품은 독자로 하여금 애국애족의 정신을 그대로 전이시키는 마력을 갖고 있다. 이러한 감동의 여진(餘震)을 남겨두고 남은 수필 세계를 더듬어 보면 다음과 같다.

「모슬포의 삼적」에서는 신병 훈련의 어려움을, 「제주도의 삼다」에서는 참고 견디는 것이 인생 최대의 치료약이라는 것을, 「훈련병의 '짭이 작전'」에서는 부정적 행동도 긍정적으로 평가하는 것을 확인시키고 있다. 「육군 포병 소위 임관」에서는 대한민국 장교의 신사도를, 「미군 장비로 무장하고」에서는 유비무환(有備無患)과 필승의 결의를 되새기고 있다.

「사람이 다니는 곳이 길이다」 에서는 군에서도 합리적인 결단이 필요하다는 것을, 「수도고지 관측장교로 출동하던 날」 에서는 참전의 결연함을, 「수도고지의 쥐고기 잔치」에서는 전쟁의 참혹함을, 「수도고지의 생명선—설상 썰매 통신 가설법」 은 궁하면 통한다는 지휘관의 지혜로움을 배울 수 있는 기록이다. 또한 「죽은 자가 지키는 불침번」 과 「사람을 미끼로 잡은 문어와 소대장의 병간호」는 군

생활에서의 삽화(挿話)를 보여주고 있다.

이러한 수기를 통해 전쟁의 참혹함을 경험하지 못한 세대들에게는 전쟁에 대해 다시금 생각할 수 있는 계기가 될 것이라 믿는다. 또한 애국애족이 추상적인 것이 아니라, 구체적이고 체험적이라는 데에서 많은 사람들에게 색다른 경각심을 불러일으킬 것이라 믿는다.

셋째, 그의 베트남 참전 수기를 통해 당시 국가의 위상과 그에 따른 그의 애국정신을 확인할 수 있다.

「문 소령 미쳤다」에서는 파월 교육의 하나인 베트남어 습득의 어려움을, 「삶과 죽음의 사이에서」는 파월 교육과 관련된 에피소드와 정신 교육 내용을 기록하고 있다. 그 중에 주월 한국군의 신조는 현대에도 적용되는 의미로 다가선다.

주월 한국군의 신조

1. 우리는 대한민국 군인이다. 국가와 명예를 지키고 국위를 선양하는 역군이 되자.
2. 우리는 화랑의 자손이다. 싸움에 임하여 물러설 줄 모르는 화랑이 되자.
3. 우리는 자유민이다. 공동의 적인 공산 침략자를 무찌르고 자유를 수호하는 투사가 되자.
4. 우리는 대한민국 국군의 대표이다. 외국군에게 그 모범을 보이자.
5. 우리는 일치 단결하여 필승의 신념으로써 맡은 바 임무를 완수하자.

6. 우리는 사랑과 친절로써 봉사하여 자유 우방의 참된 벗이 되자.

이러한 신조(信條)는 파월 당시에나 현대에나 적용되는 군인의 길이라 믿어진다. 수십년이 지났는데도 문용덕 시인이 기억하고 있는 것을 보면, 그가 견지하고 있는 군인정신이 어떠하리라 미루어 짐작할 수 있다.

「파월 수송선에서」는 실수담을, 「위문 편지」에서는 군인의 사기를 북돋워 주는 위문 편지의 힘을, 「아내의 입원 통지서를 받고도」에서는 아내를 사랑하는 마음과 함께 군인의 길을, 「신병은 용감했다」에서는 우직한 신병이 세운 전공(戰功)을 기록하고 있다. 또한 「한국군에게는 접전하지 말라」에서는 월맹군이 평가한 한국군의 위상을 적시하고 있다. 월맹군 사령부에서 예하부대에 보내는 공문 중에 다음과 같은 내용이 있다.

* 한국군의 전력은 타군보다 강하고 무섭다.
* 한국군하고 접전하지 말라.
* 한국군 병사들은 잔인하다.
* 한국군은 약점을 찾아서 기습하거나, 저격을 해서 전투력을 약화시키라.

이러한 정보를 분석하여 그는 전투부대에 보냈고, 또한 주월 사령관에게 보고되어 이세호 사령관의 지휘 이념인 삼훈오계(三訓五戒)의 기초를 제공하기에 이른다. 즉 〈적이 한국군과의 접전 행위를 기피한다고 해서 자부심을 갖지 말고, 더욱 굳건한 전투태세를 유지하라.〉는 지시가 떨어지는 동기가 된다.

「한번 사단장은 영원한 사단장」은 사단장에 대한 신뢰와 충성을, 「우리집 돌담이 무너지고」에서는 월남에서 보낸 텔리비젼의 위상을, 「형제는 용감했다」는 형제가 나란히 베트남 전쟁에 참여했다가, 무사히 귀국선에 올라 상봉한 내용을 기록하고 있다. 「베트콩은 맨발과 죽창으로 무장했다」에서는 베트남 사람들의 민족성을, 「100명의 베트콩을 놓치는 한이 있어도 한 명의 양민을 보호하라」에서는 인도주의에 입각한 대민 전략의 일환을 엿볼 수 있다. 이러한 기록을 통하여 그는 베트남 전쟁에서 산화한 전우들의 안식과 영생을 기원하며, 아직도 부상으로, 고엽제의 후유증으로 보훈병원 병상에서 투병하는 전우들의 쾌유를 비고 있는 것으로 보인다.

넷째, 그는 진중수기를 통하여 참다운 군인의 길이 무엇인지 확인시키고 있다.

「오늘 메뉴는 시래기죽입니다」에서는 동족상잔 직후에 어려웠던 군 생활이 예화(例話)로 기록되어 있다. 당시 우리 나라의 궁핍상은 말로 다 형언할 수 없을 지경이었으니, 군이라고 특별할 수는 없었을 것이다. 그런 와중에서도 그는 「취사병의 고급화」를 통하여 군의 사기를 높이고자 했다. 전 장병들에게 취사반 개선책을 공모하고 채택된 내용은 공로 휴가를 약속했다. 그후 새로 보직된 취사병은 교대로 휴가를 보내 집에서 하는 요리를 배워오도록 했다. 이에 따라 취사병의 전문화, 취사 업무의 분담화, 취사의 과학화와 정량 보급을 이룰 수 있었다는 것이다. 이와 같은 개선은 또한 「행주가 된 제대병의 팬츠」를 버리고 행주다운 행주를 마련하기도 했다.

그러나 이런 기록을 통하여 가장 감동을 주는 것은 포병으로서 갖고 있는 포(包)에 대한 사랑과 책임감이다.

> 멀리에서 포탄에 이끌려 비틀어진 포를 본 나는 마치 내 자식이 불에 타는 것 같아 견딜 수가 없었다. 나도 모르게 물 속으로 뛰어 들어갔다. 주위에서 헌병과 사병들이 나를 제지했다. 얼마나 내가 광란의 몸부림을 했는지 한참 후 정신이 든 나는 헌병들에 의해 감시당하고 있었다.
>
> — 「포병이 포를 태워 먹었으니 타도 타 죽어야 한다」 일부

그는 휴가중이었고, 전포대장이 순찰을 돌 때, 사병들이 불을 포탄 상자에 감춘 것이 발단이 되어 포탄이 폭발하고 포가 탄 현장을 대하고 취한 행동의 일단에 대한 기록이다. 그는 포가 탔으니, 포병도 같이 타 죽어야 한다고 믿는 올곧은 군인이었다. 지휘관은 모든 일에 책임을 져야 한다는 그의 지휘 이념에 따른 행동으로 보인다. 그래서 그는 「FM 장교」로 불리웠다. 그래서 그는 어려운 가정살림을 해야 했다. 「문간방 사모님과 유가병」과 「조개가 밝힌 보급품의 부정 유출」 등은 그의 청렴한 군인 정신을 보여주는 것이다.

그는 부하 사랑에도 남다른 지휘관이었다. 「"오라잇, 오라잇" 외치며 죽어간 주번하사」는 사고에 따른 실례를 들었고, 이러한 사고를 타산지석(他山之石) 삼아 「안전사고 사례집」을 만들어 부하들에게 보급하고 지휘감독하였다. 우리는 잘한 일과 긍정적인 면만을 선전

하고자 하는 경향이 있다. 그러나 실제로 필요한 것은 실패한 이야기, 부정적 사례 등을 통하여 유사한 오류를 범하지 않게 하는 것이 무엇보다 중요한 것이다. 특히 국가의 안위를 책임지고 있는 군에 있어서는 더욱 절실한 것이다.

> 6·25 당시 수도고지에서도 나는 진중일기를 썼다. 불침범 없이 자다가 적 기습에 몰살당할 뻔한 일, 적 침투 위치 및 시간대, 적 진지 사경도, 전화선 설상 썰매 가설법, 폭설 시 공기통 만들기, 적 무전기 방해 전파 주파수 수집, 일지에 기록한 다음 관측장교에게 인계했다.
>
> 월남 사령부 상황실에 근무했을 때도 월별 베트콩의 활동 지역, 지역 특성, 브리핑에 사용되는 영어, 월남어 등의 군사 용어 단어만 모은 사전을 만들어 사용하다가 다음 파월 장교에게 인계해서 상황 근무 및 브리핑하는 데 참고하도록 했다.
>
> — 「안전사고 사례집」 일부

이렇게 철두철미한 군인정신은 그가 가는 곳이면 모두 모범이 되곤 했다. 「모범 내무반」은 그에 대한 기록이다. 그의 이러한 정신이 바로 오늘의 조국이 있게 하였으며, 번영된 조국을 건설하는 근간이 되었으리라 본다.

그는 군 생활을 마치고도 계속하여 평화통일을 위한 일들에 매진하고 있는데, 그런 이야기와 단상들, 외국 여행하면서 조국의 현실과 견줄만한 것들을 수필로 남기고 있다. 대부분의 작품이 애국애족의 정신적 소산이라고 볼 때, 그의 이러한 기록은 숭고하기까지 하다.

3.

생명을 바쳐 조국을 지켰고, 일평생 조국의 통일을 염원한 시인의 정신세계는 단순하다. 조국 통일이라는 굵은 줄기에 군생활 삽화(挿話) 속에서 찾은 잔뿌리들이 거목을 지탱하고 있다. 따라서 그의 시와 수필이 갖고 있는 바, 도도한 흐름은 조국애와 민족애에 귀결되게 마련이다.

다시 말하면 문용덕 시인은 조국의 유사시에 참전하여 누란(累卵)의 위기를 넘기는데 공을 세웠고, 군복을 벗고도 조국의 통일을 위해 평생을 헌신한 소영웅이다. 그는 신체의 여력이 다한 듯하자, 정신으로라도 헌신해야겠다는 일념으로 고희에 이르러 붓을 잡았다. 그의 작품은 조국 사랑에 대한 간절한 염원이 새겨진 기념비적 성격을 띠고 있다.

끝으로 애국애족의 정신(精神)과 통일의 열망(熱望)이 간절하게 발현(發顯)된 시를 감상하기로 한다.

통일 되면 제일 먼저
고향 간다고
임진강가 못 떠나는
하얀 민들레

며칠이면 가리라
눈물 젖은
반세기

나 죽으면
영영 남이 될까봐
몸은 가지 못하고
마음만으로 날리는 홀씨

관모(冠毛)에 실은 한(恨)
북녘 하늘 바라보며
긴 목 빼어들고
날아갈 채비를 한다

—문용덕 시 「민들레의 소원」 전문

반세기 동안이나 염원하던 통일의 열망이 실현되지 않아 좌절한 시인은 그나마 바람에 날리는 민들레 홀씨에 통일의 염원을 의탁(依託)한 것이다. 민들레 관모가 바람에 날려 북녘으로 가려는 것처럼 시인의 마음도 조국의 통일을 기다리며 북녘으로 날아갈 채비를 한다는 것이다. 민족의 통일이 조속히 이루어져, 문용덕 시인의 뜨거운 열정(熱情)이 빚어내는 통일의 기쁨, 통일의 환희가 흘러넘치는 작품을 기대하면서 그의 수필집 『하늘만큼 바다만큼』 발간을 축하한다.

◇ 홍재헌 수필론 『멀고도 먼 길』 평설. 1999.

증언으로서의 신심(信心)과 교육관(教育觀)

1.

'생각나는 대로, 붓 가는 대로' 라는 수필의 특성에 의하여 수필을 신변잡기 정도로 인식하는 경우를 가끔 대하게 된다. 그럴 때마다 모골이 송연해질 때가 있다. 한 편의 수필을 빚기 위해 수필가들이 얼마나 노심초사하는가를 곁에서 보아왔기 때문이다.

시와 소설은 이성과 감성, 그리고 상상력에 의해 허구화하기 때문에 수재 면에서 무한성을 갖고 있다. 그렇지만, 수필은 삶의 진실이 오롯하게 들어 있어야 하기 때문에 소재 면에서 제한을 받게 마련이다. 여기에 문학적 향기로 잔잔한 감동을 불러일으켜야 하기 때문에, 수필 창작은 사실상 고뇌의 연속이라 할 수 있다. 그런 만큼 수필가들이 고난의 수필 창작을 선택한 것은 거의 운명적이라 하겠다.

홍재헌 수필가는 일제(日帝) 식민지 시대인 1927년에 태어나 연서초등학교, 대전공업고등학교, 초등학교 양성소를 수료하여 초등교사로 봉직하면서 다양한 글을 창작하여 발표하였다. 문학의 여명기에 그가 발표한 글들은 선지자로서의 등불에 다름 아니다. 그는 1954년에 꽁트 「초라한 아내」를 《연기교육청신문》에 발표하기도 했고, 1956년에는 『백수문학』 창간호에 꽁트 「회한의 눈물」을 발표하기도하여 소설가의 기을 시작하는 듯했다. 이후 현상공모에 표어가 당선하기도 했으며, 다양한 글을 다양한 지면에 발표하여 교직자와 문인의 길을 묵묵히 걸었다.

그러다가 1964년 《새교실》에 수필 「아쉬운 눈물」이 추천되어 수필가의 길을 걷게 되었으며, 이후 삶의 진실이 들어 있는 수필을 창작하여 5권의 수필집을 발간하기에 이르렀다.

1966년 수필집 『교사의 시선』 발간
1977년 수필집 『이유 있는 항변』 발간
1987년 수필집 『기뻐하며 사랑하며』 발간
1992년 수필집 『사랑이 있는 풍경』 발간
1999년 수필집 『멀고도 먼 길』 발간

다섯 권의 푸필집에 있는 수필을 통독하고, 또한 일부 작품을 정독했다. 홍재헌 수필가의 수필은 삶의 진실과 높은 경지의 정신영역을 담고 있으면서 예술적 성취를 이루고 있다. 그는 진정으로 수필가다운 기(氣)를 보여주고 있으며, 수필에 대한 그의 남다른 열정은 그를 믿음직한 수필가의 반열에 오르게 한 원동력으로 작용하고 있다.

그의 수필에 담긴 폭넓은 인생 철학을 간략하게 정리하다 보면 창해일속(滄海一粟)의 부분적인 정리가 될 수도 있다는 우려가 드는 것은 사실이지만, 귀납적 정리에 의해 정리하고자 한다.

2.

홍재헌 수필가는 1946년 교사로서 교직에 들어선 이래 1993년 교장으로 정년퇴임할 때까지 초등교육에 헌신한 교육자이다. 그러기에 그의 글에서는 제자에 대한 애뜻한 사랑이 한지에 먹물이 스며들 듯 자연스럽게 녹아 있다. 또한 교직에서의 애환과 국가 백년지대계로서의 교육자적 양심도 진솔하게 표출되고 있다. 특히 교육자로서의 이상을 실현하고자 하는 고매한 정신이 작품으로 승화되어 있다.

그의 교육관이 승화된 작품을 몇 편 살펴보자.

> ① 선생님 각자의 온후하고 늘 미소 짓는 얼굴, 상대를 감싸주는 사랑어린 눈매, 높거나 날카롭지 않은 부드럽고도 정겨운 목소리, 긴장감을 풀어줄 수 있는 유모어에 사색적이고도 잔잔한 태도, 그리고 정원수와도 같은 자상하고도 재치 있는 손놀림과 경쾌하고도 능동적인 발놀림 등에서 멋과 매력을 흠뻑 품어야 하리라.
>
> ② 나이 든 교육자들과 많은 부모들이 오늘의 숱한 청소년들이 바람직스런 방향으로 나가지 못하고 빗나간다며 걱정들이다.
>
> 자기밖에 모르는 이기적인 태도, 물건을 아낄 줄 모르고 사치에 흐르는 경향, 부모와 웃어른을 공경하지 못하는 무례함, 일을 싫어하고 향락에 빠지는 풍조, 참고 견디는 극기심의 모자람 등을 탓하는 소리가 높은 게 사실이다. 가치관과 시각의 차이라고 여기기에는 문제가 심각하다. 확실히 크나

큰 문제를 안고 있는 청소년들이 자꾸만 늘어가서 안스럽다.

③ 사제 간의 사랑이란 가르치는 스승과 가르침을 받는 제자와의 마음 사이에 놓이는 중요한 다리이며 바른 길인 것이다. 이 사랑의 길이 있기에 사제 간의 훈훈한 마음이 이어지고, 참된 마음의 주고받음이 있을 수 있게 마련이며, 이 다리를 거쳐야만 한 인격이 다른 인격에 강하게 부딪칠 수 있어 마음의 공감을 일으킬 수 있는 것이다.

①은「선생님들의 멋」에 나오는 일부를 인용한 것이다. 이런 선생님은 홍재헌 수필가가 지향하는 교사상이다. 모든 것을 갖춘다는 것은 불가능하지만, 그런 이상을 향하여 노력하는 것이 바로 훌륭한 교사상이란 것을 지적하는 글이다. 그러나 이렇게 훌륭한 선생님이지만, 세상은 그렇지 못한 것이 사실이다. 현실의 제자들이 모두 스승의 가르침을 잘 따르는 것만은 아니다. 이와 관련한 것이 ②의 「어린이를 보는 눈과 마음」이다. 어른들이 걱정하고 있는 것은 당연한 일이다. 교육자로서 평생을 봉직한 노 교육자의 시선에는 너무나 당연한 걱정이다. 그러기에 그는 〈무엇보다도 심약(心弱)해서 큰 일이다. 잘 먹고 귀염받아서 허울은 멀쩡하고 후리미끈하며 아름다운데 참을성이 없고 끈기가 모자라다. 참고 견디려는 극기심이 너무 약하고 보잘 것 없다. 혼자서는 아무 것도 못하는 오죽잖은 꼴이다. 일에 꾀를 부리고 심지어 연필도 깎을 줄 모르며 청소조차 싫어하니 이렇게 커서 어쩌란 말인가?〉 라고 탄식을 하기에 이른다.

그러나 이러한 요소는 사랑으로 극복할 수 있다는 것이 교육자로서의 홍재헌 수필가가 갖고 있는 철학이다. 그는 인용한 ③의 수필 「사제간의 사랑」에서 사회와 학교에서의 온갖 갈등을 해소하고, 새로운 교육의 지평을 여는 길이 바로 사제간의 사랑이라고 웅변하고 있다. 〈교사의 사랑은 제자의 인격의 존엄성을 귀하게 여기는 마음에서 솟는 것이며, 그들의 무한한 가능성을 믿고, 그들의 쉬지 않고 이루어지는 성장 발달을 살펴보고 어루만져야 하기 때문에 끝없이 피어올라야 하는 것이다. 그들의 철학을 믿고 사회적 죄악이나 타락에 물들지 않게 알뜰히 보호하기 위해서 쏟는 마음의 발로가 곧 사랑의 실천인 것이다. 교직이란 이렇게 제자를 아끼고 사랑하며 모든 정열을 바치는 크나큰 봉사인 것이다.〉

홍재헌 수필가는 교육자로서의 평소 신념을 수필이란 그릇에 담아 많은 사람들에게 교육의 중요성을 확인시키고 있다. 수필 「가르치는 기쁨」에서는 두메에 있는 교사에게 보내는 편지형식에서 다음과 같은 길을 제시하고 있다. 교직의 길을 걷고 있는 사람이거나, 앞으로 교직을 선택할 사람들에게, 그리고 교직을 이해하고자 하는 많은 사람들에게 귀감이 되리라 여긴다.

그는 이 글에서 〈제자의 잘못을 깊이 이해하고 위안과 격려와 감동을 주는 잔잔한 말을 건넬 때, 사제간의 정은 두터워지고 스승의 보람〉 을 느낄 수 있다는 것이다. 그래서 그는 〈교단 신조로, 첫째, 우리는 사랑으로 가르친다. 사랑은 교사의 근본 바탕이다. 둘째, 우리는 자신있게 가르친다. 때문에 부단히 연수를 쌓는다. 셋째, 우리는 희망을 갖고 가르친다. 그들의 무한한 가능성을 믿기 때문이다.〉 등의 다짐을 스스로 실천하도록 노력한다는 것이다.

이런 교직자가 있는 세상이라면 세상의 작고 큰 교직에 대한 불신도 씻어지고 나라의 미래도 희망적이리라는 믿음을 심는 수필이다.

3.

홍재헌 수필가는 신심(信心)이 돈독한 신앙인으로서 신앙과 관련한 수필도 여러 편이다. 그는 1969년 천주교에서 영세를 받은 후, 견진성사를 보았고, 꾸르실료도 거쳤으며, 부부일치운동교육도 이수했다. 신앙에 성심을 보여 괴정동 성당 상지회장, 평신도 회장, 총회장 등을 역임하면서 신앙활동에도 열심인 분이다. 그런 그의 마음이 수필에 담겨 있다.

신앙인으로서 바라보는 세상은 결코 긍정적이지만은 않다. 그러기에 그는 신앙심을 통하여 긍정적인 삶을 영위하도록 제시하는 수필의 창작에 열심이다. 다만 종교적 영역이 자연스럽게 용해되도록 배려하는 마음이 수필의 전편에 흐르고 있다. 몇 편을 인용하여 살펴보자.

> ①'양심의 소리'란 다름 아닌 사랑어린 정겨운 목소리이고, 평화와 정의로운 외침이요, 사람답게 바르게 착하게 살아가고 잇는 오늘의 밝고 믿음직스러운 발자국 소리요, 보다 알찬 내일을 설계하고 다지는 희망적인 고동소리이기도 하다. 때문에 '양심의 소리'는 곧 '하느님의 소리'라고 한다. 그래서 이 '양심의 소리'를 귀담아 듣고 실천하려는 의욕이 넘칠 때 복지로운 사회가 구현되고 정의로운 삶이 이룩되는 것이리라.

②'용서'에는 마음을 비우고 낮추려는 겸손이 앞서야 되고, 상대방의 처지를 헤아리려는 고운 심성이 자리를 잡아야 되며, 이웃을 내 몸같이 아끼려는 참다운 사랑이 바탕이 되어야 가능한 일이다.
평소의 생활에서 교만은 마귀의 동반자라서 화해와 일치를 깨치지만, 겸손은 사랑과 같은 것으로 그리스도 제가의 표시인 것이다. 사랑의 열매도 겸손의 뿌리에서 돋아나는 법이다.

③ 전교는 말을 내세울 게 아니라 이렇게 밝고 평온한 몸가짐으로 자기를 낮추며 이웃에게 봉사하는 삶을 보여주는 것이 몇 배 더 효과적임을 깨닫게 된다. 언제나 미소를 지으며 사람을 대하고 사랑을 실천한다는 것은 결코 쉬운 일이 아니며, 아무나 행할 수 있는 일도 아니다. 부부간의 사랑도, 부자간의 애정도, 형제간의 우애도, 친구 사이의 우정도, 사제간의 신뢰도, 이웃간의 대화도 이런 정겨운 미소와 친절한 말이 수반되어야 하는 것이다.

①은 홍재헌 수필가의 신앙적 근본이 되는 양심과 관련한 언급이 담긴 작품 「양심의 소리」의 첫 부분이다. 그는 인간의 양심이 바로 하느님께서 주신 선물이라는 점을 강조하고, 양심을 잘 지키면 온갖 부정과 악마의 소리에서 벗어날 수 있다고 한다. 〈하느님의 소리를 바로 듣고 실천함에는 어디까지나 사랑이 깃들어 있어야 하며, 또한 마땅히 사랑의 행위여야 한다. 그것이 크리스찬의 특징이며 보람이고 참된 길〉이라고 주장하고 있다. 결국 양심과 사랑을 강조하는 수필가의 내면을 확인하는 작품이다. 그러나 양심과 사랑으로 생활하다가 보면, 부정과 악마의 시련을 겪게 마련이고, 이로 인해 상처를

받아 미움에 싹트게 된다. 이때 미움을 버리고 용서하라는 뜻에서 그는 ②의 작품「용서하는 벌」을 수필로 남겼다. 요서하는 것이 얼마나 어려운 것인가 하는 점, 그러나 용서해야 하는 것이 하느님을 믿는 그리스도인의 사명이라는 것을 밝히고 있다. 〈용서의 비결은 쓰라린 과거를 입고 묻지 않는 것이고, 처지를 바꾸어 이해하려는 마음의 변화를 뜻하는 것이라서 이에는 엄청남 인내와 고통이 수반되기 때문에 흔히들 '용서'란 하느님의 새로운 창조물이고 더 큰 사랑으로 축복하는 것〉이라고 강조하고 있음에서 그의 신앙의 근본을 확인하게 된다.

③은「웃는 얼굴이 그립다」의 일부분이다. 앞부분에서 그는 〈웃음이 우리 주변에서 점점 사라져 가고 있다. 살아가기가 힘들고 사랑이 메마른 따이라면 참으로 서글픈 일〉 라면서 웃고 사는 행동 요령을 밝히고 있다. 〈분수를 알고 분수대로 행동하며 때에 맞게 그칠 줄을 아는 사람이 행복을 누리며 산다. 남을 탓하기보다는 자기를 탓하며 남을 미워하지 않고 시기하지도 않으며 늘 자연스럽게 주고받는 사람들에게서 평화로운 웃음을 엿볼 수가 있다. 웃음은 감사의 마음이고 행복한 표정〉 이라고 한다. 이렇듯이 행복한 표정이어야 전교도 잘 된다는 것이다.

홍재헌 수필가는 신앙과 관련해 많은 작품을 보여주고 있지만, 그 중에서 신앙과 관련된 몇 편을 찾아 구우일모(九牛一毛)식으로 정리함에 그쳤다.

4.

총재헌 수필가는 교육과 신앙에 대한 수필의 창작을 많이 하지만, 일상 생활 속에서 보고, 느끼고, 생각한 바를 작품으로 빚어내고 있다. 박학다식하고 올바른 일에 최선을 다하는 그의 성품이 투영된 수필 작품을 많이 빚어내고 있다.

몇 작품을 통하여 그가 생활 속에서 견지하고 있는 철학과 신조를 살펴보자.

> ① 내가 이 세상에 태어나
> 수없이 뿌려놓은 말의 씨들이
> 어디서 어떻게 열매를 맺었을까?
> 조용히 헤아려 볼 때가 있습니다.
> 무심코 뿌린 말의 씨라도
> 그 어디선가 뿌리를 내렸을지 모른다고 생각하면
> 왠지 두렵습니다.
> 더러는 허공으로 사라지고
> 더러는 다른 이의 가슴 속에서
> 좋은 열매를 또는 언짢은 열매를
> 맺기도 했을 언어의 나무
>
> ②이웃을 아끼고 내 물건과 남의 물건을 구분해서 사용하고 공공물을 다루는 품이 다르고 예절을 지키는 면에서 판이하게 다르다.
> 낯익지 않은 여러 이웃들과도 함께 쓰는 공동목욕탕이다. 질서가 있어야 하고 예절이 지켜져서 남에게 불쾌감을 주거나 피해를 주는 일은 삼가야 옳다. 자기의 자유가 귀중하고

존중되어야 한다면 남의 자유와 평안함도 존중되어야 하는 법이다.

③독한 담배를 자주 피우셨던 어머니께서 93살의 장수를 누렸던 사실도 머리에 떠올랐다. 이래서 담배 예찬론도 심심치 않게 들고 나온다. 19세기의 영국 소설가인 대커리는 "파이프는 철학자의 입술보다도 더 지혜를 만들어낸다." 라고 밝혔다. 적절한 주장이다. 어떤 작품을 구상하고 작성할 때 그게 막혀 답답할 때는 으레 담배를 물고 하늘의 별들을 우러러 보게도 된다. 원을 그리며 갖가지 형태로 자취를 남기며 사라지는 담배연기 속에서 어떤 영감을 찾아내기도 한다. 프랑스의 소설가로 처음으로 담배를 피웠다는 조르지 상드는 "담배는 글을 쓸 때는 잉크보다 더 필요한 존재다"라고 술회한 바 있지 않던가?

①은 「제2의 인생설계」라는 수필에 인용한 시(詩)인데, 언어에 대한 자아반성적 성격을 지니고 있다. 시인이거나, 소설가거나, 수필가거나 간에 언어예술을 창작하는 문인들은 모두 언어에 대해 치열한 각성을 하게 마련이다. 특히 교육자로서, 신앙인으로서 홍재헌 수필가는 일상생활에서 일어나는 언어에도 남다른 관심을 갖게 마련이다. 그래서 그는 생활 속에서 옳은 말, 듣기 좋은 말을 행하고자 하며, 문학작품에서도 주제의 선명성과 함께 표현의 예술성에 민감하다. 그러면서 그는 교육자로서의 46년을 마감하면서 새로운 인생설계를 하고 있는데, 바로 사랑과 봉사의 실천이다. 그러나 세상은 그를 안주하게 하지 못하게 한다. ②의 「목욕 문화 유감」에서 보면 안타까운 일들이 노정되고 있다. 이 글에서는 목욕탕에 대한 소감이

었지만, 다른 곳에서는 그 나름의 비판정신이 빛을 발하고 있다. 목용탕의 꼴볼견으로, 일회용 면도기나 수건을 아무 곳에나 내동댕이치는 사람, 양치질이나 비누칠한 찌꺼기를 그대로 방치해 두는 사람, 아이들의 행동을 바로 잡아주지 못하는 사람, 아까운 물을 마구 쓰는 사람 등으로 보았다. 그런데, 이런 행위는 목욕탕에서만 일어나는 것이 아니고 다른 곳에서도 자주 나타나기 때문에 교육자로서의 홍재헌 수필가는 괴로울 수밖에 없는 것이다.

③은 흡연자와 비흡연자와의 갈등과 싸움에 임하여, 그는 흡연자로서의 변명을 옮긴 것이다. 그러나 말미에서 그는 엄청난 돈을 연기로 날려보내는 데에 대해 걱정도 한다. 이런 견해와 유사한 것이 음주와 관련된 글이다. 그는 술의 효과로 첫째, 마음을 즐겁게 하는 정신 안정제이고, 둘째, 위액의 분비를 촉진하는 건위제이며, 셋째, 잠을 잘 자게 하는 수면제이고, 넷째, 마음을 행복하게 하는 행복제이며, 다섯째, 친구를 쉽게 많이 사귈 수 있는 우정제란 것이 평소의 나의 신조라 밝히면서 술을 찬양하고 있다. 여기서도 담배와 같이 성경의 잠언에 있는 "포도주를 마시면 방자해지고, 독주를 마시면 행패를 부린다. 술에 빠져 곤드라지는 것은 슬기로운 일이 못된다." "술독에 빠진 사람과 고기를 탐내는 사람과는 어울리지 말아라. 고기와 술에 빠지면 거지가 되고, 술에 곯아 떨어지면 누더기를 걸치게 된다."라는 지적도 명심하고 있다.

홍재헌 수필가는 수필을 통하여 삶의 여러 측면을 밝히고 있다. 작품마다 그의 교육자적 정신, 신앙인의 자세, 그리고 문인으로서의 치열한 작가의식, 사회를 옳게 가꾸려는 철학, 자신에 대한 잔잔한 이야기들로 꾸며져 있다. 그 중에서 몇몇 분야만을 간략하게 분석해 보았다. 더 많은 여지를 남기는 것은 독자들의 몫을 남기는 것에 다름 아니다.

5.

홍재헌 수필가의 여러 작품 중에서 일부를 선택하여 정독하고, 분석한 바를 간략하게 정리하면 다음과 같다.

첫째, 홍재헌 수필가는 초등교육에 헌신한 교육자이다. 그러기에 그의 글에서는 제자에 대한 애뜻한 사랑, 교직에서의 애환, 국가 백년지대계로서의 교육자적 양심 등이 진솔하게 그려지고 있다. 특히 교육자로서의 이상을 실현하고자 하는 고매한 정신이 작품으로 승화되어 있다.

둘째, 홍재헌 수필가는 신심(信心)이 돈독한 신앙인으로서 신앙과 관련한 수필을 다수 창작하고 있다. 신앙의 기본인 사랑과 봉사, 용서와 화해, 그리고 전교에 이르기까지 신앙을 주제로 한 작품들이 많다. 신앙에 성심을 보이고 있는 그의 마음이 수필에 오롯이 담겨 있다.

셋째, 홍재헌 수필가는 교육과 신앙에 대한 수필의 창작 외에도, 일상 생활 속에서 보고, 느끼고, 생각한 바를 작품으로 빚어내고 있다. 박학다식하고 올바른 일에 최선을 다하는 그의 성품이 투영된 수필 작품을 많이 빚어내고 있다.

그는 문인으로서의 작품 창작에 여생을 헌신할 것으로 보인다. 그의「글 쓰는 마음, 글 쓰는 보람」에서 인용한 것을 재음미하면 알 수 있는 일이다. 〈우리의 육체적 생명은 짧지만 정신적 생명은 영원하다. 자식을 남기는 일도 중요하지만 작품을 남기는 일은 더욱 중요하다. 글을 쓰는 사람이 된 것을 나의 운명의 신(神)에게 감사하고 싶다. 글을 쓴다는 것처럼 보람 있고 가치가 있는 일이 또 어디에 있으랴. 글 속에 나의 영혼을 담고, 나의 정신을 싣고, 나의 철학을 말하고, 나의 생각을 펼 수 있다는 것처럼 흐뭇한 일이 없다.〉 어떤 작가의 말을 인용한 부분인데, 그 역시 이 술회에 공감하기 때문이라 할 때, 홍재헌 수필가의 문학정신을 확인할 수 있다.

이상으로 정리하면서 금혼 기념으로 발간하는 그의 다섯 번째 수필집에 박수를 보내고, 내내 행복하시고 강녕하시길 기원하며 맺는다.

◇ 김장호 수필론 『나의 삶 나의 길』 평설. 2001.

교육 입국과 지역 사랑의 올곧은 신념

1. 선비의 가풍(家風)을 이어받고

김장호 선생은 한국 유교의 전통을 이어받은 가풍 속에서 자란다. 그 부친은 영남 유학의 본산인 소수서원의 원장으로 봉직한 분이고, 평생 학문적 자세를 지킨 분이다. 그 모친 또한 선비인 부군을 만나 가정 대소사를 관장하는 현모양처였던 것으로 알려져 있다.

그런 가정에서 자란 그는 부친의 엄격한 훈계와 희생적인 모친의 생활 자세를 그대로 이어받은 듯싶다. 특히 모친에 대한 감개가 남다른 것은 어릴 때의 가정환경 때문일 것이다.

소수서원은 퇴계 이황 선생이 풍기 군수로 재임하면서 조정에 건의하여 명종 5년(1550년)에 소수서원이란 사액을 받아 설립한 최초의 사액서원이며 동시에 사립 고등교육기관으로 공인된 사립학교이다. 퇴계 이황 선생의 뒤를 이어 수많은 거유(巨儒)들을 배출한 소수서원은 민족 교육의 산실답게 나라의 동량들을 길러냈는데, 그 서원의 책임자가 바로 김장호 선생의 부친이었다.

그는 소수서원에 들렀을 때의 서경과 심리를 다음과 같이 표현하고 있다.

> 돌아가신 아버지를 뵈는 마음으로 소수서원의 정문을 향해 다가섰다. 하지만 서원의 문은 닫혀 있었다. 밤이 되어 출입문을 닫았기 때문이다.
>
> 칠흑같이 어두운 그림자 속에 소름끼칠 만큼 조용히 침잠하고 있는 소수서원, 그 안에 서 있는 아름드리 소나무들이 제법 장엄하였다. 몇천 년 동안이나 제자리에 서서 자란 저 소나무들, 저들은 그때 이곳에서 민족을 생각하고 나랏일을 걱정하던 유림들의 충정을 기억하고 있겠지
>
> —「돌아보면 언제나 아쉬운 날들」 중에서

소수서원 주위에는 금성단이 있다. 그의 부친이 유림들의 천거를 받아 단장으로 재임했던 이 금성단은 조선조 개국 초기, 세종의 여섯째 아들 금성대군이 강원도 영월에 유배 중이던 단종을 복위시키기 위해 이곳 순흥부사인 이보흠과 향중(鄕中)의 유림들을 모아 거사를 꾸몄지만 실패로 돌아간다. 권력을 잡은 세조는 조카인 단종과 단종을 추종하던 세력을 모두 사사하고 만다. 후일 유림들이 그때 순절한 의사들을 향사(享祀)하던 곳이다.

이렇듯 엄격한 유교 가풍을 이어받은 그는 생활 속에서 부친의 가르침을 가슴에 품고 살게 된다. 특히 청운의 꿈을 안고 서울로 유학했을 때, 그 괴로움과 외로움 속에서도 그는 부친의 엄격한 훈교에 의하여 다시 일어설 수 있었다.

그의 부친은 "먼저 사람이 된 후에 공부를 하고, 그런 후에 큰일을

하거라."는 말씀을 남기셨다. 그러나 그는 공부를 최우선에 두고, 공부하기 위해 애를 쓰게 된다. 그런 의지에 의해, 희망하는 대학에는 실패하고 다른 대학에 진학했지만, 대학원만큼은 그가 원하는 고려대학교 대학원을 졸업하게 된다. 또한 사찰이나 시골의 한적한 고시촌을 찾아 생명을 건 공부를 한 것도 부친의 가르침에 연유하는 것으로 보인다.

2. 교육 입국(立國)의 신념으로

부친이 소수서원의 원장이 되어 유교 사상을 가르친 것처럼, 김정호 선생 역시 부친의 뒤를 이어 육영 사업에 나선다. 아내와 함께 유학의 꿈을 접고 차린 서울과 일산의 학원은 고난과 시련을 겪은 다음 눈부신 발전을 거듭한다.

그러다가 서울 인근 도시 중에서 가장 낙후된 김포의 교육 환경이 그의 도전 정신을 부추기게 되고, 그는 뭇 사람들의 만류도 무릅쓰고 김포에 둥지를 튼다. 그는 그때의 심정을 〈아무 것도 가진 게 없는 가난한 사내가 꿈틀거리는 욕망 하나로 뭔가 이루어 보려는 오기〉로 시작하였다고 회고하기도 한다.

> '이카루스의 꿈'—태양에 너욱 가까이 날아보겠다는 크나큰 꿈을 가지고 도전하다가 그만 태양의 열 때문에 녹아 내려 버린 이카루스의 밀납 날개처럼 허망한 결과를 맞을지라도 나는 이 고향과 같은 김포 땅에서 새로운 도전을 해야 하겠다는 결심을 하게 되었던 것이다.
>
> 당장의 편안함과 눈앞의 이익보다는 작은 성취라도 그 보

람된 일에 가슴 뿌듯해 하고 자라나는 후세들에게 떳떳한 모습을 보이고 싶었던 것이다.

—「교육사업은 미래를 위한 투자다」 중에서

그가 서울과 일산에서 번창하는 입시학원을 정리하여 김포에 정착한 것은 세 가지 연유로 밝히고 있다. 첫째는 〈결혼할 때 유학을 포기하면서 아내와 약속했던 학교 설립을 준비〉하기 위해서다. 둘째는 김포에 다녀와서는 〈마치 고향으로 돌아온 착각에 겨워 며칠이고 뜬눈으로 고민〉을 할만큼, 김포와 그의 고향은 닮아 있었기 때문이다. 셋째는 김포의 교육 여건이 너무나 후진적임을 깨닫고, 김포에서 청운의 꿈을 실현시키고 싶어서다.

그리하여 그는 김포에 학원을 설립하고 운영하기 시작한다. 그러나 모든 것이 순탄한 것만은 아니었다. 한국 국민들 모두가 허리띠를 졸라매야 했던 IMF가 닥쳐왔기 때문이다. 그러나 그와 그의 아내는 생사를 건 노력과 남다른 경영기법으로 모든 어려움을 극복한다. 특히 눈길을 끄는 것은 학원의 교실에 담당 강사의 성함을 붙여 선생님들 스스로 최선을 다하게 유도한 것이다. 카네기 전기를 읽고 찾아낸 혜안(慧眼)이라고 하지만, 책 속에 있는 진리도 얻고자 하는 사람에게만 보이는 법이다.

그는 중도에 포기하지 않았다. 공교육과 함께 사교육의 동반 발전이 중요함을 깨닫고, 사교육에 대한 육영 사업에 힘쓴다. 우수 학생에 대한 장학금 지급, 생활 보호자에 대한 학원비 면제, 또한 학원 편의 시설의 확충 등으로 사교육에 대한 우려를 불식시키고 있다. 그리하여 김포 시민이 교육 때문에 타지로 이사하는 일이 없도록 하고

자 한다.

그는 교육자로서 최선을 다하지만, 현실에서의 벽을 실감한다. 어린 세대들은 자신이 교육한다고 하지만, 이미 비굴하게 굴절된 기성세대들의 가치관은 변화시키기가 어렵기 때문이다.

> 나는 이곳에서 아이들에게 진리를 가르치고 참교육을 해온 교육자이기 때문에 올바른 방식으로 살아가는 어른들의 모습을 발견하려 무진 애를 써왔다. 그러나 수많은 정치인들의 조령모개식 처신을 보고 얼마나 실망을 했는지 모른다. 그리고 정말 바르고 소신 있는 어른들의 모습을 볼 수 없다는 사실에 몸서리치곤 했다. 우리가 아무리 아이들에게 좋은 가치관을 심어준들 무엇하랴.
>
> —「도대체 우리가 남인가?」 중에서

이런 실망과 좌절 속에서도 그는 교육에 대한 철학과 소신을 유지하고 있다. 그가 추구하는 교육적 목표가 이루어질 때까지 오직 투철한 신념으로 이루고자 전력을 다한다. 그가 사랑하는 땅 김포, 그가 뿌리를 내려 살고자 하는 땅, 김포에서 교육의 밭갈이를 계속하리라 다짐한다.

3. 지역 발전의 청사진(青寫眞)

김장호 선생은 경상도 유림 집안에서 태어나고 자라, 고등학교 때 서울로 유학하여 대학과 대학원을 졸업한다. 결혼과 함께 부부가 미국 유학을 도모하던 중, 아내의 포기로 학원을 설립하고, 교육 사업에 투신한다.

그러던 중 자신의 고향과 너무나 흡사한 환경적 조건인 김포에서 학원을 설립하고, 김포에서 뿌리를 내리고자 한다. 다른 사람들은 수없이 오고 가지만, 그는 이제 완벽한 김포 사람이 되고자 한다. 그래서 그런지 그의 김포에 대한 사랑은 남달라서, 김포 땅 이곳 저곳을 답사하게 되고, 거기에서 김포 사람들의 삶을 조망하고, 앞으로 대처할 궁리를 하게 된다.

김포시 월곶면 포내리에 있는 문수산성에서 그는 병인양요, 신미양요 등을 거치며 외국 세력으로부터 조국을 지켜낸 지리적 조건에 자부심을 갖기도 한다. 이런 역사적 사실을 바탕으로 우리 민족이 통일되었을 때, 김포가 그 중심 거점이 될 것을 소망하기도 한다. 애기봉에서 바라본 조강리를 통일평화시로 가꾸고자 한다.

> 지식인들을 중심으로 한 좌우의 이념 대립은 지금 우리를 이렇듯 남북이 둘로 갈라지게 하고, 저 하나였던 조강리를 둘 셋으로 쪼개 놓아버렸던 거다. 저 평화로운 조강리를 중심으로 통일평화시를 꾸미는 일이 우리가 해야 할 최선의 사명이다. 그리하여 종국에 가서는 우리 통일평화시가 이 나라 통일의 밑거름이 되고, 우리 후세에 대한 좋은 본보기가 되는 것이다.
>
> —「문수산에 올라 조강포구를 바라보다」 중에서

김장호 선생은 이렇게 통일평화시를 꿈꾸는 지형적 특성에만 관심을 갖는 것은 아니다. 김포에 있는 자연과 사람을 사랑하고, 또한 지역 발전을 위해 전심전력을 경주하는 리더로서의 모습을 보인다.

하성면을 가기 위해 48번 국도를 달리며 김포평야에 대한 관심도 남다르다. 〈길다랗게 뻗어 있는 길 양편으로 펼쳐진 김포평야, 올해도 풍년을 예고하듯 벼이삭들이 풍성하다.〉면서 유년의 추억을 떠올리기도 한다. 〈가을이 되면 논에 들어가 직접 낫을 들고 벼베기를 하고 난 후 탈곡을 했다. 서너 명이 발을 모아 굴러대던 탈곡기 소리는 가슴을 울렁거리게 했다.〉며 풍년든 평야에서 설레이는 가슴이 되기도 한다. 그는 지금도 〈농부의 아들로 태어난 것을 자랑스럽게 생각〉하는 사람으로 농촌 사람들의 순수(純粹)를 간직하고 있다.

그는 가슴이 따뜻한 사람이다. 개곡리 학생들에게 승용차를 태워주면서 교육에 대한 신념을 재정립하기도 한다. 수백 년 전에 올곧은 선비의 정신을 기리기 위해 세웠다는 사당, 한재당에 다녀오면서 아주머니들을 통해 민심을 청취하기도 한다. 만나는 사람들을 도우면서, 그들로부터 절실한 이야기를 들으며, 대두된 문제들을 해결하려고 노심초사하는 모습을 보인다. 이것은 스스로 김포에 뿌리 내리고 살고자 함이며, 김포에 대한 사랑의 표현에 다름 아니다.

> 이십여 년 동안 타양에서 성장과 눈뜸을 겪으며 오늘의 성취를 이루었다면 그곳이 바로 고향이다. 어린 시절의 아릿한 추억만으로 고향을 논하지 말자. 내가 혼신의 힘을 들여 살아가는 곳, 고단한 역경으로 눈물 뿌리고 짜릿한 성취로 함박 웃음을 웃을 수 있었다면 그게 바로 나의 고향이다. 내가 진정 나의 뿌리를 내려 이곳에 정착하고 내가 진정 이 김포를 사랑할 수만 있다면 나는 김포의 아들이다.
>
> ―「교육 사업은 미래를 위한 투자다」 중에서

이런 의식으로 김포 발전에 뜻과 힘을 모으는 사람이 바로 김정호 선생이다. 〈김포가 전원도시이고 자연환경이 뛰어나다는 것을 알지만 주민들이 정착하지 못하고 자꾸 떠나가는 이유는 바로 교육환경 탓이다. 만약에 이곳이 자연환경과 더불어 교육적인 면에서도 다른 위성도시와 함께 만족할 만한 조건이 된다면 누가 이 좋은 곳을 떠나려 하겠는가.〉고 반문하는 것은 교육사업을 통해 김포의 발전에 이바지하겠다는 신념의 표현에 다름 아니다.

4. 수필의 미적(美的) 성취 돋보여

김장호 선생은 의지와 철학이 담긴 수필 창작을 하고 있다. 그 가운데 아름다운 서정을 담아낼 줄 아는 사람이다. 그가 빚어낸 수필은 주제에 따른 제재 선택의 뛰어남, 동시에 표현의 멋과 맛을 통해 새롭고 강한 감동을 생성(生成)한다.

대명리 포구의 식당에서 만난 사람들에게서 그는 김포시의 재정 확충에 대한 아이디어를 포착할 정도로 애향 의식이 뚜렷한 사람이다. 그러기에 그는 〈생각해 보니, 저 서울내기들이 비록 여기서 살지는 않겠지만 주말마다 여기 와서 쓰는 돈은 바로 김포의 재정 수입이 된다는 사실〉을 깨닫는다.

이런 깨달음도 소중한 것이지만, 더욱 놀라운 것은 그의 표현 능력이다. 대명리 포구의 석양을 묘사하는 그의 필력(筆力)은 놀라운 바가 있다.

그건 분명 아름다운 장관이었다. 아아, 서쪽 하늘에 펼쳐

> 지는 저 석양의 잔치, 저 찬란한 낙일(落日)의 아름다움, 그건 분명 대명포구의 낙조(落照)였다. 지는 해가 아름답다는 말을 들었을 때 나는 피식 비웃었었다. 동쪽 하늘에서 떠오르는 아침해만이 우리에게 희망을 줄 뿐이라고 자신 있게 말했었다. 그런데, 그게 아니었다. 불그레한 서편 하늘은 대명리의 한줄기 한강 위에 그림같이 떠 있었고, 한강 물은 그곳에 조용히 앉아 핑크빛 물감을 뿌려놓은 듯 석양의 하늘을 마주 바라보고 있었다. 오오, 저것은 아직 지지 않은 달이었던가. 아니면 붉은 보자기에 싸인 화려한 불덩어리였던가. 그것도 아니면 두 뺨에 빨간 연지를 바른 해맑은 얼굴의 연인이었던가. 아니, 아니, 그것도 아니면 시들어 가는 광어회에 곁들여 마신 술에 취해 달아오른 내 얼굴이었던가.
>
> —「대명포구에서 석양에 취하다」 중에서

석양에 대하여 이렇게 묘사할 수 있는 사람은 흔치 않다. 자신이 뼈를 묻을 김포의 대명리에 대한 사랑과 감수성이 빚어낸 절창이기 때문이다. 그는 자연 현상 속에서도 새로운 철학을 찾아내는데, 수필로서의 맛과 멋이 들어 있다.

그가 사랑하는 김포의 '장릉산'을 등산할 때의 일이다. 얼마간을 올랐을 때 그는 아름드리 소나무 하나가 오솔길을 막고 쓰러진 것을 발견한다. 가까이 다가가자 울울창창한 숲 사이로 하늘이 빼꼼하게 보인다. 하늘을 막고 있던 소나무 하나가 쓰러져서 하늘이 보이고, 아침 햇살이 쨍 하니 숲으로 들어온다. 아침 이슬을 머금고 있던 숲 속의 풀잎들이 햇빛을 보고 반가운 듯 미소를 띠고 있다. 큰 나무에 가려 제대로 자라지 못하던 풀잎들이었다. 이런 상황을 보고 그는 자신을 반성하는 아름다운 가슴을 보인다.

〈문득 쓰러진 나무가 대견스러워 보였다. 저 나무는 자신을 쓰러뜨려 가지고 오랫동안 햇빛을 받지 못하던 작은 풀들에게 저런 행복을 가져다 주었는지 모른다. 나를 버리고 남들에게 행복을 가져다 줄 수 있다면, 얼마나 좋은 일인가. 나는 과연 남들에게 행복을 가져다 줄만한 능력이 있을까.〉 반문한다. 이런 자성과 반문 속에서 그의 철학이 드러난다. 자성도 없고 반문도 없을 때, 사람은 삭막해지게 마련이다. 그러나 자성과 반문이 함께 하면, 분명히 존경받는 사람이 되게 마련이다.

이런 자성과 반문은 대학 4학년 시절, 마곡사에서 공부를 하다가 절망하였을 때 만났던 산승(山僧)의 선문답에 연유하는 듯하다.

> "아무 말도 하지 말고 그냥 열심히 공부를 하게. 어느 일이나 마찬가지지만 공부란 것도 때가 있기 마련, 자네가 가지고 있는 그 잡념이 자네의 장래를 망칠지도 모르는 일이야. 절에 들어왔으면 혈육을 잊고, 혈육을 못 잊을 것 같으면 절을 버리는 게 마땅한 일 아닌가?"-〈중간 생략〉-스님이 내려간 길을 물끄러미 바라보다가 다시 뒤돌아보니 저만큼 마곡사 대웅전이 그 아래 안개에 휩싸여 있었다. 가느다란 풍경(風磬)소리가 들릴 듯 말 듯 꺼져가고 있었다.
>
> —「마곡사에서 보낸 그해 여름」 중에서

자신이 처한 상황을 이렇게 묘사할 수 있다는 것은 문인으로서 갖추어야 할 기능이다. 그러나 이런 묘사는 아무나 할 수 있는 것이 아니다. 먼저 체험해야 하고, 그 체험을 세심하게 관찰하거나 관조해야 하며, 그것을 묘사할 수 있는 마음과 필력이 뒷받침되어야 하는 것이다.

수필은 진실의 반영이다. 시는 상상력으로 빚어내고, 소설은 허구로 빚어낸다. 그러나 수필은 진실의 반영이기 때문에 체험을 전제로 한다. 특별한 체험, 그리고 그 체험을 형상화할 수 있는 능력은 특별한 사람에게 주어지는 신의 선물이자 은총이다.

김장호 선생은 많은 선물을 가지고 태어난 듯하다. 그러나 자신의 내면을 정확하고 멋지게 표출할 수 있는 능력을 타고 난 것, 그 자체만으로도 천금의 가치를 지닌다.

5. 세계(世界)를 향한 발걸음으로

김장호 선생은 미래의 세계에 대처하기 위해 교육 사업을 한다. 어떤 사람이라도 교육적 환경에서 자라게 되면, 훌륭한 인격과 뛰어난 실력을 갖추게 된다. 그런 정도로 교육적 환경은 성장하는 청소년들에게 중요한 것이다.

그는 부친께서 지니셨던 교육에의 열망이 자신으로 이어진 것에 만족한다. 그러면서 자녀에 대한 기대 또한 크다. 자신이 고등학교 시절 서울로 유학을 온 것처럼, 아들도 중국 대륙으로 유학을 보낸다. 중국 젊은이들이 외국에 가서 첨단 문물과 지식을 익히고 귀국하여 새로운 중국을 건설하듯이, 우리 역시 그러해야 함을 인식했기 때문이다.

이러한 인식은 비단 최근의 일만은 아니다. 우리 나라는 일찍이 뛰어난 젊은이들이 선진 외국에 유학을 시키고, 또 그 동량(棟樑)들이 귀국하여 잘사는 나라, 부강한 나라, 아시아의 위대한 용이 되는 데 기여했다. 그 전철을 중국이 답습하여 이제, 우리 나라를 추월하려고 한다. 그에 대한 대비는 시급하고 중요한 것이며, 그 대비책을 위해 그는 아들을 중국에 유학시킨다. 그는 사랑하는 아들을 중국에 두고 오면서 이렇게 말한다.

> (여기 중국은) 네가 세계적인 인물로 성장하기 위해 뼈를 깎는 아픔도 감수해야 할 곳이다. 이제 네 차례다. 아빠는 이제 널 믿는다. 30여 년전에 할아버지가 아빠를 굳게 믿고 서울로 유학을 보냈듯이 이제는 네가 그 역할을 감당해야 하는 거야. 때로는 울고 싶을 때도 있을 거고, 때로는 주저앉고 싶을 때도 있을 테지. 절절한 외로움에 지쳐 모두 팽개치고 집으로 돌아오고 싶을 때고 있을 테지. 허나 그건 모두 네가 스스로 성숙하기 위한 하나의 과정이야. 문제는 얼마나 참을성이 있느냐 하는 것일 뿐…….
>
> —「천안문에서 중국의 세계화를 보다」 중에서

그는 자신이 떠날 때 부친이 당부하던 말을 아들에게 하지 못했다고 기술한다. 〈먼저 사람이 되거라.〉 이 말을 아들에게 하지 못했다고 한다. 시대에 뒤처지는 말이라서인지, 사람이 먼저 되기보다는 똑똑하고 지혜가 뛰어난 아들이 되기를 바라서였는지, 잘 모르겠다고 실토한다. 이런 실토는 아무나 할 수 있는 것이 아니다. 진실을 추구하는 사람, 용기가 있는 사람만이 할 수 있는 것이다. 이런 면이 김정호 선생의 인격을 높이 평가하게 하는 요소로 기능한다.

그는 교육을 통해 우리 나라를 훌륭하게 가꾸기를 소망하는 사람이다. 또한 그는 고향을 대신하여 선택한 김포의 발전을 위해 심신을 바칠 각오가 되어 있는 인물이다. 더불어 그는 아름다운 서정으로 수필을 창작할 줄 아는 문인이다. 마지막으로 현실 속에서 아름다운 미래를 위해 최선을 다하는 지역의 지도자이다.

그가 내딛는 발걸음이 한국의 교육 발전에 있어 훌륭한 매개체가 될 것이고, 또한 지역 발전의 튼튼한 초석이 될 것이라는 믿음으로 간략하게 맺는다.

◇ 박준명 수필론 『창을 열고 밖을 보니』 평설. 2001.

수필의 격조와 진실의 반영

1. 아름다운 서정의 표출

박준명은 시조시인이자 수필가로 아름다운 글을 빚는다. 모든 수필이 아름다워야 하는 것은 아니다. 사상이나 학문을 나타내는 무거운 글은 그 나름대로의 특성을 갖추면 된다. 그렇지만, 일상적 수필에서는 아름다운 표현이 문학성을 좌우한다. 글이 아름답지 않거나 감동을 주지 않는다면, 그것은 도덕 교과서이거나 철학서에 해당하기 때문이다.

박준명은 시인으로서의 감수성과 수필가로서의 서사성을 공유하고 있다. 그래서 그의 일부 수필은 시적인 부분이 많다. 「여명(黎明)」에서 〈새벽 예불이 끝나면 밖은 어둠에 싸여 있지만 바람이 숲을 깨우는 소리가 들린다. 밖을 향해 정좌하면 새벽 5시, 어느 산사에서인지 여명을 알리는 쇠북종 소리가 장엄하게 들려온다. 그 여운이 은은하게 퍼져 가며 끊어질 듯 이어지고, 삼삽삼천을 알리는 종소리는 깊은 잠에 빠져 있는 만 생령을 깨우며 새벽을 가르는 엄숙함 속에서 합장하고 맞는 감회는 새롭다.〉 등에서 확인할 수 있다.

이어 그는 〈정적에 싸여 있던 숲에도 어둠이 걷히면서 생동감이 넘친다.〉고 술회한 다음, 숲에서 우는 새들의 면면을 상술한다. 이러한 상술은 관찰력과 감수성이 빚은 절창으로서 오로지 박준명만의 표현이라 하겠다.

> 꿩은 요란스럽게 낄낄대며 어디로 날아가는 것 같다. 이번에는 삐, 삐삐삐, 삑 삐를 높낮은 음으로 지저귀는 건 암수의 대화인 듯하고, 은방울 구르듯 맑은 소리로 호록, 호록, 호로록, 호록, 호록, 호로록 소리가 계속되는데, 까치가 까치 까치 까까깍하고 지저귄다. 그 사이 투박한 소리가 꽥꽥 꽥꽥 들리는가 하면 끼룩 끼룩 끽끽 끼룩 울고, 작은 산새인 듯 짹짹 짹짹 짹 울며 나뭇가지 사이를 부산하게 옮겨 다니는 듯하다. 먼산에서 뻑꾹 뻑뻑 뻑꾹 뻑꾹새 소리가 들려오고, 또한 비비비 비비배배 비비배배가 연속된다. 이름도 형상도 모를 산새들의 합창을 들으면서 그 뜻을 헤아리지 못한 안타까움으로 시간의 흐름도 잊는다. 귀기울이고 있는 사이 날은 밝아 오고 숲속은 온통 오케스트라의 경연장처럼 생기가 넘친다.
>
> —「여명(黎明)」 일부

새벽에 듣는 새들의 노래를 이처럼 자세하고 실감나게 기술한다는 것은 아무나 할 수 있는 일이 아니다. 듣는 것은 함께 들을 수 있으나, 그것을 들어서 이와 같은 글로 형상화하는 것은 시인적 기질과 산문 작가의 기질이 융합적으로 빚어낸 절창이다.

이처럼 아름다움을 표현할 수 있는 그이기에 생활 태도 역시 온건

하고 긍정적이다. 같은 글에서 그는 〈복잡다단한 도심 공간에서 온갖 시름과 고통을 잊고 생동하는 여명을 맞으면서 순간이나마 나 스스로를 뒤돌아보며 신비에 싸인 숲속 조수와 미물 곤충의 소리에 귀 기울이며 미지의 세계에 호기심을 갖고 사색해 볼 수 있는 작은 공간에서 생각할 수 있게 된 행운에 감사〉한다고 기술한다. 새소리를 듣게 되고 풀벌레 소리를 듣게 되는 것까지도 감사할 줄 아는 마음, 이것이 바로 박준명이 지닌 내면이다. 그리하여 그는 〈어둔 밤을 새우고 새 날을 맞는 여명의 엄숙한 마음과 자세로 너나 할 것 없이 모두〉 새로워져야 한다고 주장한다.

그가 견지한 아름다운 묘사는 여기저기에서 산견되지만, 대표적인 부분을 예로 들기로 한다.

> 산골이 물안개에 잠겨 마치 한 폭의 산수화를 바라보는 느낌이다. 영롱한 물소리, 이름 모를 산새들의 노래, 물안개 위로 솟은 이끼 낀 바위, 날이 밝아옴에 따라 샛노란 산수유의 경건함에 도취되고 만다. 일행 모두가 마치 무릉도원에서 있는 신선 같은 황홀함에 도취된다. 꿈을 꾸듯 경치에 사로잡혀 산골짝을 응시한다.
>
> ─「약속만 남겨 두고 떠난 친구」 일부

이 부분은 절친했던 친구와 거자수 꽃물을 마시러 갔다가 새벽에 본 산골의 정경 묘사다. 줄거리를 드러내는 서사적인 글에서 이와 같은 묘사를 살려낼 수 있다는 것, 이것이 수필가 박준명 수필의 특징이다. 이렇게 아름다운 시심과 서정을 간직하고 있는 수필가 박준명은 그에 그치지 않고, 그의 사상과 감정까지 오롯하게 수필에 담아낸다.

2. 보수적 가치관의 표출

수필가 박준명은 공무원으로서 평생을 보낸 사람이다. 그것도 살신성인의 자세로 맡은 바 임무를 완수하는 모범적 공무원상을 보인 사람이다. 「눈에 얽힌 추억」은 폭설과 설경에 대한 생활 속의 작은 이야기지만, 그 속에서 공무원으로 재직할 때의 추억담을 통해 그의 충직한 면모를 확인할 수 있다. 〈순창군에 장기간 근무 시에는 지역적으로 산간 오지인 데다 특히 추위와 눈이 많이 내리는 곳이어서 많은 추억이 서린 곳이다. 순창 소재지에서 쌍치, 복흥 등지는 교통도 불편해 평소에도 자동차 통행도 드문데 눈이 한두 자 쌓인 겨울 출장은 첩첩산중 인적조차 끊긴 눈길을 헤치고 목적지에 가려면 하루 해를 동무 삼는 고행길〉이었다면서 고생마저 아름다운 추억으로 소화해 낸다.

또한 이 글의 후반부에서도 추억담은 계속된다. 〈완주에서 진안을 넘어가는 고갯길은 무주, 장수를 잇고 영호남과 충남을 잇는 중요 노선이 험난한 잿길이라 눈 내리고 난 새벽에는 수로원을 독려해 트럭에 모래를 싣고 진안 경계까지 불도저로 눈을 밀고 모래를 뿌려 교통 소통을 시키고 동산면을 넘어가는 잿길 개설하는데 땀을 흘렸던 지난 세월도 아득한 옛 이야기〉가 되었다는 것이다. 이와 같은 추억담을 통해 그가 견지했던 충직한 공무원상을 유추하게 된다.

이처럼 충직한 공무원 출신으로서의 시조시인 박준명, 또한 고희를 넘긴 노년층의 특성을 지니고 있는 수필가 박준명은 여러 정황으로 볼 때 보수적 가치관을 지닐 수밖에 없다. 특히 수필 「비오는 날 거리 풍경」에서는 일부 젊은 여인들의 몰골(모습)들에 대하여 혐오스럽다고까지 한다. 일부 젊은 여성들 스스로 첨단을 지향하는 현대인이라고 자부할 지 모르지만, 그의 눈에는 그들이 이단적으로 인식된다.

그가 젊은 여성들에게서 느끼는 이질적인 요소는 머리 모양 · 옷차림 · 신발 모양 등이다. 부모로부터 물려받은 검은 머리를 빨강 · 파랑 · 노랑 · 머리로 염색을 하는 것, 모자를 쓰는 모습이 비정상적인 것, 배꼽티를 입고 초미니스커트를 입는 것, 서양 풍의 여러 신발 등에 대하여 비판적 안목을 보인다.

> 비를 피해 정류장에서 비오는 거리를 오가는 젊은 여성의 용모를 보고 급변해 가는 우리 사회의 변화에서 야기되는 비정상을 염려하지 않을 수 없다. 양식 있는 모든 사람, 특히 보모된 입장에서 가장교육부터 올바르게 해서 바른 사회인으로 길러내는 게 급선무라는 생각을 해본다.
>
> —「비오는 날 거리 풍경」 끝부분

사회는 변하고 있고, 이런 변화는 어쩔 수 없음에도 박준명은 고집스럽게 보수성을 견지한다. 앞선 사람들이 새로운 질서를 제창하고, 또한 새로운 문화를 창조하여 사회의 변혁이 심할수록 그 변화에 대한 검증을 위해, 사실은 비판적이고 보수적인 성향의 인물도 필요한 것이다. 무슨 일이든지 성급함과 지나침에 대한 견제가 필요하기 때문이다.

박준명은 사회의 제현상에서도 강한 보수성을 보인다. 「거리의 진풍경」에서 그는 〈먹고 보자, 놀고 보자, 외제 옷을 입고 외제 차를 타고 해외여행을 즐기는 사람들. 우리의 경제 현실은 조금도 생각지 않는다면 누가 무엇을 어떻게 이끌어야 할 것인가를 심사숙고해야 할 것〉이라고 주장한다. 동시에 그는 남북문제에서도 보수적 색채를 보인다.

> 들리는 바에 의하면 종교지도자 모임에서 어느 단체의 장이 '멸공이란 말 자체가 잘못된 것이고 용공 자체도 이해 못할 말'이라며, 자신은 '애공을 주장하는 사람'이라 했다는 이야기를 전해 들었다. 6 · 25 동란 중 새끼줄로 조기 새끼 엮듯이 엮어 샘 속에, 또는 큰 구덩이를 손수 파게 하고 그 구덩이에 몰아 넣어 생매장을 시키고 죄없는 민중을 몰아다 즉석 공개 재판을 하여 '우리의 원수들을 죽여라'하고 함성을 지르며 돌로 찧고 대창으로 잔인하게 찔러 죽인 과거를 50년도 못 넘기고 벌써 잊었단 말인가.
>
> ―「거리의 진풍경」 일부

이러한 사상적 보수성은 남북 문제에 관해서도 피할 수 없을 것이다. 그래서 그는 〈이제 우리 국민 모두가 힘을 모두어 국난을 극복해야 할 이 때에 나라의 기둥인 젊은이들이 사치와 방종을 일삼아서야 이 나라 장래가 어찌 되겠는가를 생각해 볼 필요〉가 있다고 경계를 늦추지 않는다.

「금강산 관광」에서도 이런 경계는 이어진다. 〈속담에 손톱 밑에

배접든 것은 알면서도 몸 안에 내종 든 것은 모르고 날뛴다더니 입북 금강산 관광만을 생각했지, 귀중한 달러인 입북료가 핵폭탄 되어 우리 국토를 파괴하고 우리 목숨을 위협하게 될 경우를 재삼 심사숙고해 보지도 않고 돈벌이에 혈안이 되어 있는 업자나 여행자들이 있지나 않을까 참으로 걱정스럽다.〉 자신도 금강산 관광 법회에 참석하였으면서도 이념과 체재에 대해서는 이처럼 보수성을 띠고 경계를 늦추지 않는다.

이런 경계 속에서도 그는 희망을 잃지 않는다. 고희를 넘긴 연수이면서도, 그는 언제나 자성(自省)에 철저하고, 새로운 삶에 대한 희망을 피력하고 있다.

「옥돌이고저」에서 그는 〈황혼길 병고에 시달린 나 자신은 정신과 육신 모두 건전치도 못하나 이제부터라도 스스로를 다스려 나를 버리고 전 인류와 만생령의 행복을 기원하고 다음 생에는 꼭 옥돌 되길 염원하면서 마음자리에 남아 있을 탐 · 진 · 치를 쓸어내고 정신개벽에 전심전력〉을 기울이겠다는 다짐을 하기도 한다.

또한 그는 아름다운 추억에서 특별한 가치를 찾아내고, 추억 속의 인정이 넘치는 사회를 그리워한다. 「옛날이 그리워」에서 그는 〈지금도 서로가 따뜻한 가슴으로 반길 수 있고 아낄 줄 아는 사람들이 모여 사는 산 좋고 물 좋은 한적한 촌락이 있다면 그 곳에 가서 남은 여생을 맡기고 싶다.〉고 한다. 이러한 소망이 있는 한 그는 보수라는 성채에서 그만의 특별한 행복을 가꾸어 나가리라 본다.

3. 위선 봉사와 인간적 면모

수필가 박준명은 1929년 전라북도 남원군 운봉면 서천리에서 하인을 부릴 정도의 반가(班家)에서 태어나고 자란다. 그런 연유에서인지 조상에 대한 마음이 지극하고, 이와 같은 궤적에서 아들 선호사상에 젖어, 아들로 대를 이어야 한다는 의식까지 보인다.

그는 특히 조상을 위하는 위선(爲先)에 노심초사하는데, 그런 면모가 여실한 작품을 점검하기로 한다.

> 저녁 노을이 솔밭에 그늘을 깊게 드리운다. 차례로 조상의 산소에 성묘를 마치고 땅거미가 질 때 풀벌레의 구슬픈 노래 소리를 들으며 논둑길을 걸어 친척집으로 돌아왔다.
>
> 우리는 모두가 한결같이 선영의 묘소 관리에 대한 걱정이 태산 같았다. 숭조사상이 퇴색되어 가고 있으니 어느 자식들이 묘소를 잘 관리하고 선영 봉제사를 할 것인가 아무런 묘안이 떠오르지 않는다. 결론적으로 우리가 살아 있는 동안 스스로 자식들에게 모범을 보이는 일 뿐이라는 생각을 하게 되었다.
>
> —「귀향길에서 만난 사람」 일부

이 부분은 위선(爲先)에 대한 현실적 문제점을 지적하는 것이며, 동시에 앞으로 지켜야 할 걱정의 표현이다. 이런 현실적 문제성 때문에 그는 고민하고, 그 고민으로 인하여 위선 사상이 약간은 흔들리는 모습을 보이기도 한다. 이는 어느 한 사람의 힘으로 막을 수 없는 도도한 흐름임을 엿보게 하는 대목이기도 하다.

그는 「조상을 섬기는 마음」에서 위선의식과 현실 사이에서 혼란을 겪고 있는 모습을 보인다. 조상을 잘 섬기는 친구에 대한 삽화를 통해 위선 봉사에 대한 경도를 보이다가도 다시 현실을 직시하면서 스스로 모순에 빠지기도 한다.

그는 〈노령의 그 친구는 자신이 출생하기 이전에 작고하셔서 얼굴도 모르는 큰아버지와 큰어머니의 산소까지 명산에 모시고 책임 관리할 아들까지 정해서 잡초 한 포기 없게 가꾸고 참배한다 하며, 부모님 산소도 수시로 참배하는 모습을 지켜보면서 할 말을 잃었다.〉는 부분에서는 부모님은 물론 백부모에까지 효성을 다하는 친구를 존경하고 부러워한다. 그래서 그는 스스로 〈선산의 조부모님 산소에 제초 작업을 서둘러야 한다는 마음을 다지고도 차일피일 시간만 낭비하고 있으니 부끄럽고 송구스러울 뿐〉이라고 자괴감에 빠지기도 한다.

그러면서도 그는 현실을 자각하는 현대인의 모습을 보이기도 한다. 〈날로 좁은 국토가 묘지화되어 가는 것을 방지해야 한다는 여론이 높아가고 근본적으로 제례를 간소화해야 한다는 목소리 또한 높아가고 있다.〉고 전제한다. 그리고 이어서 〈이제 지도층 인사들부터 화장이나 납골당 이용을 솔선수범하고 이를 실천하기 위한 대대적인 홍보를 전개해야 할 것이다.〉라는 방향 제시까지 하기에 이른다.

그럼에도 불구하고 뿌리깊은 위선(爲先) 사상은 대를 잇는 데까지 지속된다.

격렬한 폭풍우가 몰아치고 지나간 후처럼 나는 참 너머 푸른 하늘을 바라보며 이게 꿈인가 생시인가 정신을 가다듬어 가며 지난 수년 어둡고 괴로웠던 긴 터널을 벗어난 듯 지난 세월을 뒤돌아보고 있었다. 〈일부 생략〉 조부님의 엄하신 위선 정신을 받아온 나로서는 '이제부터 내가 정신 육신 쌍전해서 늦게 얻은 손자를 잘 길러 훌륭히 가르쳐야 조상을 받들고 검시며 가정을 잘 이끌고 나가야 할 것이니 거룩하신 사은님이시여, 이 소원이 이루어지도록 기회를 주시옵소서.'라고 간절히 빌었다.

—「태산 같은 손자를 안고」 일부

이 수필집에서 보면, 수필가 박준명은 손녀 2명과 외손자 '영우'를 두고 있다. 그러던 중 손자가 태어나게 되고, 그 기쁨과 환희를 기록한 것이다. 기쁨과 함께 갓 태어난 손자를 두고 앞으로 위선 교육을 잘해야겠다는 희망사항을 기술한 부분이다. 그는 대를 이어 위선의 과업을 완수하고자 한다.

어찌 보면 이러한 토로는 현대사회에서 낙후된 것으로도 생각된다. 또한 패미니즘의 시각에서 보면, 준렬하게 비판받을 것이 확실하다. 그럼에도 불구하고 이러한 술회는 자신의 사상과 감정을 진솔하게 표현했다는 점에서 진실성을 획득한다. 남들이 어떻게 생각할까, 남들이 어떻게 평가할까, 그는 관심이 없다. 자신의 사상과 감정을 자연스럽게 글로 옮긴다. 이것이 박준명 수필의 장점이자 단점이다.

4. 박준명 다시 보기

시조시인이자 수필가 박준명은 문학을 늦게 시작한 만큼, 문학에 대한 열정이 남다르다. 그는 위선 봉사도 잘 하고, 아름다운 문학도 창작하기 위해 자신의 건강에 집착하기도 한다. 「꿈이어도」에서 그는 〈창밖엔 살근살근 봄비가 내린다. 우수절엔 대동강수도 풀린다는데 우수일에 봄비가 촉촉이 내리니 얼어붙은 지각을 뚫고 봄 기운에 뭇 생명이 움트리라. 나도 대자연 속에 건강하게 활개치고 싶다.〉고 간절하게 소망한다.

동시에 그는 현대 문명의 편리함보다는 인정 · 인간미 넘치는 생활 태도를 견지한다. 「새해맞이」에서 그는 〈여가를 낼 수 없는 바쁜 중앙부처 근무 시절에도 추위에 떨면서 사무실에서 밤을 새우면서도 내 스스로의 육필로 받는 사람의 성함을 명기했다. 그 분에게 전할 만한 내용을 기록해서 낙관을 누르고 요금후납과 같은 간편한 방법도 있지만, 우표를 사다 꼬박 꼬박 붙여서 발송하는 것이 몸에 배어 이제 고희를 넘겨서도 손이 떨리는 붓을 움켜잡고〉 연하장을 쓴다고 밝힌다. 요즘의 연하장은 내용도 인쇄되고, 주소도 컴퓨터에서 출력된 것이고, 요금별납에 의해 대량으로 배포되는 것이어서 인정미가 없다는 것이다.

그는 또한 자연에 대한 남다른 사랑을 보이기도 한다. 「깊은 밤에 내리는 보슬비」에서 그는 가뭄을 걱정하며 〈속담에 가랑비에 옷 젖는다고 했는데 보슬비라도 내리고 있으니 천우신조라고 생각되어 감사한 마음이 앞서 두 손을 모은다. 충분한 비가 내려 대지가 흠뻑 젖고 하천에 소리높이 흐르는 물로 오염된 오염된 대지를 깨끗이 씻어내려 생동감 넘치게 해주고, 송사리라도 물줄기 따라 올라가 유영하는 모습을 보여 주고, 금수강산을 더욱 푸르게 해달라고 기원〉하는 사람이다. 덧붙여 그는 〈보슬비가 촉촉히 내려 국토가 푸르름으로 기름지고 농사도 대풍이 들어 이 나라 이 백성들의 생활이 윤택〉하기를 염원한다.

박준명(朴準明)은 국리민복(國利民福)을 위해 평생을 바친 공무원 출신이다. 국가와 민족을 위해 봉사하여 고급 행정가, 전라북도 공무원교육원장, 진안군수, 옥구군수, 부안군수, 완주군수, 전라북도 지역경제국장, 전주시 부시장 등을 역임한 후, 명예롭게 정년 퇴임한 그는 멸사봉공(滅私奉公)의 자세로 인해 그는 국무총리 표창 · 대통령 표창을 수상하고, 녹조근정훈장 · 홍조근정훈장 등을 수훈한다. 그런 연유로 그는 우리 민족의 미래를 위해 매진하고자 한다. 그런 정신을 작품으로 보이기도 한다.

> 이제 우리는 어찌해야 이 치욕의 수모를 벗어던지고 의연하고 굳건히 일어서서 국가부흥을 이룩하고 다시금 세계 정상에 도전할 수 있을 것인지 성찰해야 할 때이다. 너나 할 것 없이 잘나도 못난 것을 초탈하고, 있고 없고를 떠나서 한마음 한뜻으로 뭉쳐 중지를 모아 숙고하면서 국토를 통일하여 손잡고 전진해 나가야겠다.
>
> —「동방의 빛이 되어」 일부

박준명은 평생 일에 매진한 삶을 반추하면서 여생 역시 그러해야 한다고 다짐한다. 「누수는 막아야」에서 그는 김구 선생이 애송했다는 서산대사의 시를 되새기며, 가치 있는 삶을 영위하고자 한다. 〈踏雪野中去 눈 덮인 광야를 걸어갈 때/ 不湏胡亂行 이리저리 함부로 가지 마라/ 今日我行跡 오늘 내가 남긴 발자국은/ 遂作後人程 반드시 뒷사람의 길이 되리라〉라는 이 작품을 통하여 그는 〈늦었지만 지금부터라도 누수없이 살려고 노력한 자취를 남겨 후인들이 내 발자취를 비웃음으로 보지 않고 늦게나마 잘못을 깨닫고 누수를 막아 보람있는 생애〉로 마무리했다는 평가를 받고자 한다.

그는 고향에 대한 추억과 사랑, 현재 살고 있는 전주의 다가공원과 다가천에 대한 관심, 그리고 자신의 병고에 대한 염려와 극복 의지, 또한 친구들과의 우정에 대해, 다양한 내용을 수필로 창작하고 있다. 대부분의 작품이 섬세하고 다정다감하다. 이처럼 마음이 따뜻하고 자상한 수필가이기에, 앞으로도 그는 내용이 충실하면서도 아름다운 수필을 창작하리라 기대하게 된다. 그런 믿음 속에서 연년익수(年年益壽), 건강한 여생을 축원하며 촌평을 마친다.

◇ 류인석 수필론 『무엇이 삶인가』 평설. 2003년.

삶의 혜안으로 찾은 목탁과 소금

1. 류인석 살펴보기

언론인 류인석은 1939년 8월 22일(호적상으로는 10월 25일) 충남 서산시 인지면 성리 286번지에서 태어나고 성장한다. 서산농고를 졸업하고 중앙대학교 신문방송대학원에서 신문학을 전공 · 수료한다.

그는 청년시절에 이미 정론직필(正論直筆)에 대한 웅지를 품고 언론인의 길을 걷는다. 언론인의 길이 겉으로 보는 것처럼 순탄한 것만은 아니다. 정론(正論)을 펼치는 것도 어려운 일이며, 직필(直筆)을 고수한다는 것은 더더욱 어려운 일일 터이다.

많은 언론인들이 정론직필의 필화(筆禍)로 물러나거나, 또한 더좋은 여건을 찾아 전직하거나, 혹은 회사를 바꾸거나 자리를 옮겨 앉을 때도, 그는 줄곧 30여 년간 경향신문사를 지킨 사람으로 알려져 있다. 그리하여 정년퇴임을 하고 나서도 경향신문 중부 본부장을 역임하고, 충남도 의원으로 자리를 비웠다가 다시 돌아와서도 계속하여 근무할 정도로 신임을 받기에 이른다.

그는 기자로서 대전시청과 충남도청을 주로 출입했으며, 중앙일간지 출입기자단 단장을 역임하면서 지방 행정의 달인으로 평가받기에 이른다. 그로 인해 고향인 충남 서산에서 제5대 도의원으로 선출되어 고향과 충남의 발전에 기여한다. 특히 예결특위 위원장으로서 해박한 지식과 조리 정연한 논리 전개로 충남도의 재정 확충과 분배에 대해 확실한 전범을 보인 것으로 평가받고 있다.

그는 50대에 이르러 신문의 기사나 시론(時論)을 넘어선 글을 선보이기 시작한다. 삶의 철학을 자연스럽게 밝히고, 자신의 지향 을 담아내고자 수필 창작에 힘써, 여러 권의 수필집을 발간한다.

1994. 『어제 세상 오늘 세상』
1996. 『시대 차이 세대 차이』
1998. 『지방자치 현주소』
2000. 『내 생각이오』
2002. 『살며 생각하며』
2003. 『무엇이 삶인가』

이들 수필집에는 그가 성장하면서 보고들은 세상 이야기, 현직기자로서 보고들은 사회의 단면이 여실하게 들어 있다. 어제와 오늘을 비교검토하며 깨어 있는 사람으로서 견지해야 할 삶의 자세를 조심스럽게 다루다가도, 때로는 부정과 비리에 대해서 노도와 같이 일갈(一喝)하기도 한다. 동시에 그는 현실과 이상의 조화를 꿈꾸며, 섬세한 필치로 감동을 주는 수필을 창작하고자 한다.

이와 같은 창작의 길이 쉬운 것만은 아니고, 또한 작품성을 인정받는 것도 쉬운 일만은 아니다. 그래서 그는 가끔 자신의 글에 대한 평가를 받고자 한다. 『아동문학』 동화부문 신인상을 수상하고, 『크리스찬문학』과 『문예운동』의 수필부문 신인상을 받아 객관적 평가를 받은 것도 이에 연유한다.

그는 현재 한국문인협회와 국제펜클럽의 회원으로 활동 중이며, 대전과 충남 지역의 언론인들의 단체인 〈목요언론인클럽〉의 회원 겸 이사로 활동하고 있다. 이는 그의 언론에 대한 사랑이 여일(如一)함을 증명하는 것이며, 1~2년에 1권씩 수필집 혹은 수상록을 발간한다는 것은 문인으로서의 길을 중단 없이 걷겠다는 의지의 표출이라 하겠다.

본고는 언론인이자 수필가로서의 류인석이 견지하고 있는 삶의 지향을 확인함에 목적이 있다. 그가 발간한 저서 중에서 최근에 발간하는 『무엇이 삶인가』를 중심으로, 그가 지향하는 세계를 간략하게 분석하고 정리하고자 한다. 다만, 그가 지향하는 삶의 모든 세계를 전반적으로 추적한다는 것은 지난(至難)한 일이어서, 편의상 몇몇 분야로 한정함을 밝힌다.

2. 류인석이 지향하는 세계

2.1 잠언적 깊이의 사유 세계

평생을 기자로 일관한 류인석은 박학다식하며 논리가 정연하다. 수많은 사람을 만나 취재 · 대화를 하면서 축적된 지식과 상식은 그의 글에 다양성을 부여한다. 그의 수필에는 스토리 전개에 적절한 인용이 자리한다. 인용은 자칫 현학적 함정에 빠지기 쉬운데, 그의 표현력은 이러한 우려를 불식한다.

그의 수필에서 잠언적 성격의 문장을 자주 대하게 된다. 이는 평소에 갈고 닦은 문장 수련에 바탕한 것으로 보인다. 사물에서 찾은 영감(靈感)은 글의 중심을 이룬다는 점에서 중요한 요소지만, 문학 작품은 표현력에 의해 감동을 생성(生成)하거나 배가(倍加)하게 된다. 짧은 글에 말로 표현할 수 없는 수많은 이야기를 담고 있으면서, 삶의 지혜가 번득이는 표현을 대할 때, 대부분 감동하게 마련이다.

그의 수필을 분석하면서, 필자의 독자적 논리 전개가 무력해지고, 특별한 주장이 필요 없음을 실감한다. 작품의 부분을 떼어내어 인용하거나 조립하면, 그것이 곧 류인석이 추구하는 삶의 모습이고, 삶에 대한 철학이고, 평생 동안 추구하는 지향이 되기 때문이다.

> 추억은 어쩌면 예쁜 꽃씨와도 같다. 피었다가 시들지만 또 다시 피어날 때를 기다리는 마른 꽃씨는 아름답게 피어났던 자신의 영혼을 간직하고 있다. 또 미래에도 다시 피어나서 아름다움을 뽐낼 수 있는 게 꽃씨의 삶이다.
>
> —「인생은 모두 추억이다」 중에서

그는 지나간 세월을 반추하며 삶을 조감한다. 그의 연치(年齒)를 계절로 친다면, 가을에 해당할 것이고, 이에 따른 심리적 파장이 마른 꽃씨에 머문다. 그 꽃씨를 보고 지나치면 그것으로 그만이지만, 그 꽃씨에서 인간 삶의 모습을 찾아내는 것은 시인과 수필가만의 재능이다. 이렇듯이 사소한 사물에서 인생의 특별한 면을 찾아내는 발상과 이것을 글로 옮기는 필력, 이것이 바로 문학 작품을 멋지게 하는 요소로 작용한다.

그는 '추억'이 〈아름답고 즐겁다〉고 한다. 특히 그리움의 의미가 살아 있는 추억은 더욱 아름답게 채색된다는 것이다. 추억 속에는 아름답고 즐거운 것과 고통스럽고 안타까운 것도 있게 마련이다. 그러나, 고통도 기쁨이 되어 찾아오고 아픔도 쾌유가 되어 떠오르는 게 추억이라고 실토한다.

그는 오래된 사연일수록 아름다운 추억으로 남는다고 주장한다. 〈풀어내도 끝이 없는 명주실꾸리처럼 추억은 밤새워 마셔대는 술자리 안주가 되기도 하고, 반쪽으로 잘리어진 새벽달이 되어 상념을 일깨우기도 한다. 멀수록 더 가깝게 느껴지고, 오래될수록 더 따뜻함을 깨닫게 하는 것도 추억〉이라고 추억의 옹호론자가 된다. 그리하여 그는 〈삶은 모두 추억이다. 인생은 추억이다.〉 라는 잠언적 깊이에 도달하게 된다.

〈인생은 추억이다〉 라는 류인석의 잠언에 의지하여, 추억 속에 들어 있는 그의 인생관을 찾아볼 수 있다. 그것이 단편적이든지, 혹은 종합적인 것이든지, 그는 소중한 추억을 통해 그의 '인생'에 대한 독자적 관점을 밝히고 있다. 그가 견지한 인생관을 살펴보자.

> 잘못된 인생관을 가지면 반드시 불행한 인생을 살게 된다. 반대로 올바른 인생관을 가지면 반드시 행복한 인생을 살 것이다.
>
> — 「뒷모습이 아름다워야 한다」 중에서

'사람으로서 어떻게 살아야 할 것인가'에 대한 각자의 관점이 바로 개인의 인생관이 될 것이다. 그렇다면 자신의 삶에 대한 지향과 자세가 바로 인생관의 표출이며, 그 관점의 차이가 삶의 행과 불행의 근원이라는 것이다.

그는 그리스의 유명한 수학자요, 철학가인 피타고라스의 견해를 인용하며 이러한 주장을 뒷받침한다. 〈이 세상에서 제일 중요한 일은 인생을 어떻게 살아야 되는지, 그것을 가르쳐 주는 일〉 이라는 견해를 인용・옹호하며, 그는 삶에 있어 인생관 형성이 소중함을 역설한다.

그가 추구하고 있는 〈가치 있는 삶〉은 〈남으로부터 존경받을 수 있는 사람, 남으로부터 믿음을 얻을 수 있는 사람, 오늘 우리 시대가 필요한 사람〉 이라고 한다. 〈나의 생명이 소중하면 남의 생명이 소중하다는 것을 분명히 하는 사람이 필요〉 하다고 주장한다. 이것이 도덕이고 윤리의 근본임을 밝히며, 세상에서 가장 소중한 것이 〈인생의 목숨〉 이라고 주장한다.

그는 〈모든 생명에는 자기가 가야 할 길〉이 있다고 역설한다. 길을 가려면 힘을 가져야 하는데, 그 힘이 바로 덕이라는 것이다. 밝고 큰 길이 있어도 갈 수 있는 힘(덕)이 없으면 아무도 그 길을 갈 수 없다는 견해를 보인다. 〈덕이 있을 때 지혜도 나오고 용기도 솟아나고 사랑과 정의도 빛을 얻게 된다.〉 면서 그렇게 사는 사람은 바로 떠날 때 뒷모습이 아름답게 마련이고, 그렇게 사는 사람이 〈아름다운 인생〉 이라는 것이다.

동시에 그는 여러 사람을 만나면서 인생에 대해 많은 이론을 섭렵

한다. 그 중에서 몇몇 에피소드에 특별한 애정을 표시한다. 들어서 그럴 듯하고, 다시 생각해도 그럴 듯하다는 점에서 소개한다. 자신에게 보낸 독자의 글을 다시 읽게 된 사연을 소개하고, 그것은 바로 〈인생은 없고, 없고, 없고, 없다가, 없어지는 것이다.〉〈그래서 인생은 오무(五無) 속에서 살다 가는 것이다.〉 라는 내용이다.

> 〈어릴 때는 아는 게 없고, 청춘시절에는 두서가 없고, 중년시절에는 틈이 없고, 늙어서는 형편없다가, 죽어지면 없어지는 것〉 이란 뜻이다.
>
> ―「오무인생론(五無人生論)」 중에서

어떤 측면에서는 언어놀음 같기도 한 이 말에 그가 경도된 것은 아마 연치가 황혼기에 이르렀기 때문으로 보인다. 황혼기에 이른 사람들은 가끔 〈술 끊으면 일망, 담배 끊으면 이망, 여자 끊으면 삼망, 식사 끊으면 사망〉 이란 우스개 인생론을 펼치며 자조하기 일쑤이기 때문이다. 평소에 즐기던 술을 끊고, 오랜 기간 몸에 밴 담배를 끊고, 나이 들어 성 기능을 잃어 남녀 관계를 끊게 되고, 마지막으로 식사마저 끊으면 사망(死亡)이란 논리도 자조적이지만, 재담으로는 충분한 의미를 지닌다.

그러나 그는 「끊고, 끊고, 끊으면, 끝난다」는 사망(四亡)론보다는 「없고, 없고, 없고, 없다가, 없어지는 것」이란 오무(五無)논리가 훨씬 교훈적이라고 생각되어 휴지통에 버릴 뻔했던 편지 조각을 몇 번이고 다시 읽으며 곱씹어 보았다는 것이다.

그는 이에 바탕하여 자신을 견주어 보기도 한다. 〈생명 하나만 가지고 알몸 무지(無知)로 태어난 내가, 왕성한 혈기 하나만 믿고 괜스레 덤벙대며 두서없이 청춘기를 보냈고, 또 열심히 살아보겠노라고 잠시도 틈 없이 밤낮으로 뛰어다닌 장년기를 넘겨, 이젠 어느덧 늙어진 연륜만 가슴에 묻은 채 희망도 미래도 없는 황혼의 세월 앞에서, 머지않아 이 땅에서 없어져야 할 오무인생론(五無人生論)의 끝 단계에 서 있지 않은가.〉 이렇게 자조한다.

그러면서 그는 재담이나 언어놀음에 해당할 〈어릴 때는 아는 게 없고, 청춘시절에는 두서가 없고, 중년시절에는 틈이 없고, 늙어서는 형편없다가, 죽어지면 없어지는 것〉에 대해 깊은 애정을 보이며 〈우리는 무엇 때문에 아귀다툼하며 사는 것일까〉 다시 생각하는 계기를 삼는다.

황혼기에 느끼는 삶의 허무는 인생을 무력하게 한다. 허무감과 무력감을 극복하기 위해서는 특별한 계기가 마련되어야 한다. 이때 가장 강력한 매체가 바로 '사랑'이다.

> 사랑의 낮은 단계는 소유하고 싶은 것이요, 사랑의 높은 단계는 헌신하고 아낌없이 주고 싶은 것이다.
>
> —「혼자만의 것이 아닌 사랑」 중에서

류인석은 사랑을 통해 허무를 극복하고, 갈등을 치유할 수 있다고 믿는다. 특히 〈행복한 사랑, 영광스러운 사랑, 기쁨이 충만한 사랑〉은 정(情)에서 나오며, 정(情)은 마음속에서 우러나오는 진실의 결정판으로 본다.

그는 사랑에 대해서는 크고 작음이 없다고 본다. 긴 사랑과 짧은 사랑의 차이도 없다고 본다. 모두가 소중하고 가치 있는 것으로 인식한다. 〈평생의 사랑도 마찬가지고, 잠시의 사랑도 마찬가지〉 라고 한다. 다시 생각하면 그의 주장처럼 사랑의 이치는 똑같은 것이다. 진정한 사랑의 관계는 티끌같이 작은 갈등도 존재할 수 없기 때문이다. 무엇이든지 녹아서 한 덩어리가 되는 '사랑'이 〈행복한 사랑〉 이기 때문이다.

그는 인간의 사랑을 네 가지로 분류한다. 첫째는 혈족간의 사랑이고, 둘째는 남녀 간의 사랑이며, 셋째는 친구와의 사랑이고, 넷째는 종교적 사랑이라고 한다. 이 중에서 그는 모든 사랑이 다 소중하지만, 마지막 희생적인 사랑이 더욱 가치롭다는 견해를 밝힌다. 〈모두와 함께 사랑을 나눌 수 있을 때 어느 한 사람과도 유일한 사랑을 나눌 수 있다〉 고 주장한다. 이와 함께, 그는 〈인생은 혼자가 아니라는 점〉 을 상기시킨다.

이것이 언론인이자 수필가로서의 지향이고, 이를 추구하고 실천하는 것이 바로, 그에게 있어 엄격한 의미에서의 사명(使命)으로 보인다.

2.2 언론인으로서의 올곧은 사명

언론인의 사명은 진실을 밝히는 것이고, 바른 관점에서 논리를 펼치는 것이라고 한다. 그래서 언론인에 대한 이미지는 바로 정론직필(正論直筆) 이라는 지사적 의기로 일컬어진다. 이를 바탕으로 파사현정(破邪顯正)이라는 강성 이미지 역시 부가(附加)된다.

그런 지향에 의해 평생을 보낸 류인석은 올곧은 자세를 견지하고

자 한다. 잘못된 것에 대한 비판의 필봉을 가다듬기 위해 최선을 다한다. 동시에 어떻게 해결하면 되는지, 비판과 함께 대안(對案) 제시에도 적극성을 보인다.

현실적 양시양비(兩是兩非)에 휘말린 일 중에 하나가 '생명의 복제'라 할 것이다. 처음에는 인간이나 동물의 부분을 복제하여 의료적 차원에 활용한다는 것이 점차 발전하여 양을 복제하고, 소를 복제하였으며, 21세기에 이르러 인간을 복제하기에 이르렀다. 이러한 현상은 '생명과학'이라는 측면에서는 놀라운 발전이지만, 인간의 생명을 존중하는 사람이나 종교인들에게는 납득할 수 없는 파괴적 작태로 인식된다. 류인석은 후자의 입장에서 인간 복제를 강렬하게 비판하며 경고한다.

> 생명은 소중한 것이다. 돈 벌기 위해 빵 구워 내 기계로 찍어내는 인간 복제 시대가 과학기술로 실현된다면, 생명을 쓰레기처럼 죽이고 버리는 시대도 동시에 다가올 것이다.
>
> — 「복제 인간」 중에서

그는 〈생명은 존엄하다. 생명은 신비하다. 생명은 위대하다. 더구나 사람의 생명은 더욱 위대하고 신비한 것〉이라는 관점에서 출발한다. 또한 〈생명은 정성의 산물이요, 수고의 결과이며, 사랑의 결정체〉 라는 종교적 신념을 바탕으로 인간을 복제하려는 생명과학을 비판한다. 특히 그는 인간의 생명에는 윤리, 도덕이 함께 하고 있다. 기술로 디자인하고, 기계로 만들어 낼 수 없는 게 생명〉 이라고 역설한다.

그는 인간 복제의 문제점을 크게 셋으로 분류하여 논거(論據)로 채택한다.

문제점 1 : 그는 〈인간 복제 기술이 계속 확산될 경우 우리 인류 사회에는 「양식산 인간」과 「자연산 인간」의 공존이 불가피할 것이고, 또 두 무리가 공존할 경우, 생존경쟁의 원칙에 따라 「양식산 인간」과 「자연산 인간」 간의 대립과 충돌 또한 피할 수 없을 것〉이라고 예견한다. 조물주의 창조 섭리를 내세운 「자연산 인간」들은 「양식산 인간들」 과 차별화를 고집할 것이고, 반대로 첨단기술에 의해 복제된 〈양식산 인간〉들은 선택된 우월성을 내세우며 「자연산 인간」들보다 우월성을 주장하고 나설 수도 있을 것이라는 측면이다. 또 대립과 충돌 속에서 생존권 확보를 위해 「양식산 인간」들이 다량으로 복제 양산될 경우, 숫자적으로 열세에 몰리게 될 「자연산 인간」들은 궁극적으로 멸종될 수밖에 없다는 추리를 보인다.

문제점 2 : 그는 〈조물주가 만들어 준 생명들 그 자체가 현대문명이란 괴물들에게 실험도구로 전락되고, 또 이용당하고 있는 것〉 을 경계한다. 실험이란 본래 실패도 있고 성공도 있게 마련이며, 하나의 성공을 얻어내기 위해선 수백 번 수천 번의 실험을 거쳐야 한다는 것이다. 인간 복제 실험도 마찬가지여서, 수많은 실험과정을 거치는 동안 인간과 흡사한 괴물이 탄생하지 않으리란 보장도 없다는 것이다. 공룡 같은 인간도 만들어질 수 있고, 코끼리 같은 인간, 인형 같은 인간도 만들어질 수 있을 것이라고 추정한다. 더구나 〈지금

지구촌 어디에선가는 인간에 의해 만들어지고, 버려지는 돌연변이 실패작 생명들이 잘못돼 가고 있는 현대문명을 향해 또 그 기술자들을 향해 복수의 칼을 가는 무서운 일들〉이 벌어지고 있을지도 모른다고 경고한다.

문제점 3 : 그는 종교계의 주장을 수용하여, 〈조물주의 섭리에 도전하는 영적 범죄〉 라는 견해에 동조한다. 이와 같은 견지에서 복제인간 제조회사와 기술자들에 대해 분노하고 나선 종교계의 주장을 근거로 도입한다. 그러면서 〈만약 내가 내 세포를 떼어 내 또 다른 나를 복제해 낸다면 모양만 같을 것인가, 생각도 마음도 모두 똑같아질 것인가.〉 라고 반문한다. 만약 정신까지 똑같이 복제될 수가 있다면, 미래의 과학 문명은 귀신까지도 지배할 수 있다는 결론에 이르게 되고, 이는 도저히 수용할 수 없다는 점을 밝히며, 인간복제를 더 이상 추진하지 말 것을 요청한다.

인간 생명의 존엄성에 대한 그의 비판 의식에 비견할 수 있는 것이 정치에 대한 비판 의식이다. 그는 현실 정치에 대한 비판을 통해 우리 국가, 혹은 우리 민족의 무궁한 발전을 기원한다. 또한 서민들로 대변되는 국민들의 안락하고 행복한 삶을 추구한다.

> 개혁돼야 할 사람들이 개혁을 떠들고 있다. 누가 누구를 욕하고, 누가 누구에게 침을 뱉어야 할지 주객이 전도된 정치집단들의 부도덕성도 이젠 면역이 됐다. 나라야 어찌 되든지, 민생이야 어찌되든지, 당리당략에 매달린 여·야당 위정자들의 죽기 살기 집권 싸움 때문에 죄 없는 민초들만

> 짓밟히고 있다.
>
> ―「사랑의 지혜」에서

> 정치가 불안하고, 경제가 불안하고, 사회가 불안하고, 민생이 불안한 원인도 따지고 보면 이치는 같다. 너, 나 없이 깊게 생각해 보는 정신적 여유가 없다는 증거다. 때문에 우리 세태는 계속 쫓기며 사는 악순환이 반복될 수밖에 없다.
>
> ―「시간은 쓰는 사람의 지혜」 중에서

그는 〈진실이 쌓이고 서로가 믿음이 인정될 때 사랑도 쌓이는 것〉 이라고 주장한다. 이어 백성이 나라를 사랑해야 하듯 나라도 백성을 사랑〉 해야 한다고 역설한다. 이와 같은 주장이 현실에서 뿌리를 내리기를 소망하는데, 〈나라가 백성을 사랑할 때 백성들은 나라에 순종하고 충성하기 마련〉 이라고 토로한다. 그러면서 그는 현실 정치 및 조급증에 대한 비판과 대안을 제시하기도 한다.

• 해결책 1 : 성웅 이순신 장군의 여유로움을 현실 정치가들에게 주문한다. 〈임진왜란 때 이순신 장군은 왜병들과 싸우는 전장(戰場)의 위기 속에서도 시를 쓰고, 일기를 쓸 만큼 서둘지 않고 여유있게 시간을 활용했다. 적군 포로병들에게도 시간마다 휴식을 주고, 술과 음식까지 제공하며 여유로움을 보였다는 기록도 있다. 정말로 여유와 관용을 가진 지장(智將)이었고, 덕장(德將)이었음을 증거하는 기록들이다.〉 현실의 정치가들이 이와 같이 지장이 되고, 덕장이 되기를 소망하는 것이다.

• 해결책 2 : 아일랜드 민요가사를 소개하면서 여유로움을 주문한다. 〈일하기 위해 시간을 내라, 그것은 성공의 조건이다./ 생각하기 위해 시간을 내라, 그것은 능력의 근원이다./ 운동하기 위해 시간을 내라, 그것은 젊음의 비결이다./ 독서하기 위해 시간을 내라, 그것은 지혜의 원천이다./ 친절하기 위해 시간을 내라, 그것은 행복의 지름길이다./ 꿈을 꾸기 위해 시간을 내라, 그것은 대망을 품는 길이다./ 사랑을 위해 시간을 내라, 그것은 구원받는 자의 특권이다./ 주위를 살펴보는데 시간을 내라, 이기적으로 살기엔 너무 짧은 하루다./ 웃기 위해 시간을 내라, 그것은 영혼의 음악이다./ 신앙을 위해 시간을 내라, 그것은 인생의 영원한 투자다.〉 종종걸음치며 바쁘게 사는 여유 없는 사람들일수록 반드시 한 번씩 읽고 생각해 볼만한 얘기라고 강조한다.

그는 여유에 대해 두 가지 측면으로 정리한다. 여유에는 〈정신적 여유〉 와 〈물리적 여유〉가 있다는 것이다. 인생관에 따라 선택의 차이도 클 것이란 점을 전제한다. 정신적 여유란 〈대의를 선택하고, 정의를 선택하고, 순리를 선택하고, 지혜를 선택하는 것〉이라고 주장한다. 상대적으로 물리적 여유란 〈돈과 명예, 권력 따위의 외형적 만족을 선택하는 것〉이라고 정의한다. 따라서 현실적인 물리적 여유도 중요하지만, 정치가들은 정신적 여유를 소중하게 인식하라고 주문한다.

이런 비판은 평생을 언론인으로서 체득한 내면적 반향으로 보인다. 그런 연유에서인지, 그는 언론인으로서의 위치를 매우 기치 있

게 인식한다. 또한 현직에서 물러나 있지만, 세상을 바라보는 시각은 현직 언론인으로서의 자세에 다름없다

> 〈예의바른 언론인〉 〈공부하는 언론인〉 〈존경받는 언론인〉은 우리 목요언론인클럽 회원들의 다짐이다. 직능상 특정 분야 전문인들로 분류되고 있는 언론인, 언론단체의 다짐이기엔 다소 포괄적이고도 원초적인 면도 없지 않으나 초등학교 교훈처럼 누구에게나 쉽게 전달될 수 있는 함축적이고도 전인 교육적 진리가 포장되고 있어 좋다.
>
> —「목탁인가 소금인가」 중에서

그는 언론의 〈바른 모습, 바른 사명〉을 다하기 위해선 반드시 위와 같은 다짐이 실천돼야 한다고 믿는다. 〈양심과 정의) 그리고 〈진실과 책임〉이 함께 해야 한다고 주장한다. 언론인들에겐 옛날부터도 〈파사현정(破邪顯正)〉이나 정론직필(正論直筆)〉 이 유별나게 강조되었는데, 이는 옛날이나 지금이나 시공(時空)의 차이 없이 외쳐지고 있는 민주 시민들의 주문이라는 것이다.

민주 시민들은 언론이 탄압 받고 짓밟힐 때마다 앞장서서 〈언론자유(言論自由)〉를 외쳐대며 함께 투쟁하고 나선 것도 〈파사현정〉〈정론직필〉이 언론의 기능이라고 믿기 때문이라고 주장한다. 그는 언론의 자유가 없이 민주사회가 존재할 수 없다고 한다. 언론의 자유를 외치는 시민들의 욕구 속에는 반드시 「파사현정」이나 「정론직필」을 바라는 절대적 가치가 공존하고 있다고 본다.

그리하여 그는 정직함이 없는 언론, 진실함이 없는 언론〉 은 민주

시민들이 지켜 주는 언론 자유마저 파괴한다고 본다. 또한 진실이 없고, 책임이 없는 언론은 사회 정의를 파괴하고 불신과 갈등만 조장하기 때문에 정직과 진실한 언론은 핵폭탄보다 강한 위력을 갖게 된다는 것이다 우리 사회에 사이비언론이 기승을 떨고 있는 이유도 핵보다 강한 언론의 매력 때문이며, 이는 기성 언론인들의 사명 실천이 부족했기 때문임을 절감하고, 사이비 언론인 양산에 대해 책임도 통감해야 한다고 주장한다. 〈부정부패와 결탁해 상호공존하고 있는 부도덕한 언론 행위〉가 내 주변에는 없는지 살피고 규제하는 것은 당연히 〈기성 언론인들의 몫〉 이고, 전 · 현직 언론인들의 모임인 〈목요언론인클럽 회원들의 몫〉 이라고 강조한다.

2.3 생활인으로서의 바른 자세

언론인으로서의 류인석은 사회의 부정부패를 고발하기도 하며, 특종에 의한 보람으로 세월을 보냈을 터이다. 또한 수필가로서의 그는 삶을 면밀하고, 새롭게 조망하며, 앞으로 견지하고 지향해야 할 세계를 찾기에 여념이 없었을 터이다. 그것이 삶의 목표이며, 때론 생명을 걸고 추진해야 할 당면 과제로 인식했을 것이기 때문이다.

동시에 그는 생활인으로서의 바른 자세를 보인다. 어떻게 사는 것이 진실한 삶이고, 어떻게 사는 것이 행복한 삶이며, 어떻게 사는 것이 가치로운 삶인가를 제시하고 있다. 물론 한 사람의 삶도 천변만화(千變萬化)하는 것이기에 특정한 제재에 한정하는 것은 아닐 것이다. 그렇지만, 특정한 제재에 좀더 깊이 있게 집착하는 경향이 있으며, 이를 근거로 그 사람의 지향을 찾을 수 있다.

생활인으로서 가장 근접한 제재는 '행복'일 것이다. 어쩌면 이 '행복' 하나를 추구하기 위해 삶의 모든 것을 바쳐 노력하며, 때로는 사회의 지탄마저 감수하면서까지 본인의 행복을 추구하는지도 모른다. 물론 행복은 사람마다 다르게 인식될 것이지만, 류인석은 그 나름의 행복에 대한 개념이 정립되어 있다.

> 행복은 경쟁하고 싸워서 얻는 게 아니다. 깨달음의 진실에서만 얻어지는 것이다. 그래서 행복은 삶의 최고 가치다.
>
> —「행복은 깨달음이다」 중에서

> 마음이 예쁠 땐 행복이 함께 하고, 마음이 미울 땐 불행이 함께 한다.
>
> —「행복의 조건」 중에서

그는 노년기의 초입에 들어 서 있다. 그 시기를 스스로 가을에 해당한다고 보며, 그 역시 이 범주에서 사색의 눈빛을 나눈다. 말하자면 인생의 저문 들녘에 이르러 청춘이란 옛 시절을 되돌아보게 되고, 삶에 대해 궁구(窮究)한다. 약간은 깨달음이 늦은 듯하지만, 늦은 깨달음일지언정, 깨달음 그 자체가 다행이라는 것이다. 그는 자신의 삶에서 행복을 느낄 때도 있지만, 갓 태어난 손녀 시진이의 천진한 얼굴에서 더 큰 행복을 느낀다. 소중하지 않았다고 믿었던 시간과 사물에서 다시금 소중한 대상임을 깨달았을 때 사람은 행복하게 마련이다.

그는 〈행복과 불행은 사람을 차별하지 않는다.〉고 믿는다. 나쁜 짓을 한 사람에겐 불행부터 찾아오고, 착한 일을 한 사람에겐 행복부터 찾아온다고 믿는다. 말하자면, 행복은 미움이 없고, 불행은 예쁨이 없다는 것이다. 미움도, 예쁨도 모두 사람의 몫이어서 사람들에겐 행복과 불행이 동전의 양면처럼 상존(常存) 한다는 것이다. 마음이 예쁠 땐 행복이 함께 하고, 마음이 미울 땐 불행이 함께 한다는 것이다.

그는 또한 〈행복을 찾는 지혜는 오로지 바르게 살려는 마음뿐〉 이라고 설파한다. 이는 나라를 다스리는 지도자들이나 권력층, 위정자들도 마찬가지라는 것이다. 지나친 욕심은 불행을 자초하게 되기 때문에, 누구나 행복을 원하지만, 그러나 행복은 착하고 마음씨 예쁜 사람을 선택하며, 또한 행복은 영원하지도 않다고 본다. 〈권불십년 화무십일홍(權不十年 花無十日紅)〉 이며, 너와 내가 모두 정직하게 살기 위한 마음 다스리는 지혜가 필요하다고 강조한다. 그게 바로 〈우리가 사는 지혜〉 이고, 그게 바로 〈우리가 원하는 행복의 조건〉 이라고 맺는다.

현실적 행복은 지나간 날들의 추억 속에서 더욱 절실하게 표출된다. 안타깝거나 슬픈 경우에는 더욱 깊은 내면적 상처로 남는다. 그의 어머니에 대한 추억 역시 그러하며, 그야말로 절실한 감동으로 다가온다.

> 하얀 머리, 곱게 패인 주름살, 인자하셨던 우리 어머니 얼굴은 전형적인 한국의 어머니상이셨다. 언성 높여 남들과 다툼 한 번 없으셨고, 경우에 빠진 일로 이웃 간에 한번도 구설수에 오른 적 없이 오로지 정과 사랑만으로 사셨다.
>
> ―「1만 번을 불러 무슨 소용 있으리요」 중에서

그는 숱한 가난, 모진 고생 다 겪으신 후 이제 조금 근심 걱정 놓으실 만할 때가 되니 홀연 떠나신 어머니에 대해, 남달리 격정적으로 추억한다. 〈한세상 살다 가는 게 인생〉 이라고 하지만, 〈너무 짧게 사시다 간 어머니〉 를 생각하면 그의 가슴이 저민다고 한다. 어머니가 사시던 시대도 그랬지만 그의 어머니는 다른 어머니들보다도 정말로 고생 속에서 사시다 가셨다.〉고 연민의 정을 감추지 못한다.

특히, 술 한 잔 드시면 〈백만장자 부럽지 않던 부친의 호연지기〉 그늘 속에서 군소리 없이 순종하며 배고픔을 참고, 마음 고생 참아가며 〈인고의 세월을 살다 가신 어머님〉 에 대해서 가슴 아파한다. 평생을 고생으로 일관한 어머니, 가슴에 맺힌 한도 많을 것이고, 설움도 많으실 것이련만 한 말씀도 없이 〈떠나신 어머니〉 를 그는 잊지 못한다.

그의 어머니는 염불도 배우지 않고, 천수경도 배운 바 없지만, 투병 생활 중에도 틈만 나면 염주를 굴리며 "나무아미타불 관세음보살"을 열심히 봉송하고 기원하신 분이다. 그래서 그는 〈저승의 어머니〉 가 불효한 자식들을 못 잊어, 지금까지도 이승에서 떠날 때 가지고 가신 염주알을 굴리시며, 기원을 쉬지 않고 계실 것으로 생각한다.

그는 대화체 편지글로 된 형식에서 〈어머니, 아버지, 작은아버지, 큰어머니 유택을 새롭게 꾸며드렸습니다. 어른들께 새집을 마련해 드린 것 같아 자식된 마음이 조금은 편안합니다. 생전에 겪으셨던 온갖 고통과 번뇌가 모두 못난 자식들의 불효 때문이었음을 다시 한 번 깊이 뉘우치고 사죄합니다.)라고 울먹인다. 이것이 류인석의 내면에 그려진 효성의 참모습이기도 하다.

3. 류인석 다시 보기

류인석은 언론인을 '목탁' '소금'으로 비유한다. 마음의 수양을 위한 목탁 소리나, 사물을 부패하지 않게 하는 소금이 바로 언론인의 모습으로 정리되기 때문이다. 그는 산사에서 울리는 목탁소리에서 마음의 정화를 체험한다. 또한 소금을 대하면서 물질적 정화를 체험한다. 그리하여 그는 언론인으로서의 자세를 가다듬는다.

> 소금은 썩지 않는다. 부정과 부패를 몰아내는 것은 소금뿐이다. 소금은 스스로가 썩지 않기 때문에 남들이 썩는 것도 막아주는 역할을 한다. 지금 우리 사회가 필요한 것은 소금 같은 양심 세력들이다. 역사가 수없이 가고 오는 세월의 길목에서 혜성같이 나타날 이 시대의 소금 같은 양심은 없을까 기대를 걸어본다.
>
> — 「산다는 것은」 중에서

그는 철학자 안병욱 선생의 어록을 가끔 인용한다. 소금과 관련되어서 인용한 명제는 〈生卽爭〉이다. 〈산다는 것은 곧 싸우는 것〉 이란 뜻의 명제를 선택한 것은 〈인생은 살면서 싸우고, 싸우면서 살게 된다는 것〉 에 대한 나름의 인생관에 기인한다. 경쟁 없는 인생은 없고, 경쟁은 곧 싸움이기 때문에, 누구나 싸움은 피할 수 없는 삶의 속성이고 방법이라는 견해이다. 〈오늘의 문제는 싸우는 것이요, 내일의 문제는 이기는 것이며, 모든 날의 문제는 죽는 것〉이라고 한 프랑스 문호 '빅토르 위고'의 말도 그에게는 새로운 의미로 수용된다.

그는 삶을 위해선 인간이 피할 수 없는 세 가지 싸움이 있다고 정의한다. 자연과의 싸움, 사람과 사람끼리의 싸움, 내 자신과의 싸움인데, 이러한 싸움 중에서도 내가 나하고 싸우는 자기와의 싸움이 가장 치열하다고 본다. 사람들의 가슴엔 〈선(善)과 악(惡)〉 이 쉼 없이 싸우고, 〈양심(良心)과 욕심(慾心)〉 이 싸우고, 〈본능(本能)과 이상(理想)〉이 대결하며, 〈영(靈)과 육(肉)〉 의 갈등이 상존(常存) 한다는 것이다.

이러한 바탕에서 그는 〈바람이 분다. 살아야겠다〉 고 한 프랑스 시인 '폴 발레리'의 명작 「해변의 묘지」를 인용하며, 독자들에게 삶의 엄격성을 깨우치고 있다. 삶의 엄격성은 세상을 어떻게 사느냐와 연계되며, 이는 존재 의미와 존재 가치로 판가름 난다.

> 세상에서 존재의 의미(意味)와 존재의 가치(價値)는 분명히 다르다. 사라짐 없이 현존(現存)하고 있으면 존재의 의미가 성립되지만 존재의 가치는 대단히 현실적(現實的)이고 타산적이다. 존재하면서 존재의 값(値)을 해낼 때만이 비로소 존재의 가치가 성립되기 때문이다.
>
> — 「존재 의미와 존재 가치」 중에서

그는 존재의 의미를 〈형이상학적(形而上學的)인 것〉으로, 존재의 가치는 〈형이하학적(形而下學的)〉 인 것으로 본다. 그러면서 〈젊은이들은 흔히들 나이든 사람들을 가리켜 「다된 사람」이라고 쑥덕거리기 예사〉 라고 안타까워한다. 젊은이도 나이 들면 늙어지게 마련이고, 나이 든 사람들의 존재 가치만 비하시킨다면, 머지않아 자신도 그런 대접을 받게 될 것이라 경고한다. 누구도 본래부터 늙은이로 태어나는 사람은 없다는 전제 아래, 젊은이들은 늙은이들의 존재 가치를 무시하고 비하시키지 말 것을 당부한다.

그는 윤리 도덕이 몰락하는 현상을 비판하며, 노인들도 권리를 지키기 위해서는 존재 가치를 확보해야 한다고 주장한다. 존재 가치가 인정되기 위해서는 권리가 지켜져야 하고, 권리를 지키기 위해서는 책임과 노력이 반드시 동반되어야 한다는 것이다. 그가 인용한 시몬드 보부아르의 말은 그런 면에서 시의적절(時宜適切)한 것으로 보인다. 〈죽음이 두려운 것은 이 세상에서의 부재(不在) 때문〉 이라는 말을 통해 그는 〈자신의 존재 가치가 없어지는 것만큼 허무할 때도 없다〉 는 메시지를 깨닫는다.

그리하여 그는 〈사람은 쓸모가 있을 때 행복하다. 쓸모란 존재 가치를 의미〉 한다고 주장하며, 존재 가치를 찾기 위해 부단한 노력이 필요함을 역설한다. 류인석은 노년기의 초입에 서 있다. 이 상황에서 자신의 존재 가치를 찾기 위해 치열할 정도로 성실성을 견지하는 한, 그는 구하고자 하는 것을 스스로 얻을 것이다. 그런 믿음과 소망으로 간략하게 맺는다.

◇ 김명녕 수필론 『달리면서 만나는 세상』 평설. 2004년.

진실의 힘과 감동의 메아리

1. 화룡점정(畵龍點睛)을 향하여

어떤 화가가 용을 그린 뒤 마지막으로 눈동자를 그려 넣었더니, 그 용이 홀연히 구름을 타고 하늘로 날아 올랐다는 중국의 고사(故事)가 있다. 이 고사로 인하여, 어떤 일을 하는데 가장 긴요한 부분을 끝내어 완성시키는 과정을 화룡점정(畵龍點睛)이라 한다.

누구나 주지하고 있는 이러한 고사(故事) 이후로, 예술가들이 작품을 완성하여 서명을 하거나, 작품에 낙관을 찍는 것을 화룡점정이라 한다. 또한 종교적 인물을 조성할 때에도 마지막 과정이 점안(點眼)이며, 준공하여 마치는 행사를 점안식(點眼式)이라 일컫는다.

수필가 김명녕의 작품을 여러 번 정독하면서 화룡점정(畵龍點睛)을 되새기게 된다. 그의 삶에서 인지되는 여러 사물과 사건들이 자연스럽게 작품에 녹아 있어, 그 작품들에서 수필가의 진실이 보인다. 이러한 내용적 특성과 함께 형식적 특성이 융합하게 되면, 독서의 감동을 배가(倍加)하게 한다.

그가 발표하고 있는 대부분의 작품들은 기서결(起敍結) 3단계 형식을 취하고 있다. 이러한 구성으로 이루어진 글은 말미에 핵심이 들어 있게 마련이다. 임의로 두 작품을 선정하여 그 일부를 예시한다.

① 누구든 보석처럼 빛나는 착한 마음을 천사만큼 많이 가지고 태어난다. 오늘날 발달된 정보통신문명에 모든 사람의 착한 마음이 더해진다면 이 세상은 천국에 버금가는 편리하고 미더운 세상으로 얼마든지 꾸며질 수 있다. 조금만 휘둘러도 깊은 상처가 생기는 나쁜 마음은 억누르고 쓸수록 빛나는 착한 마음만 앞세운다면 상호 신뢰 결핍의 슬픈 세태에서 도탑게 인정을 나누며 즐겁게 살아가는 미더운 세정(世情)으로 쉽게 바뀐다. 그렇게 되면 늦은 밤에 으슥한 길에서 낯선 사람끼리 만나더라도 가볍게 인사도 나누고 콧노래도 부르며 지나치게 될 것이다.

마음이 밝아지니까 멀리 도심에 펼쳐진 등불이 한결 반짝거리고, 달과 별을 이고 차가운 바람을 마시며 호젓한 산길을 달리는 모습이 빛깔 고운 올이 되어 멋지게 사는 무늬로 수놓아진다.

— 「못 믿는 세태에서 미더운 세상으로」 일부

② 여러 사람과 더불어 살다보면 서로 돕기도 하고 악다구니도 하며 지내게 마련이다. 서로 부딪쳤던 일이 빌미가 되어 자꾸 되풀이 부딪치며 사는 것은 마치 한번 섭돌을 부딪치고 흘러간 여울물이 되돌아 올라와서 수없이 그 돌에 부딪치는 것과 같다. 그것은 순리에 어긋나는 삶이다. 순리를 거스르면서 새로운 시각을 보내봤자 부질없는 짓이다. 이를

부득부득 갈면서 분을 삭이지 못하거나 분하고 억울해서 가슴이 찢어지도록 괴로워하는 대신 그것을 이해하고 용서할 수 있는 너그러운 마음을 길러야 다가오는 시각을 더 값진 새로움으로 꾸미는데 보탬이 된다. 마음이 너그럽지 못하면 베풀 수 없다. 베풀며 살아가면 새로 오는 시각들이 싱싱한 새로움으로 엮어져서 보람찬 시간으로 수놓아진다.

계곡에는 섭돌과 갯돌을 매 시각마다 끊임없이 다른 물이 부딪쳐서 겉보기에 아무 변화 없이 졸졸 굽이굽이 흘러가고 있다. 그 소리가 한 치 앞도 내다보지 못하는 미욱한 나에게 많은 깨달음을 주시려는 아버님의 가르침으로 와서 닿는다.

— 「여울물은 거슬러 치지 않는다」일부

①의 작품에서 김명녕 수필가의 세상보기와 작품으로 표현하기를 확인하게 된다.

서두는 〈봄날처럼 마냥 포근하더니 바야흐로 겨울다워지려나 보다. 갑자기 기온이 뚝 떨어져서 골짜기 물이 얼고 입김이 하얗게 서리니까 몸이 바싹 움츠러든다〉고 비유적 사물을 대입하여 호기심을 불러일으킨다. 그러면서 〈우리 가시버시는 낮은 언덕과 논밭을 다듬어 만든 아파트단지에서 까치집보다 훨씬 높은 층에 보금자리를 마련하였으므로 흙냄새를 맡지 못해 아쉽지만 탁 트인 남쪽으로 계룡산 금수봉 줄기가 넓게 펼쳐져서 전망이 아름답다.〉고 서술한다. 이 부분에서 수필가는 자신의 생활 양식을 표현한다.

전개 부분에서는 사랑이 메말라 가는 세태를 고발하고 비판한다. 〈아무리 사랑을 나누며 살아도 모자랄 인생〉에서 인간답지 못한 세태에 절망하기도 한다. 〈끔찍스런 범죄가 자주 발생되고 있으니 발전된 정보통신문명에 눈이 부신만큼이나 어지러운 세정(世情)〉에서 벗어나고자 한다. 그리하여 〈믿음 속에 사랑을 나누면서 자기의 소박한 꿈을 이루어 가는 아름다운 삶〉을 지향한다. 또한 〈자아 또는 삶의 방향을 잃고서 저지르는 한심스런 가정파괴와 병든 사회로 달려가는 세태를 그대로 두어서는 안 된다.〉고 강하게 주장한다.

이러한 과정을 거쳐서 앞에 인용한 결말이 도출된 것이다. 수필가 김명녕은 이런 아름다운 세상을 꿈꾸며 스스로 〈등불〉 〈빛깔 고운 올〉이 되고자 한다.

②의 작품에서 수필가 김명녕의 삶에 대한 긍정적 자세를 확인하게 된다.

서두는 〈어린 시절에 정월 대보름이 다가오면 쥐불놀이와 달마중의 뜻도 제대로 모르면서 땔나무가 타고 있는 깡통을 팔이 아픈 줄도 모르고 휘두르며 논밭두렁에 불을 싸지르며 밤이 이슥할 때까지 또래들과 몰려다닌 적이 있다.〉고 추억하면서 시작된다. 이 쥐불놀이 깡통에서 〈잔상(殘像)〉 때문에 생기는 〈선(線)〉이 만드는 〈예쁜 원〉을 찾아낸다. 인생의 시간도 어린 시절에 본 회전하는 깡통의 불과 같다는 전제로, 시각으로 이루어진 시간도 기억에 의해 이어지는 〈동안〉으로 느껴진다는 것이다.

전개 부분은 시간과 삶에 대한 작가의 소견으로 짜여진다. 〈한 점의 시각은 곧 영원이지만 변화 없이 살면 그걸 까맣게 모르다가 갑자기 큰 변화가 닥치면 금세 알게 된다.〉는 것이다. 그리하여 〈시각은 지나가는 즉시 영원이므로 어떤 시각이든 모두 새롭고 귀하다.〉고 강조하며, 〈귀한 시각에서 분한 일, 억울한 일, 슬픈 일, 언짢은 일 등〉이 생길 때 마음을 너그럽게 가져한 한다는 것이다. 부정적인 일들이 생길 때 그것이 이루어진 즉시 〈영원히 흘러간 일임을 깨달으면 상처도 쉽게 아물고 너그러운 마음도 생긴다.〉고 주장한다. 이러한 생활 자세를 작품을 통해 확인하게 된다.

이러한 인식 위에 인용한 부분이 도출되는데, 〈베풀고 살아가면 새로 오는 시각들이 싱싱한 새로움으로 엮어져서 보람찬 시간〉을 가질 수 있다는 것이다. 또한 흐르는 계곡 물에서 아버지의 교훈을 연상하게 되고, 그로 인해 삶의 자세를 가다듬게 된다고 고백한다.

이들 작품에서 보는 것처럼 서두와 전개 과정을 거쳐 이른 결말 부분은 수필가의 진정이 녹아 있는 부분이다. 그는 작품의 말미를 멋지고 아름답게 빚기 위해 고심한 듯하다. 그런 표현을 통하여 작가는 화룡점정(畵龍點睛)의 경지에 한 걸음 다가서고 싶었는지도 모른다. 혹은 그런 지향을 추구하다 보니 자연스럽게 형성된 것으로도 보인다.

2. 준족(駿足)이 갈기를 휘날린다

잘 달리는 말을 준마(駿馬), 한마(汗馬), 준족(駿足)이라고 한다. 준마가 달릴 때면 뒷 목덜미의 긴 털인 갈기가 바람에 날린다. 갈기가 날리는 모습은 그야말로 보는 사람의 마음을 상쾌하게 한다. 갈기를 휘날리는 말을 타고, 먼 곳으로 달리고 싶은 충동을 불러일으킨다.

쾌속 질주를 하는 말을 보면서 철학적 명제로서 원관념과 보조관념을 점검할 수 있다. 달리는 '말'이 중심인데, 간혹 휘날리는 '말갈기'에 현혹되는 경우를 목격한다. 처음에는 본말이 전도된 것이 아닌가, 그런 생각도 들지만, 연륜이 쌓이면서 원관념으로서의 '달리는 말'을 보조관념으로서의 '갈기'로 비유하고 상징한다는 것을 깨닫게 된다. 즉 '달리는 말'과 '휘날리는 갈기'는 상대적인 개체가 아니고 융합되어 있는 일체라는 깨달음에 이르게 된다.

김명녕의 수필을 읽으면서 '준마'와 '말갈기'가 연상된 것은 그가 '인생의 준마'라는 인식에 연유하는 듯하다. 학문에서나 삶에 있어 이미 일가를 이루었고, 그러면서도 쉬지 않고 노력하는 모습이 잘 달리는 준마처럼 보이기 때문이다. 또한 그 자신이 마라톤을 통해 준마의 위용을 보이고 있기 때문이기도 하다.

그가 지은 수필의 상당량이 마라톤에 대한 수상(隨想)이라는 것은 그의 삶에 있어 마라톤이 매우 소중한 일이라는 단서가 된다. 그는 마라톤을 시작하면서부터 신체적 건강을 되찾게 되었다고 고백한다. 그로 인해, 긍정적 삶의 자세를 유지하게 되었고, 자신감 넘치는 장년기를 보내고 있다고 서술한다.

> ① 뚱보가 사는 길에는 많은 위험이 도사리고 있다. 언제 무슨 변고가 닥칠지 모르는 항상 빨간 불이 켜진 삶이다. 지뢰밭 위에 집을 짓고 사는 느낌이다. 그걸 모르고 "설마 내가."하며 남의 일로 여기다간 큰 코 다친다. 누가 성인병에 걸려서 한마디 말도 못하고 갑자기 저 세상으로 훌쩍 떠나가거나 삶이 송두리째 무너지기를 바라겠는가!
>
> — 「빨간 불이 켜진 삶」 일부

② 우리는 몸에 있는 영양분을 에너지로 바꾸어서 힘차게 달린다. 달릴 수 있는 기능이야말로 신이 우리에게 내린 '최고의 선물'이다. 그 선물은 몸을 튼튼하게 하고 젊음이라는 향긋한 냄새를 풍기게 하는 '명약'이다. 아무리 좋은 약이라도 입에 넣어서 소화를 잘 시켜야 내 해가 되고, 잘못 먹어서 몸에 해로우면 오히려 독약이 된다.

—「개 발싸개 같은 일」 일부

③ 다 저녁때가 되어서야 준비한 점심을 동호회원들과 먹는다. 초다짐하려고 먹은 빵으로 점심을 에운 셈이다. 배고픈 판에 음식을 보니, 모두 앙그러지게 보인다. 넉넉하게 준비한 음식을 덜퍽지게 담아 먹으니, 진수성찬이 따로 없다. 즉석에서 데운 국 맛도 꽤 구뜰하고, 톱톱한 막걸리도 구수하다. 헛헛하던 배가 금세 부르다.

—「다시는 안 뛸 거야」일부

①에서는 건강을 염려하는 마음이 잘 나타나 있다. 애초에 그는 〈딱바라진 몸매〉를 튼튼한 것으로 여기다가 신체검사를 통해 비만, 고혈압, 요당이란 결과를 얻는다. 특별히 아픈 데는 없지만 중풍질을 예방할 목적으로 규칙적으로 뛰어 체중을 줄인다. 약 8개월 만에 그는 허리 사이즈 38인치에서 28인치로 줄이는데 성공한다.

이를 바탕으로, 그는 뚱보였을 때와 체중을 줄였을 때를 비교 · 대조하여 서술함으로써 여러 사람에게 공감을 형성하게 된다. 앉은 자세 · 누워 잠자기 · 코 골기 · 맥박 뛰기 · 밥 먹기 · 옷 입기 등 변화된 상황을 서술하여 체중 감량이 얼마나 필요하고 좋은가를 알린다. 그 바탕에 마라톤이 있음을 강조하여 마라톤을 광고한다.

세상 모든 일이 그렇듯이 마라톤을 하는 데에도 특별한 노하우가 있다. ②에서는 마라톤에 대한 올바른 지침을 서술하는데, 특히 마라톤 경기에 임하기 전에 〈달리기의 올바른 자세를 익히고, 기초 체력을 다지고, 최선을 다해서 달리되 겸손한 마음〉으로 달려야 한다는 점을 강조한다. 그리고 대회에 임해서 지켜야 할 지침도 마련한다. 〈남과 경쟁의식으로 절대로 앞서거니 뒤서거니 하지 않는다.〉 〈기록을 앞당기려고 절대로 욕심부리지 않는다.〉 〈내 건강에는 아무 쓸모도 없는 동료끼리 기록과 등위를 겨루거나 내기하는 일에는 절대로 끼지 않는다.〉 〈때때로 혼자 달리는 즐거움에 다른 사람과 달리는 즐거움을 더하도록 한다.〉 여러 사람에게 알리는 이런 당부는 자신의 경험에 바탕한다. 이런 지침들은 스스로 터득한 지혜여서 더욱 가치롭게 보인다.

③에서는 마라톤 코스를 완주하는 과정을 통해 그 고통과 쾌감을 서술한다. 난생 처음 풀 코스를 완주한 여자 회원은 〈아기도 낳아 보았지만 그보다 더 몸서리쳐지는 고초예요.〉라고 말한다. 남자회원들도 〈아이고, 풀 코스, 다시는 안 뛸 거야!〉라고 이구동성(異口同聲)이다. 그러나 이들은 다시 마라톤 코스에 매달리게 된다. 〈다음 대회에는 더 많이 연습해서 더 멋지게 달리자〉를 외치며, 마라톤의 맛과 멋에 흠뻑 빠진다. 그래서 마라톤 매니아들은 마라톤을 사랑할 수밖에 없는 것이다.

마라톤은 이와 같이 신체적으로 좋은 운동이며, 완주했을 때의 특별한 기쁨을 맛보게 한다. 그러나 그 과정은 눈물과 고통의 순간들이 엮은 면류관이며, 이런 과정을 통해 마라톤 매니아들은 삶에 대한 철학적 자세를 정립한다.

① 부드러운 길은 마음이 푸근하고 사랑이 느껴져서 자주 찾아 가서 한없이 머물고 싶다. 딱딱한 길은 무릎 관절이 피곤해서, 가파르고 험한 산비탈 길은 위험해서, 고약한 냄새가 나거나 지저분한 길은 더러워서 피하게 된다. 우리 부드럽게 살자. 함께 어울려서 포근하게 참사랑을 나누고, 사이좋게 도와가며 도란도란 살자. 으스댐보다는 겸손하고, 소가지가 없기보다는 너그럽게 살자. 딱딱하면 피곤해서, 우락부락하거나 몰상식하면 더러워서 피하게 된다.

— 「노은동 마라톤 코스를 기림」 일부

② 10년 가까이 새벽운동을 해오던 어느 날부터 이따금, 짧으면 5초에서 길면 15초쯤은 될까? 푹 까라진 다리가 스르르 풀리면서, 발끝부터 머리끝까지 무아지경(無我之境)으로 되어 말과 글로 표현할 수 없는 기분에 젖어든다. 까라지던 것은 순간적으로 사라지고, 이내 둥실 뜨면서 밀려오는 짜릿한 쾌감! "왜 꼭두새벽에 거칠게 달리느냐?"고 묻는다면, 딱히 "이 묘한 맛보려고 달린다."고 말하고 싶은 또 다른 경지의 기분. 우리네 삶에서 큰 고통 뒤에 큰 기쁨이 찾아오듯, 무거운 짐 짊어지고 오래 뛸수록 황홀경(恍惚境)을 자주 맛볼 수 있고 짧기는 하지만 더 오랫동안 그 기분이 펼쳐진다.

— 「새벽에 맛보는 짧지만 깊은 황홀감」 일부

③ 인생은 혼자이다. 더불어 살지언정 나누거나 대신 살수는 없다. 태어나서 자라고 · 늙고 · 병들고 · 죽는 일을 누구

와 나누어 할 수 있는가? 기쁘고 · 슬프고 · 피곤하고 · 먹고 · 배설하는 일을 누가 대신할 수 있단 말인가? 마라톤이 인생에 비유되는 것은 달리는 동안 혼자 온갖 모진 고난과 시련을 이기면서 그 누구와 나누어 달리거나 대신 달릴 수 없는 먼길을 완주해야하기 때문이다.

— 「마라톤 매니어」 일부

①은 마라톤 연습을 하는 '노은동' 코스에 대한 예찬적 성격이다. 이 곳은 〈사방이 낮은 산으로 에워싸인 분지마을〉이고 〈어미 닭이 병아리를 품어서 따뜻하게 보호〉하는 모습으로, 〈겨울 높하늬바람을 병풍처럼 둘러막고 있어서 마을〉이 아늑한 곳이다. 특히 이 길은 〈기울기가 작을뿐더러 오르막과 내리막의 변화가 적절〉하여 마라톤 연습하기에 아주 좋은 곳이다.

작가는 이 마을에 있는 산길을 마라톤코스로 활용한다. 이 오솔길은 〈파틀렉 훈련〉에 안성마춤이다. 저자의 각주에 의하면 파틀렉 훈련은 스웨덴어로, 자연과 지형을 이용하여 마음대로 속력에 변화를 주면서 달리는 훈련으로, 일명 스피드 플레이라고도 한다. 특히 이 길은 부드러워서 자주 찾아 연습을 하는데, 싫증이 나지 않는다고 한다. 이러한 코스 예찬은 마라톤을 사랑하는 까닭이기도 하지만, 마라톤을 하면서 연마된 인격 형성에 기인한 듯하다. 마라톤 연습의 어려움을 참고 견디며, 긍정적 사고를 하도록 자기 취면에 걸린 듯하다.

이런 연습을 하면서 작가는 특별한 체험을 겪는다. ②에서 서술한 것처럼, 마라톤의 고통을 감내하고 찾은 무아지경, 즉 고난과 시련을 극복하고 맞은 황홀경을 맛본다. 뛰다가도 그만두고 싶을 정도로 극심한 고통을 인내하는 것도 이처럼 행복한 순간이 있기 때문일 것이다. 그러나, 이러한 행복보다도 더욱 소중한 것은 마라톤을 통해 삶에 대한 철학의 완성으로 보인다. ③에서 서술한 것처럼, 작가는 마라톤 과정을 통해 인생에 대한 나름대로의 정의를 확립하고 있기 때문이다.

이렇듯이 수필가 김명녕은 마라톤을 통해 신체적 건강, 정신적 건강, 철학적 완성에 이르고 있음을 본다. 마라톤과 건강, 마라톤과 삶의 원리 도출은 '말의 갈기'와 '준마'의 관계처럼 보인다. 어느 것이 먼저인가, 또한 어느 것이 소중한가, 이런 물음은 그에게 부질없는 일이다. 그는 실제로 마라톤을 하고 있으며, 이는 그의 삶에 있어 가장 소중한 명제에 해당하기 때문이다.

3. 삼희성(三喜聲)의 완성을 위하여

소리는 분류할 수 없을 정도로 다양하며, 청취할 수 있는 소리와 청취할 수 없는 영역의 소리도 있다. 우리의 전통에는 삼희성(三喜聲)과 삼악성(三惡聲)으로 크게 분류하여 권장하거나 경계했던 것도 사실이다. 삼악성(三惡聲)은 세 가지의 듣기 싫은 흉한 소리로, 초혼(招魂)하는 소리 · 불이 나서 외치는 소리 · 도둑을 튀기는 소리이다. 그리고 삼희성(三喜聲)은 세 가지의 기쁜 소리로, 다듬이 소리 · 글 읽는 소리 · 갓난아기의 우는 소리이다.

수필가 김명녕은 전자공학을 전공하는 학자이면서, 마라토너이자 성악가로 알려져 있다. 특히 그는 '벨 칸토' 창법을 익혀서 가창을 한다고 한다. 〈아무리 소리쳐도 목이 쉬지 않고 돌봐줄 엄마의 귓전에 기분 좋게 들리는 갓난아기 울음소리, 그것이 바로 벨 칸토 창법의 기본원리〉라 한다. 그래서 그는 〈그 소리를 내려고 늘 갈고 닦지만 쉬운 일이 아니다. 그래도 흉내를 내면서 꾸준히 악보를 대하니까, 내가 부를 수 있는 노래가 많아지고 남이 부르는 노래를 들을 수 있는 귀가 열리면서 소리꾼 세상〉에서 산다.

여기에서 말한 벨 칸토 창법의 노래는 어쩌면 우리 전통의 삼희성 중 '우는 아기 소리'와 연계된다. 누구나 들어서 좋은 소리, 그런 소리로 노래를 부르면 아름다운 노래가 될 것이다. 한편으로 정리해 보면, 앞에서 말한 삼희성은 소리의 성격 그 자체이고, 뒤에서 말한 벨 칸토 창법은 노래 기법이라 할 때, 논의의 성격이 다른 것임에는 분명하다. 그렇지만, 그가 말하는 아름다운 소리 · 듣기 좋은 소리 · 들어 기쁘고 즐거운 노래라는 점에서 일맥 상통한다.

어떻든 수필가 김명녕은 아름다운 소리를 발성하여, 들어 기쁘고 행복한 가창을 선보인다. 그럼으로써 본인이 행복한 만큼 청중 또한 감동의 메아리를 체험할 것이다.

① 성악은 '노래 부르는 모든 순간이 긴장 속에서 잘 어우러져야 훌륭한 연주가 이루어지는 종합예술'이다. 잘 흐르다가 어느 한 순간이라도 어그러지면 모든 것이 그르쳐진다. 한 순간이라도 놓치지 않으려면 반드시 긴장해야 한다. 알맞은 긴장은 보약이지만, 지나친 긴장은 독약이다. 한 순간이라도 놓치면 성공과 실패로 갈라지는 일은 무엇이든 어렵다.

— 「5월의 노래 소리」 일부

② 졸졸 흐르는 계곡 물소리에 절로 흥얼거리며 가파른 산등을 오르는데, 가까운 절에서 종소리가 울린다. 어둠 속에서 아침운동을 끝내고 돌아갈 제, 중생들을 깨우는 새벽종이 울리더니 이제 하루 일을 접고 쉬라는 저녁종이다. 끊일때쯤 다시 울리는 범종소리가 계곡에 가득 담겨 진동하니 내 몸과 마음도 더불어 진동한다. 수없이 거듭 잦아드는 소리에 염불삼매에 도달한 뒤 열반의 경지에 이르며 또다시 없음(空)에 다다르기까지 모든 진리가 담긴 듯하고, 법구경·보왕삼매론·숫다니파타·팔정도 등의 말씀이 실린 듯하다. 멀리에서 은은한 소리만 듣다가 가까운 곳에서 들으니, 긴 장마철 축축한 공기에서 생명을 얻어 단풍나무 줄기에 낀 연초록 이끼도 진동한다. 중생에게 부처님 말씀을 골고루 전하려는 듯 온갖 소리세기로 길게 이어진다.

— 「생기 왕성한 들과 산」 일부

③ 나의 삶 가운데 보람찬 활동은 무엇인가? 내가 참으로 즐겁게 활동하는 것은 무엇인가? 내가 하는 활동을 보고 남이 참으로 즐기는 것은 무엇인가? 내가 남과 더불어 참으로 즐겁게 할 수 있는 활동은 무엇인가?'

— 「성악 매니어」 일부

①은 동료 성악가 이시웅 교수의 독창회에 우정 출연을 하여 발표하면서 겪은 일과 느낌을 삽화 형식으로 서술한 후, 결말처럼 정리한 대목이다. 그 도입부는 자연 완상에서 노래의 근원을 찾는데 객관적으로 듣는 것이 아니라, 그 소리에 취해서 듣고 깨닫는다. 〈풀

섶에서 이름 모르는 벌레들이 여울물 소리를 반주 삼아서 지칠 줄 모르고 노래한다.〉〈들녘의 개구리들이 오페레타를 연주하는지, 베이스와 바리톤의 이중창과 돌림노래가 넘실거리는 물결에 실려서 멀리 울려 퍼진다.〉〈짖을 줄 하는 온 동네 개들이 제창(齊唱)과 후렴(後斂)을 얼버무려 부르니 온 천지가 진동한다.〉 등에서 수필가 김명녕이 음악에 심취해 있는 수준을 가늠하게 된다.

이러한 관심과 취향은 ②로 이어진다. 자연의 소리만이 아니라, 사람이 만들어 내는 범종 소리에서도 중생 구제의 높은 정신을 찾아내는 혜안(慧眼)을 보인다. 그리하여 그는 성악 매니아로서 ③과 같은 자문(自問)을 하게 되고, 가창의 연습 과정과 가창 실력으로서 답을 하게 된다.

그 과정은 마라톤처럼 어려운 과정을 거쳐야 한다. 특히 발표를 위한 연주를 하려면 고통이 수반하는 노력을 기울여야 한다.〈작사와 작곡의 배경을 이해하고, 가사와 악보를 암기한 후 넌더리나도록 연습해야 한다. 그렇게 하더라도, 박자 · 가락 · 음정 · 발성 · 호흡 · 감정 등이 조화된 무난한 연주가 된다는 보장이 없다. 어느 한 가지가 부족하거나 한 곳에서의 실수도 너그럽게 받아들여지지 않으므로, 연주할 때마다 아마추어는 스트레스를 받기 마련이다. 긴장이 지나쳐서, 잠결에서도 읊조리던 가사를 정작 무대에서는 흔히 잊어버리기도 한다. 노련하거나 요령 있는 연주자는 리듬과 멜로디를 맞추면서, 즉흥 작사로 부드럽게 그 고비를 넘긴다.〉 이런 과정을 거쳐서 가창은 시연된다.

그렇지만, 이런 시련을 극복하고 나면, 스스로 보람과 기쁨에 젖게 된다. 〈음반을 통해 틈틈이 무아지경(無我之境)에서 가곡을 감상하고 따라 부르니까 마음이 한결 넉넉하다. 알고 있는 가곡이 라디오나 텔레비전에서 흘러나오면, 성악가의 음색이나 멜로디에 금방 매료되어 음악감상 삼매경에 빨려든다. 새벽 길 달리며 가사를 외우고, 곡조에 맞춰 연습하다보면 저절로 흥취에 젖는다. 잘 하든 못 하든, 노래에 흠뻑 빠진 삶이 즐겁다. 열심히 갈고 닦으니까 자신도 모르게 성악 매니어가 된다.〉고 밝힌다.

그래서 수필가 김명녕은 가창으로 세상을 아름답고 행복하게 설계하는 노래 매니아로 자리하여 아름다운 소리를 가꾼다. 우리가 찾는 삼희성(三喜聲)보다 더욱 아름다운 노래를 가꾸려고 최선을 다한다.

4. 언어의 연금술을 위하여

연금술은 고대 그리스에서 구리 · 납 · 주석 등의 낮은 금속에서 금 · 은과 같은 귀한 금속을 제조하려는 기술을 말한다. 또한 인간의 욕망인 불로장생(不老長生)의 영약(靈藥)을 탐구하는 기술을 말하기도 하는데, 귀하고 좋은 원소를 창출함을 의미한다. 현재에도 이러한 시도는 지속되어, 탄소에서 다이아몬드를 생산한다든지, 또는 반도체와 같은 긴요한 원소를 개발하는 것으로 확산되고 있다.

글을 쓰는 과정도 이와 같이 비유된다. 누구에게나 주어진 언어이지만, 시인과 작가에게 주어진 언어는 특별한 의미로 다가서게 된다. 그 바탕을 이루는 것이 언어의 선택인데, 이는 광맥에서 채굴하는 과정과 같다.

수필가 김명녕은 자신의 체험을 바탕으로 감동을 생성하는 수필을 창작한다. 이런 글은 자칫 신변잡기에 머물 수 있는데, 그는 상식과 보편성을 뛰어넘는 언어와 언어 활용을 통해 이를 극복한다. 수필을 읽는 독자들로 하여금 언어의 연금술에 취하게 하는 마력을 지니고 있다. 또한 언어의 광맥을 캐어 적재적소에 어울리는 언어를 선택함으로써 특별한 감동을 선사한다.

광부가 광석을 불에 달구어 연금함으로써 질 좋은 금속이 창조하듯이, 수필가는 언어의 광석을 찾아내어 작품 속에 용해시킴으로써 예술 작품을 빚는다. 그는 이와 같은 언어의 연금술에 특별한 자질을 타고 난 듯하다. 그가 찾아낸 언어의 보석을 주석(註釋)과 함께 10 단어씩만 열거하기로 한다.

① 묵혀진 말이나 사투리를 살려 쓴 경우

* 쪼구미-동자기둥. 들보 위에 세우는 짧은 기둥
* 움파리-움을 파서 만든 막. 움막.
* 하리아드렛날-음력 2월 초하룻날을 달리 이르는 말.
* 제웅-짚으로 만든 사람의 형상.
* 곳집-상여와 그에 딸린 제구를 넣어 두는 오두막.
* 대두리-큰 시비, 큰 다툼. 일이 크게 벌어진 판.
* 당조짐-정신을 차리도록 단단히 조지는 일.
* 가시새다-앙칼스럽고 고집이 세다.
* 개호주-호랑이 새끼
* 고주배기-나무나 곡식을 베고 남은 밑동. 뿌리그루. 그러터기.

② 전문 용어를 쉽게 풀이하여 쓴 경우

* 마티나타(mattinata) : 마띠네(아침의 노래)

* 러너스 하이(runner's high) : 달리기로 인해 얻어지는 황홀감 또는 달리기의 쾌감.

* 상수(桑壽) : 상(桑)자를 십(十)이 네 개와 팔(八)이 하나인 글자로 파자(破字)하여 48세를 이름.

* 솔페지오(solfeggio) : 도레미파 연습.

* 벨칸토(bel canto) : 이탈리아에서 18세기에 확립된, 가창법의 한 가지. 소리의 아름다움이 특히 강조됨.

* 핸드그립(hand grip) : 손잡이, (자전거 등의) 핸들.

* 스로틀(throttle) : 오토바이의 휘발유 흐름 양을 조절하는 레버. 자동차의 액셀러레이터와 같은 기능을 함.

* 파틀렉 훈련(Fartlek training) : 스웨덴어(語)로 자연의 지형을 이용하여 마음대로 속력에 변화를 주면서 달리는 훈련. 일명 스피드 플레이(speed play).

* 언덕 훈련(hill training) : 뉴질랜드의 아서 리디아드(Arthur Lydiard)가 고안한 언덕을 이용한 훈련법.

* 서브-스리(sub-3) : 마라톤 풀 코스를 3시간 이내에 완주하는 것.

①과 같은 단어는 너무나 많아서, 일부를 예시하고 나머지는 생략하지만, 새겨두고 쓰면 좋을 말들이 작품 속에서 산견(散見)된다. 지돌이(험한 산길에서 바위 따위에 등을 대고 가까스로 돌아가게 된 곳), 섭돌(생김새가 둥글지 못하고 모지고 날카로운 돌), 섬돌(마당에서 대뜰로 오르는 돌로 된 층계), 민탈(낭떠러지), 너덜경(돌이 많은 비탈), 갓 밝이(날이 막 밝을 무렵), 이징가미(질그릇의 깨어진 조

각), 자드락길(나지막한 산기슭의 경사진 땅에 있는 좁은 길), 뭇따래기(연달아 나타나서 남을 괴롭히는 각색의 사람들) 등은 익혀 두고 쓰면 글에 새로운 힘을 줄 수 있는 말들이다.

수필가 김명녕은 또한 전통 음악과 관련된 용어들도 자연스럽게 활용하고 있다. 뜬쇠(남사당패의 행중(行中)에서 각각의 기예(技藝)의 우두머리. 버나쇠, 덜미쇠, 곰뱅이쇠 따위), 가열(남사당패의 재주를 익히는 수련생), 삐리(남사당패에서 '신출내기'를 이르는 말), 진풀이(농악대가 여러 가지 진을 짜면서 노는 짓), 새미(경기 농악에서 악기를 치지 않고 어른의 어깨 위에 올라서서 춤을 추는 소년), 채상모(끝에 헝겊으로 만든 긴 채를 단 상모. 채의 길이에 따라 12발 상모까지 있음) 등도 전통 음악 이해의 폭을 넓히는데 기여한다.

이와 같이 언어의 광맥에서 필요한 광석을 캐내어, 글에 어울리는 자리와 기능에 맞게 표현하는 것이 문인들이 이루어야 할 의무와 사명이다. 그리하여 사상과 감정이 감동적으로 독자에게 전이되도록 표현하는 것이 작품 성공의 가장 중요한 관건(關鍵)이다.

수필가 김명녕은 이러한 의무와 사명에 충실한 자세를 보이고 있어, 앞으로 그가 빚어낼 수필의 예술성 또한 기대된다.

◇ 이시웅 수필론 『별이 빛나는 아름다운 이 밤에』 평설. 2008.

감동을 나누는 예술가의 진정성

1.

예술가는 감수성이 남달라서 미세한 울림에도 예민하게 반응한다. 감성의 더듬이에 탐지된 울림을 그림이나 글로 빚어 여러 사람과 공유하려고 한다. 자신에게 감지된 감동의 진폭을 스스로 즐기면서, 동시에 예술 매체를 통하여 뭇사람들과 함께 나누고자 한다. 이미 창작되어 있는 노래에 담겨 있는 감동을 가창함으로써 극대화하려는 것도 같다.

평생을 교육에 봉직하고 있는 이시웅 교수는 다재다능한 예술인이다. 서양화 전문 미술인, 건축미학 · 건축공학을 전공한 교수, 독창회를 개최할 정도로 실력을 갖춘 성악가, 수필로 등단한 문인, 공모전에서 입상한 사진작가로 널리 알려져 있다. 각 분야에서 모두 전문가로 인정을 받는 것은 본인의 놀라운 재능과 각고(刻苦)의 노력이 빚은 인간승리의 전범이라 하겠다.

이시웅 수필가는 1944년 충청남도 논산시 강경에서 출생한다. 전북 익산시에 소재한 남성중·고등학교를 졸업하고, 충남 공주시에 있는 공주교육대학을 졸업한 뒤에 대전판암초등학교·원동초등학교 교사로 봉직한다. 재직 중에 중등학교 교사 자격고시에 합격하여 유구중학교·천호중학교·여의도고등학교·서울공업고등학교의 미술과 교사가 된다.

그 사이에 향학(向學)의 불꽃을 피우고자, 주경야독으로 한양대학교 건축공학과를 졸업한다. 이어서 홍익대학교 대학원 건축미술과에서 미술학석사 학위를 받고, 한양대학교 대학원 건축공학과에서 공학박사 학위를 받는다. 그리하여 그는 국립 한밭대학교 건축공학과 교수가 되어 건축 발전에 이바지한다. 그의 이력을 이와 같이 간략하게 정리하였지만, 이를 성취하기 위한 땀과 고통은 헤아릴 수 없을 정도로 막심(莫甚)하였을 것이다.

한밭대학교 교수로 재직 중에 미국 일리노이 주립대학교 객원교수, 미국 미네소타 주립대학교 교환교수를 역임한다. 또한 한국건축가협회 대전시지회 회장, 한국생태환경건축학회 부회장, 한국주택공사 자문위원, 한국에너지연구원 자문위원을 역임하면서 건축공학 발전에 기여하고 있다.

이처럼 바쁘게 살고 있는 가운데, 그가 빚은 수필 작품을 미리 감상하고, 그 내용을 몇 갈래로 분석하고 정리하고자 한다.

2.

문인은 자신의 사상과 감정을 언어로 표출한다. 일반인들도 언어를 통하여 일상적인 의사소통을 하지만, 문인들은 이를 효과적으로 표현하거나, 자신만의 개성적인 모습으로 빚어내어 새로운 감동을 생성(生成)한다. 따라서 문인은 문장 하나하나는 물론, 단어 하나하나에도 세심하게 반응하며, 때로는 토씨(조사) 하나를 완벽하게 갖추는데 평생을 보내기도 한다. 그만큼 언어를 통한 적확성(的確性)과 예술성(藝術性)의 확보가 어렵다는 말이기도 하다.

수필가 이시웅 교수는 미술·건축·음악·사진 분야에서 성공을 거두자, 자신의 내면을 진솔하게 표출하는 문학 창작에 나선다. 문학 전문지《문학사랑》신인작품상에 수필이 당선하여 등단한 후에 엽서문학상을 수상한다. 2005년에 1수필집『꽃뱀의 낙원』을 발간하고, 이어 인터넷문학상을 수상하여 수필가로서도 굳건한 위치를 확보한다. 지속적으로 수필 창작에 열중하여 2008년에 2수필집을 발간하기에 이른다.

> 글을 쓰면서부터 문예창작이라는 세계가 그렇게 아름답고 찬란하다는 것을 알게 되었습니다. 수필은 자조문학이라고 하지 않던가요? 자기 자신이 체험한 일을 진솔되게 기술하고 판단하며 반성하는 글이라는 뜻으로 해석합니다. 남에게 얘기할 수 없는 속내도 얼마든지 드러낼 수 있고, 감추어지고 버려진 재미있는 것들, 남에게 기쁨과 사라을 줄 수 있는 것들, 모두가 수필의 글감이 됩니다. 바보스럽고도 어이없는 경험은 더욱 좋은 글감이지요. 그래서 솔봉이로 자라난 나에게는 글감이 많습니다. 그런데 글 속에 거짓이 섞인다거나 지나친 과장은 그 글을 빛바랜 장미꽃으로 만듭니다. 독자는 작가보다 한 수 위이고 날카로운 판단력을 가지고 있다는 사실을 알아야 합니다. 못났어도, 어리석어도 진실

만이 감동을 줄 수 있습니다.

— 수필집 「글머리에」 중에서

이러한 천명(闡明)은 수필 창작 이론에 충실하고 있음에 근거한다. 수필의 특성에는 여러 갈래가 있는데, 그 중에서 대표적인 성향은 자신을 비추어보는 자조(自照) 문학이라는 점이다. 그로 인하여 수필은 진실의 반영하여 감동을 생성(生成)하게 된다.

이시웅 수필가는 천성이 긍정적이고 적극적이어서 그의 수필도 그의 내면을 진실하게 투영한다. 〈이 세상은 아름답고 향기롭습니다. 자연이 고맙고, 환경이 아름답고, 사람이 반갑습니다.〉 〈너와 나의 온 누리를 '사랑의 꽃밭'으로 가꾸어 나가렵니다.〉 등에서 세상에 대한 그의 달관적 시각과 자세를 확인하게 되고, 이를 근거로 그의 내면적 그림을 확인하게 된다.

그는 1수필집 [꽃뱀의 낙원] 서문에서도 〈글 쓰는 마음을 갖게 되면 세상이 아름답게 보이고, 무엇인가 착한 일을 베풀려고 스스로 노력하게 되어 행복한 가정, 아름다운 사회를 이루게 되는 결과〉를 가져오기 때문에 수필을 창작한다고 밝힌다. 또한 〈지금까지 살아오면서 삶 속에 감춰지고 가려져 햇귀를 보지 못했던 아름다운 추억이나 어리석어 차마 말할 수 없는 나만의 부끄러운 체험〉까지 글감으로 삼아 작품을 빚는다고 말한다.

따라서 그는 그가 살아온 삶만큼 다양한 소재들로 많은 수필을 빚어내고, 이러한 작품을 모아 짧은 기간에 2수필집을 발간하는 놀라운 열정을 보인다.

3.

우리 겨레의 음악에 대한 인식은 자연과 인간의 조화였다. 『악학궤범(樂學軌範)』의 서(序)에서 보면, 〈악(樂)은 하늘에서 나와 사람에게 붙인 것이요, 허(虛)에서 발하여 자연(自然)에서 이루어지는 것이니, 사람으로 하여금 느끼게 하여 혈맥을 뛰게 하고, 정신을 유통하게 하는 것〉이라고 정리되어 있다. 그래서 음악가는 자연스러움 속에서 예술적 감동을 나누기 위해 노력한다.

성악가 이시웅 교수는 성악선교대학에서 19년이 넘는 동안 공부를 하고 있다. 학부과정을 졸업하고, 대학원과정을 세 번이나 마치는데 9년이 걸렸으며, 그 이후에도 특강생으로 열심히 배우고 있다. 이 대학은 목사님이 사회봉사 차원에서 등록금을 받지 않고 가르치는 비정규대학이지만, 교육과정은 일반 음악대학의 성악과와 같아서 졸업하기가 까다롭고, 결석이 세 번이면 자동으로 제적되어 오랜 기간 배움을 지속하기가 어렵다. 이러한 과정을 20년 가까이 지속해 온 세월을 가늠하면, 이시웅 교수의 순정과 열성을 확인하게 된다.

이런 과정을 10여 년 숙성시킨 그는 2003년에 대전시민회관에서 독창회를 열어 세상을 경악하게 한다. 서양화가, 사진작가로 알려진 건축과 교수가 개인 독창회를 연다는 것은 경이로운 일이었음에 틀림없었을 터이다. 대강당에 울러 퍼지는 그의 발성에 청중들은 그를 다시 보게 만들었다. 이러한 능력은 스스로 연마한 결과이기도 하지만, 평소에 견지하고 있는 충실성에 기인한다. 〈카바라도시의 절규를 온 몸으로 노래부르다보면 나는 벌써 푸치니의 가슴 속에 들어가 도취되어 비극의 쾌감을 맛보면서 눈물 흘리고 있다.〉는 고백에서 그는 청중을 감동시킬 토대가 마련된 것이다.

> 벨칸토 창법을 익혔더니 어느 곳에서든 중요한 내용을 간단하게 요약하여 고운 소리로 뽑아내면 즉흥노래로 승화된다. 이런 표현법은 청중들로 하여금 상상을 초월한 방법으로 오래오래 가슴 속에 남게 되리라고 생각한다. 노래를 활용하여 뭇사람들에게 아름다운 추억을 선물하려면 기꺼이 나설 수 있는 용기와 연주 실력이 겸비되어야 한다.
>
> —「성악선교대학 기도」중에서

그는 노래를 불러서 행복하기도 하지만, 뭇사람들에게 아름다운 추억을 선물하면서 더 큰 행복을 찾는다. 그래서 연주 실력을 기르기 위해 최선을 다한다. 성악이 어떤 것인지조차 모를 때는 노래를 부르는 자리마다 도망치듯 피하였다고 한다. 그러나 〈고운 발성으로 연주하는 능력을 기르니까 사람들 앞에서 연주하고 싶은 의욕이 옹달샘처럼 졸졸 솟아난다.〉고 변화된 삶을 밝힌다. 그리하여 단체 모임에서, 식당에서, 다방에서, 설계심사장에서, 논문발표장에서, 주례를 보면서까지 노래를 불러 '노래교수'로 명성을 얻는다.

그는 유럽관광팀의 한 사람으로 여행에 나선다. 영국, 프랑스, 스위스 등을 거쳐 이탈리아의 로마을 찾는다. 특히 콜로세움 원형극장에 이르렀고, 최상층인 4층에 올랐을 때, 일행 중에 MBC 앵커 성경환 아나운서가 이시웅 교수의 성악을 초대한다. 〈여러분들은 중세를 화려하게 꽃피웠던 역사의 고도 로마에 있는 원형극장 콜로세움에 오셨습니다. 이곳에서 코리아가 낳은 세계적인 테너 가수 이시웅 교수를 소개합니다.〉라는 주문에 머뭇거림도 없이 이탈리아의 깐소네 '오 솔레미오'를 열창하여 박수를 받는다. 이어서 현제명 선생이 작곡한 '희망의 나라로'를 불러 한국의 열정을 유감없이 발휘한다.

이처럼, 그는 기회가 있을 때마다 노래로 축하하고, 노래를 통하여 친교를 맺는다. 여러 행사에서 그의 성악은 신선한 감동으로 뭇 사람들의 가슴을 씻어주는 역할을 한다. 이것이 하느님으로부터 받은 그의 '달란트'를 가장 멋지게 펼치는 일일 터이고, 자신의 소명을 다하려는 긍정적 인생관의 바탕이 되었을 것이다.

4.

이시웅 교수를 만날 때마다 〈셋이 길을 떠나면 반드시 스승이 있다〉(三人行 必有師)라고 한 말을 떠올리게 한다. 만나는 대상을 보면 그 사람의 인격을 가늠할 수 있다고 하는데, 이시웅 교수도 그러하다. 훌륭한 인격을 갖춘 사람들, 덕을 베푸는 사람들, 예술에 정진하는 사람들, 매사에 열정적인 사람들, 학문에 몰입하는 사람들과 교유(交遊)하며 그 분들의 장점을 드러내기를 좋아한다. 이는 훌륭한 인품을 갖춘 분들을 자주 만나서, 그 분들을 거울삼으려고 노력하는 것에 다름 아니다. 작은 일에도 감동을 잘하는 성격을 지녔기 때문이어서인지, 그 분들의 작고 큰 업적들에서 아름다움을 찾는다. 몇 분의 예를 들어보기로 하자.

대전에서 '천양원'을 운영하시는 이연형 원장의 수필집을 읽고 그는 감동에 젖어, 그 분을 존경하게 되었다고 실토한다. 〈나는 정말 눈물 젖은 빵을 먹어본 적이 없어 그 말이 실감나지 않았는데, 이 책을 통하여 눈물 젖은 빵을 충분히 맛볼 수 있어 이제 겨우 인생을 논할 수 있는 자격이 어렵사리 주어졌다고 생각합니다.〉라고 감격한다. 이연형 원장은 고아 아닌 고아로 '천양원'에 의탁되어 성장하고 대학까지 졸업한다. 육군의 장교로 근무한 후에 다시 '천양원'에 직원으로 출발하여, 현재 원장이 되어 고아들을 위해 신명을 바치는 분이다. 이러한 인간승리의 표본을 대하면서 그는 몰려오는 감동의 회오리에 젖어 존경의 찬사를 보낸다.

> 악수를 나누면 손바닥이 넓죽하고 손등이 두툼하여 부드러운 느낌을 준다. 음성은 부드럽고 성량이 풍부하여 듣기 좋고 정감 어린 특유의 억양으로, 회장님과 대화를 나누면 어느 누구든 마음이 편해지고 화평함을 느낀다. 〈중략〉 회장님은 인술을 베푸시므로 미국, 중국, 일본에 있는 외국인들까지 진료를 받으러 이 한약방에 오거나 약을 외국으로 보내기도 한다. 세계적인 골퍼인 박세리씨를 비롯하여 장정씨 그리고 저명한 야구선수들의 주치의시다. 〈중략〉 회장님의 미더운 모습에서 생기를 받으며 진맥을 거친 한방치료를 받으면 틀림없이 나을 거라고 생각하기 때문이리라.
>
> —「우리 동네 한약방 회장님」 중에서

부친으로부터 한약방을 이어받고, 자제가 한의대를 나온 의학박사여서, 3대에 걸쳐 한약방을 경영하는 이 분에 대하여, 이시웅 교수는 〈고대 로마의 명장 아그리파〉를 닮았다고 할 정도로 매료되어 있다. 그리하여 〈회장님을 대하면 내 가슴 깊은 곳으로부터 잔잔하게 피어오르는 존경과 사랑, 그리고 아름다움을 느낄 수 있다.〉고 밝힌다.

이러한 감동은 아침 운동장에서 만난 시장과의 조우(遭遇)에서도 드러난다. 그는 〈운동장 트랙을 여섯 바퀴 달리고, 수영장에서 수영을 한 뒤 집으로 돌아와서 아침을 먹고 출근한다.〉 운동을 끝내고 집으로 향하던 중에, 운동장으로 들어서는 시장을 만난다. 그 시장은 운동장을 27바퀴나 도는 마라토너로 널리 알려진 분이다. 이러한 만남에서 시장과의 인연을 밝히고, 그 분에 대한 칭송이 이어진다. 〈시장님은 지성적인 면과 감성적인 면을 겸비하신 분이다.〉 〈시장님은 출중한 언변술로 상대방을 사로잡아 미워하던 적군도 자기편으로 끌어들이는 마력을 지니고 있다.〉 〈시장님의 말씀 중에 내재되어 있는 중요한 보석은 신뢰감으로부터 우러나오는 사랑이다.〉 등으로 인연의 아름다움에 대하여 밝힌다.

> 그 공장에서 제조되는 특허타월은 대나무 타월이다. 대나무의 죽순을 진액상태에서 가수분해하여 정제된 제조물을 섬유로 뽑아 만드는데 일반타월에 비해 흡수력과 강도가 높고, 수명이 길고, 살균력이 우수하며, 먼지가 나지 않고, 가볍고, 부드러운 친환경 건강 섬유제품으로 웰빙시대에 각광받는 상품 〈중략〉 콩을 소재로 하여 개발한 콩 섬유타월은 신상품인데 섬유자체가 식물성 단백일 섬유이므로 인체에 유익한 친환경 제품으로 크게 환영받고 있다.
>
> — 「사랑을 꽃피우는 사람」 중에서

이시웅 교수가 원장으로 있는 '산업대학원'에서 수학하고 있는 CEO 중의 한 분에 대한 글인데, 그 분의 회사에서 생산하는 상품을 소개하는 부분이다. 훌륭한 상품을 통하여, 훌륭한 인품을 지닌 경영자라는 점을 부각시키는 효과를 갖는다. 그가 만난 대부분의 CEO들은 〈모두가 반짝이는 눈을 지니고 있고, 가슴 속은 불같은 열정으로 가득해서 자신만만하고 세상을 의욕적으로도전하는 분들〉로 묘사한다.

특히 그에게 예술적 바탕을 길러주신 스승에 대한 존경심은 절절하다. 〈제 가슴 깊은 곳으로부터 피어오르는 선생님을 향한 존경과 사랑과 예술의 혼불은 영영 꺼질 줄 모르고 환상 속에서 맴돌기만 합니다.〉 〈생소한 지역의 선생님 댁에 찾아가려면 자동차에 부착하는 네비게이션이 필요할 것 같아 이번 기회에 네비게이션을 장만하겠습니다.〉 등에서 스승 존경의 내면이 곡진하게 투영되어 있다.

이렇듯이 그는 자신과 인연을 맺은 분들에 대한 존경, 고마움, 사랑 등을 수필로 빚고 있다. 이는 그의 내면에 가득 차 있는 순수함과 진솔함이 수필에 투영되어 빚어진 결과물이다.

5.

수필집을 중심으로 이시웅 교수의 삶에 대하여 몇몇 갈래로 정리해 보았다. 다양하고 멋지게 살아가는 그의 삶을 이와 같이 간략하게 정리하는 일은 사실상 무리한 일일 수도 있다. 그렇지만 수필을 통하여 그가 살아온 부분적 진실은 확인할 수 있는 것에 의미를 두고자 한다. 예술가로서의 열정적인 삶을 보여주는 이시웅 교수와 필자의 에피소드를 소개하고자 한다.

어느 날엔가, 자동차를 운전하며 고향에 가는 길이다. 이시웅 교수의 전화를 받고, 이어폰을 통하여 응대를 하는데, 말씀의 요지(要旨)는 간단하였다. 리헌석 회장이 지은 시에, 정태준 선생이 작곡한 '질경이의 노래'를 연습하고 있는데, 부를수록 그 맛이 살아나서 한번 부르겠다는 것이다. 도저히 그냥 넘어갈 수가 없으니, 휴대폰으로라도 한번 들어보라는 말씀이다. 직접 피아노를 연주하며 부르는 노래에 감동하여, 운행하던 차를 갓길에 정차하고 끝까지 들었다. 가슴 바닥에서부터 밀려오는 감동의 물결로 한동안 움직일 수 없었다.

이러한 시도(試圖)는 그 후에도 몇 차례 있었다. 노래에 날개가 달릴 정도로 흥이 돋우어지면 지인(知人)들에게 전화를 하는데, 그 전화를 받은 분들이 필자를 비롯하여 여러 사람이었다. 이는 자신의 예술 행위에 스스로 도취되어 다른 사람들과 감동을 공유하고자하는 예술가의 기본자세라 하겠다.

이처럼 이시웅 교수는 예술의 완성을 위하여 정진하고, 스스로의 기준에 흡족할 만한 완성도에 이르면, 감동을 나눌 줄 아는 예술가의 풍모를 지녔다. 나아가 자신의 예술을 통하여 더 많은 사람들과 감동을 공유하려는 적극적이고 능동적인 자세를 견지하여 주위로부터 경탄을 자아내게 한다.

2008년에 2회 독창회를 가진 그는 앞으로 세 번째 독창회를 열어 그를 사랑하는 사람들과 함께 밀물져 흐르는 음악적 감동을 나눌 것이다. 2수필집 발간과 함께 다시 세 번째 수필집을 발간하여 삶의 진실을 새롭게 그려낼 것이다. 또한 회화(繪畵) 개인전, 사진 개인전을 새롭게 열어 예술가의 뛰어난 자질을 선보일 것이다. 지칠 줄 모르는 예술가의 열정으로 사회를 아름답게 가꾸는데 공헌할 것이다. 이런 기대와 확신으로 글을 맺는다.

2부

건강한 품성과 열정적인 삶

◇ 오세원 수필론 『문학사랑』 여름호 평설. 2010.

건강한 사랑과 삶의 진정성

1. 인간 승리의 표본을 보며

오세원 수필가는 1950년에 전남 광주에서 태어난다. 아버지는 교수이셨지만, 6남매의 자녀를 양육하느라 집안 형편은 넉넉하지 않았던 듯하다. 그는 '커서 성공을 해야 한다.'라는 다짐으로 열심히 공부하여. 지산초등학교, 조선대학교 부속중학교를 졸업하고, 광주 공업고등학교 기계과에 진학한다. 〈기계과 전공부 학생 30명 중 15명을 장학생으로 뽑는다는 입학 안내〉와 〈등록금을 낼 때마다 제 날짜를 지키지 못했던〉 그 당시 집안의 경제적 사정에 의한 선택이라고 밝힌다.

고등학교를 졸업하고 당시 대기업이던 '금성사'에 취업한다. 그러나 얼마 지나지 않아, 기능직 사원인 자신과 대학 출신 사원의 신분상 차이가 엄청나다는 것을 깨닫는다. 그리하여 포기할 수밖에 없었던 대학 진학의 불씨를 되살려낸다. 그러나 대학 입시를 위한 예비고사 실패, 전문대학 진학, 전문대학 자퇴를 통하여 눈물겨운 체험을 겪는다. 이에 의지를 가다듬어 학원 종합반 수강, 예비고사 합격, 조선대학교 의과대학 합격 등 파란만장한 과정을 거쳐 의학도의 길을 걷는다.

> 눈이 나빠져 본과 1학년 때부터 안경을 쓰기 시작했으며, 예과 때 들여 둔 공부하는 습관이 본과에 올라가서는 서서히 위력을 나타내 성적이 상위집단에 끼일 수 있게 되었다.
>
> 예과 때는 독일어 서머스쿨도 받았고, 물리 시험 때는 한 문제 더 쓰려다 들켜서 시험지를 찢기는 일도 당했고, 몇 과목 재시험을 볼 때도 있었으나 80명 입학생 중 50명 정도만이 6년 만에 졸업할 수 있었던 졸업생 명단에 들었고, 의사국가시험에도 합격이 되어 면허번호 17062번을 가진 의사가 되었다.
>
> 내가 의과대학에 다닐 때는 우리 집에는 두 동생도 대학에 다녔기 때문에 3명의 대학생, 3명의 중고등학생이 있었기 때문에 지방 대학 교수였던 부친 월급으로 학비만 조달하기도 무척 어려웠던 때였다.
>
> — 「공고출신 의대생」 중에서

그렇지만 오세원 수필가는 만난(萬難)을 극복하고 신경정신과 전문의가 된다. 이어 국군 군의학교에 입교하여 군의관 육군대위로 임관한다. 이후 101야전병원, 국군수도통합병원에서 신경정신과 과장으로 근무한다. 군의관 전역 후에는 부산보훈병원 진료부장, 천안정신병원 병원장, 대전신생병원 진료원장, 아산재단 정읍병원 신경정신과과장, 아산정신병원 병원장을 역임한 후에 대전에서 '오세원신경정신과의원' 원장으로 봉사하고 있다.

전문의로 근무하면서, 조선대학교 대학원에서 의학박사를 받을 만큼 주경야독에 의한 인간승리의 진면목을 보인다. 이후에도 충남대학교 경영대학원 CEO 과정, 대한의사협회 의료정책 고위과정을 수료한다. 최근에는 대한 신경정신과 개원의 협의회 부회장 겸 대전충남 회장, 한국태반학회 회장 등을 맡아 진료와 연구 활동에 전심전력을 다하고 있는 의료인이다.

신경정신과 의사는 환자를 치료하기 위하여 상담을 하게 마련이다. 이 과정에서 특별한 케이스를 선택하여 자연스럽게 글로 옮겨 신문이나 방송에 발표하고, 이 글들을 책으로 발간하면서, 의료인 오세원 원장은 수필가로 탄생한다. 1993년 첫 수필집『질투하는 남자』를 발간하고, 이어서『날마다 고독한 여자』『여자는 사랑, 남자는 질투』『과일나라에는 토마토가 없다』등을 발간하고, 의료 관련 서적으로『신기한 태반요법』을 펴낸다.

2. 여자의 삶과 고민에 대하여

오세원 수필가는 삶과 고민에 대한 상담을 자주하게 되고, 이들이 안고 있는 갈등을 해결할 수 있도록 도와주는 위치에 있다. 수필집에서 보면, 다양한 케이스를 통하여 현대 여성들의 내면을 탐색하고, 나름대로의 해결 방안을 제시하고 있다. 몇 작품의 내용을 검토하면서 그의 혜안(慧眼)을 확인하고자 한다.

서두(序頭)를 〈들판의 풀잎도 모처럼 내린 봄비를 흠뻑 맞고 초록빛을 더해 가는 모습이 개나리나 진달래의 꽃망울이 터트려질 날도

머지않았음을 느낄 수 있다. 거리의 꽃집에는 벌써부터 노란 후리지어며, 하우스에서 재배된 봄 장미가 예쁘게 진열되어 있다.〉로 시작한 「첫사랑에 빠진 여대생」에서는 이루어지기 힘들다는 두 사례를 들어 '첫사랑' 혹은 '짝사랑'의 갈등을 해석하고, 〈아름다운 사랑이란 이루지 못하더라도 후회가 없고, 이루어지면 사랑이 익을수록 보석처럼 빛이 날 수 있어야 된다.〉는 견해를 밝힌다.

> 많은 소녀들이나 미혼 여성들은 자신의 장래 배우자에 대한 환상 속에서 자라기 때문에 '잠자는 숲속의 미녀'의 주인공처럼 막연하게나마 어느 날 나타날 왕자를 기다리지만, 그런 꿈을 이룰 수 있는 여자는 드물다. 일부의 여자는 결혼 후에 달라지는 여러 가지 현상을 보고 충격을 받아 심리적 고충을 크게 느낄 수 있다.
>
> ―「여자의 결혼, 필수인가 선택인가」 중에서

이러한 충격으로 인해 결혼 후의 좌절과 불만, 배우자와의 심리적 갈등 때문에 정신과 의사를 찾아오는 환자는 남편보다 아내들이 더 많다는 것이다. 특히 우리나라 여성들은 아직도 결혼한 여인들이 시댁 식구와의 심리적 문제가 정신과 치료의 중요한 원인이 되는 경우도 있다는 것이다. 그래서 그는 「올드미스가 꿈꾸는 결혼」에서는 〈노처녀들이여, 완전한 결혼을 꿈꾸지 말라. 아무리 좋다고 생각했던 결혼도 성공률이 30에서 50%밖에 안 된다는 사실을 기억하라.〉고 충고한다.

동시에 여성의 아픔을 승화시킬 수 있는 방법도 제시한다. 「메조

소프라노의 구토」에서는 영화 '서편제'를 예로 들며 주인공 송화가 득음(得音)에 이르는 고통을 소개한다. 이와 함께 메조소프라노를 지망하는 여선생의 에피소드가 진행된다. 〈말수가 적어지면서 가슴이 답답하고, 불면증, 불안, 초조감, 두통, 먹기만 하면 토하는 증세가 나타나〉는 현상에 〈노래를 부르고 싶은 욕망을 억압하면 할수록 그 지도교수에 대한 심한 분노와 적개심이 음식을 게걸스럽게 먹은 후 토하게 만들어 버린 것〉으로 진단한다. 이어 〈지도교수에 대한 증오와 울분을 가슴에서 지우고 화를 한으로 만들어 가슴에 품을 수 있어야 편한 마음으로 새롭게 노래연습을 시작할 수 있을 것〉이라는 처방을 내린다.

「슬럼프에 빠진 새댁」에서는 방송을 통한 상담 내용을 담고 있다. 겉으로 보기에는 평범하고 행복하게 살고 있을 것 같은 주부의 갈등에 대한 것인데, 〈주위 분들께 의논 드렸다가 핀잔만 받았기 때문에 더 이상 말도 못하고 속으로 끙끙 앓다보니 홧병이 날 지경〉이라는 것이다. 이러한 갈등이 생길 때 〈남편과의 연애시절의 아름다운 추억을 떠올리면서 남편에게 편지를 써보는 방법〉도 소개한다. 방송에서처럼 공개적으로 자신의 고충을 알리거나 이웃들에게 자신의 입장을 선전하면서 갈등을 해소할 것을 권한다. 「아내는 무엇으로 사는가」에서는 남편과도 상담을 하여 〈서로가 불만의 원인이 무엇〉인가 깨닫는 것과 〈아내를 편하게 잘 해 줄〉 것을 권한다.

> 저는 결혼 10년째 주부예요. 그런데 요즘 남편과는 더 이상 살 수 없다는 생각이 자주 들어요. 불행하다는 증거지요.

제 남편은 회사밖에 몰라요. -〈중략〉- 꼭 영화배우 같은 달콤한 애정 표현이 없더라도 아내에게 가끔 뜨거운 섹스라도 해 준다면 다소간에 불만이 있더라도 눈 녹듯 사라진다는 것쯤은 결혼한 남자라면 알고 있어야 되는 것 아니에요? -〈중략〉- 제가 지금 가지고 있는 이혼에 대한 생각들이 뚜렷하고 객관적인 사유가 될 수 없다는 거예요.

— 「이혼하고 싶어요」 중에서

사실 부부가 이혼을 청구하는 예들은 극단적인 경우가 많다. 〈남편이 바람을 피웠거나, 생활비를 안 가져다준다거나, 외박이 잦다거나, 아무 이유 없이 두들겨 팬다거나, 부부관계 즉 섹스를 회피한다거나, 모욕적인 언행을 자주 한다거나 하는 증거〉들이 있어야 한다고 말한다. 이에 해당되지 않은 이유는 오히려 여자 쪽에서 문제가 있는 것으로 오해하기도 한다. 그래서 그는 독자들을 향하여 「아내에 대한 예의」를 지키라고 권고한다.

오세원 수필가는 〈행복한 결혼 생활을 꿈꾸는 신혼부부들일지라도 살아가는 동안, 성격이나 가치관의 차이 때문에 남편보다는 아내의 마음을 슬프게 만들어 버리는 경우가 더 많이 생긴다.〉고 진단한다. 그렇기 때문에 〈남편의 애정이나 관심, 그리고 사고방식의 전환이 있었을 때 가장 탁월한 치료 효과가 있다는 사실〉을 확인한다. 그래도 〈부부 사이에 금이 생겨 복원이 어려운 상황에 놓여 있을 때〉는 정신과 의사를 찾아 부부 상담을 받을 것을 권한다.

3. 남자의 내상(內傷)과 치유(治癒)

오세원 수필가는 자신의 생활을 유추하여 남자들의 일탈(逸脫)의지와 사고(思考)과정을 수필에 담아내기도 한다. 이와 함께 의사로서 경험한 일들을 결합하여 남자들의 욕구와 갈등을 찾아내기도 한다. 그것이 개인적 취향에 머물 수도 있고, 일부 특별한 사람에 대한 사례일 수도 있지만, 독자들에게는 특별한 감동을 생성한다.

그는 〈혼자서 조용히 떠나는 여행〉을 통하여 〈가끔 혼자만의 공상을 즐기는 버릇〉이 있다고 고백한다. 수필「프리지어 향기가 흐르는 거리에서」 그는 〈아름다운 여인이 봄소식과 함께 프리지어를 한 움큼 사들고 나타나 나를 감격시켜 준다면 나는 정말 행복한 남자가 될 수 있을 텐데라는 엉뚱한 상상을 해 볼 때〉가 많았다고 밝힌다. 여행을 하면서 〈내 옆에 아름답고 매력적인 한 여인이 서 있다. 그녀의 눈망울은 온통 우수에 차 있고 많은 슬픔〉을 겪은 여인이다. 이러한 상상으로 여행을 하는 자신을 통하여 〈남자들은 가끔 혼자만의 자유로운 시간이 생기면 이렇게 엉뚱한 상상을 해대기 때문에, 남편이 집을 비우는 날에는 집에 있는 마누라들이 마음을 못 놓고〉 있는 것이라고 분석한다. 그러면서도 〈아직도 나타나지 않고 있는 그 상상 속의 여인〉을 기다리겠다는 내심을 토로한다.

남자들은 곧잘 이러한 상상을 현실로 옮기기도 하지만, 옮겼을 때에 오는 갈등과 괴로움 때문에 술을 마시기도 한다.「술 한 잔 합시다」에서 그는 〈누구와 이야기하고 싶을 때, 기분이 울적할 때, 아주 기분이 좋았을 때, 답답한 일이 생겼거나 마음이 불안할 때〉 술을 마시고 싶다고 한다. 그러면서 술이 마음을 달래주거나 풀어 줄 수 있는 약물이라는 간접 증거임을 강조한다. 그래서 술 문화는 인류 역사와 함께 발달되어 왔을 것이다. 원시 사회에서는 종교의식이나 주술적인 도구로 술이 사용되기도 하였을 터이고, 현대에서는 사교의 중요한 수단이 되어 있다. 술이 현상적인 갈등을 해소하는 것은 사실이지만, 가장 바람직한 것은 관심과 사랑이다.

> 지난 일요일에는 오랜만에 집사람이 김치를 담갔다. -〈중략〉- 우리집 김치는 서울식에 전라도식이 가미되어 있다. 나는 전라도, 아내는 서울에서 자랐기 때문이다. 결혼 초에는 대부분 남자들은 아내의 입맛에 따라 김치를 먹는 경우도 있어 고향이 다르면 어려움이 많다. 약간 짜고 맵고 멸치젓국물로 담겨진 김치에 길들여진 내 입맛과, 약간 달고 싱거우면서 새우젓으로 담근 서울식 김치 맛에 배인 아내의 입맛이 다르기 때문이다. -〈중략〉- 나는 아내가 김치를 담근 날에는 가급적 밖에서 식사하는 것을 피한다. 양념에 갓 버무린 우리 식 생김치에다 하얀 쌀밥이 먹고 싶기 때문이다.
>
> —「김치 김치 김치」 중에서

그는 신혼 초에 너무 싱겁거나, 너무 짠 김치를 먹느라고 고역을 치른 경우가 많았다고 한다. 사랑하는 아내가 상처를 받을까봐 말을 조심했을 뿐이라고 한다. 〈생김치를 좋아하는 나와 신 김치를 좋아하는 아내의 입맛 때문에 어느 시기에 김치를 냉장고에 넣어야 좋을지를 결정하는 데도 어려움〉이 있었다고 밝힌다. 아내가 정성과 사랑으로 만든 음식을 먹는 즐거움과 행복, 그런 행복이 있을 때 남자들은 어깨를 펴게 된다. 그러지 못할 때 남자들은 내상(內傷)으로 힘들어 한다. 울고 싶을 만큼 아파도 겉으로 표현할 수 없는 것이 남자들의 운명이라는 것이다.

「가을 소나타」에서는 젊은 여자와 불륜 관계를 갖다가 아내의 고소로 구속되었던 남자 이야기다. 이혼을 하고 젊은 여자와 행복하게 살 것 같았는데, 사실은 그렇지 못하다는 사례를 보인다. 〈아내와 이혼 후 오히려 마음이 슬퍼지고 의욕이 없어지는 자신을 발견〉하기도 하고, 〈젊은 여자를 만나고 있을 때도 편하다는 생각보다는 자신이 초라해지고 있음〉을 더 많이 느낀다. 〈더욱 안타깝게 만드는 것은 할머니가 키우고 있는 딸이 엄마를 찾을 때마다 어린 것에게 큰 죄를 짓고 있다는 마음〉이 생기고, 그리하여 〈전 부인과 합치는 것이 자신을 위해서나 자식을 위해 더 바람직하다는 생각〉에 이른다. 그러나 이러한 생각도 전 부인이 결정할 사항이지 남자의 몫이 아니라는 데에 주목해야 한다.

> 천사에게도 질투심이 있어야 매력이 있는 것처럼, 아무리 아름다운 얼굴을 가졌어도 질투를 하지 않는 여성은 남성에게는 가시 없는 장미처럼 보일지도 모른다. 남자도 질투를 한다. 적당한 남자의 질투는 사랑의 양념이 될 수 있다. 그러나 지나친 남자의 질투는 여자에게 고통을 주면서 사랑을 잃어버릴 수도 있다.
>
> — 「남자의 아름다운 질투」 중에서

오세원 수필가는 〈아무리 믿고 함께 살아가고 있는 부부일지라도 가끔 상대방의 질투심을 자극해서 사랑의 농도를 확인해 보는 것도 나쁘지 않다.〉고 주장한다. 이와 함께 〈남자의 질투는 언제나 은밀해야 된다.〉〈은밀한 질투는 여자를 부드럽게 만들고, 여자를 안심시킬 수 있으며, 여자를 행복하게 만들 수 있다.〉고 은밀한 질투를 권한다. 그렇지만, 질투를 은밀하게 하기 위해서 남자들은 자존심을 상할 수도 있다.

이런 저런 이유로 요즘의 남자들은 주눅이 들거나 기죽어 살기 십상이다. 가정에서는 아이들이나 마누라에게 무시당하고, 직장에서는 아랫사람이나 윗사람에게 거부당하고, 죽어라 일만하고 보람은 없으니, 자연스럽게 의욕이 떨어지고 기가 죽을 수밖에 없다. 이것이 요즘 남자들에게 씌워진 운명의 굴레로 보인다. 이러한 남자를 남편으로 둔 부인도 마냥 행복한 것만은 아닐 것이다. 남편이 의기충천하고, 매사에 활력적이어야 자신도 동질적인 생활을 할 수 있기 때문일 터이다.

그래서 그는 「남자가 기죽어 산다면」에서 남편의 기를 살리는 방안을 제시한다. 남편의 기를 살려 줄 수 있는 좋은 아내의 조건은 다음과 같다. 〈남편의 친구가 되어 줄 수 있는가〉〈남편에게 다정하고 상냥하게 대해 줄 수 있는가〉〈필요한 때는 섹시한 아내가 되어 줄 수 있는가〉〈남편에게 고분고분한 아내가 되어 줄 수 있는가〉를 제시하면서, 현명하고 좋은 아내가 행복한 가정의 필수 주체임을 강조한다. 그렇게만 하여 남편과 아내가 서로 이해하고 사랑한다면, 이 사회도 조금쯤은 더 밝아질 것이라 기대한다.

4. 그리고 남은 이야기

오세원 수필가는 세상에 따뜻한 인정이 넘치기를 소망한다. 함께 살아가는 사람들이 서로 이해하고 사랑을 나누면, 슬픔과 고통이 사라지고 행복이 가득하리라 믿는다. 이러한 소망이 현실적으로 이루어지는 것은 불가능할지라도, 이와 같은 생각으로 실천하며 살아가는 것은 질정(質定)할 수 없을 가치를 지닌다. 이러한 지향(指向)이 아름다운 사회의 바탕을 이루기 때문이다.

사랑하는 부정(父情)을 담아 「딸에게 보낸 편지」에서 그는 자상한 아버지의 면모를 보인다. 〈아빠는 다섯 살 때 친 엄머가 출산 직후 돌아가셨고, 너의 엄마는 세 살 때 친 아빠를 잃었기 때문에, 엄마 아빠는 누구보다도 어린 시절에 가정의 행복의 중요성에 대해 많은 것을 느끼면서 자랐단다. 그래서 너희들이 편하고 안정된 가정에서 공부에만 전념할 수 있도록 해 주기 위해서 아빠는 언제나 최선〉을 다해 온 자신의 내면을 밝힌다. 이렇게 호소하는 아버지의 말씀을 고3 시절에 들었기 때문에, 그 자녀는 무사히 입시에서 성공할 수 있었으리라 추정된다. 이렇게 자상한 아버지이지만, 진실에 대한 식견에서만은 철저함을 보인다.

> 토마토는 과일이 아니고 가지 과의 채소류에 속한다. 우리나라에서는 '일년감'이라는 애칭도 있지만, 요즘에는 거의 사용되지 않고 있다. 토마토가 채소류에 속하지만 우리나라에서는 야채가게보다는 과일가게에 갔을 때 토마토를 구입하기가 쉽다. 토마토가 서양에서는 야채나 샐러드와 함께 먹게 되는 경우가 일반화되어 있다 해도, 우리나라에서는

아직도 토마토를 통째로 썰어서 간식용이나 중요한 비타민 공급원으로 먹고 있는 경우가 더 많기 때문이다.

—「과일나라에는 토마토가 없다」 중에서

'토마토'는 과일이 아니고, 채소라는 과학적 지식을 밝힌 글이다. 〈토마토가 과일이 아니고 야채라고 아무리 강조한다 해도 우리나라에서는 야채가게에서 토마토를 구입할 수 있는 것〉은 아니라고 말한다. 즉 지식과 관습의 속성을 작품에 담아내는 지혜를 보인다. 이처럼 다양한 세상 이야기를 수필로 담아낸 그의 수필집은 많은 독자들로부터 관심을 환기시킨다.

그의 저서를 중심으로 인터뷰할 때에 밝힌 내용을 간략하게 정리한다.

첫 번째 수필집 『질투하는 남자』는 개인 병원을 오픈 후 시간적 여유가 생기면서 환자나 일반인들에게 정신건강에 대한 재미있는 이야기 식의 책을 한번 내보고 싶다는 생각이 들었다. 그래서 그동안 모아둔 원고와, 일반인들이 이해하기 쉽도록 정신건강 사례를 모아서 책을 만들었다. 그 당시에는 해외여행이 자유롭지 못했던 시절이라 해외 여행기인 '도쿄에서 후꾸오카까지' 와 아파트에서 새를 키우면서 느낀 점을 쓴 '십자매 사랑', 남자의 질투 심리에 대한 수필인 '질투하는 남자'에 대해서 독자들이 반응이 좋았던 것 같다.

두 번째 수필집 『날마다 고독한 여자』는 주로 여성 건강에 대한 내용이 많다. 그 당시 대전에는 〈교차로〉 〈훼미리 뉴스〉 등의 지역 신문이 있었는데, 그 신문에 1주일에 한 번씩 '여성건강 칼럼'을 연재하기 시작했는데 독자들의 반응이 좋았다. 특히 주부들에게 인기가 있어서 그 신문을 못 본 주부는 회사로 전화를 걸어서 그 신문을 받아 보았다고 한다. 그렇게 한 1-2년 모아둔 원고가 〈날마다 고독한 여자〉로 태어난 것이다. 우리 생활 주변에서 누구나 느낄 수 있는 주부들의 마음 고통에 대해서 정신과 진료실에서 느꼈던 문제와 해결책을 제시해 주었기 때문에 아마도 대리 만족감이 컸던 것 같다. 또 대전 극동방송에서 방송 상담한 내용도 요약해서 실었기 때문에, 정신건강에 대한 일반적인 궁금증에 대해서도 독자들이 많은 도움이 되었을 것이다.

세 번째 수필집 『여자는 사랑, 남자는 질투』는 남성과 여성 정신건강에 대해서 같은 비중으로 대비시켜 만든 책이다. 또 너무 병적인 내용은 정신과 환자들이 싫어한다는 것을 알고 있어, 부드럽고 일반적인 내용과 개인적인 주변 이야기가 가미된 작품집이다. 독자들은 이 책을 쓴 저자가 어떤 모습으로 살아 나갈까? 이에 대한 호기심이 있다는 것을 알고 사생활(?)을 좀 오픈한 것이다.

네 번째 수필집 『과일나라에는 토마토가 없다』 는 세 번째 수필집 발간 후 9년 만에 나온 것이다. 개인 병원 오픈 초기에는 환자가 적고, 시간이 많이 남아서 고민거리였는데, 그때 글을 참 많이 썼다. 정신적으로 힘이 들 때, 글을 쓰면서 마음을 다스려 나갔다고 생각된다. 그러나 병원을 둔산으로 옮기고 나서 환자가 많아지자 상대적으로 글 쓰는 시간이 줄었는데, 한참을 지난 후 어느 날 갑자기 책을 한번 내고 싶다는 생각이 들어서 그동안 모아둔 원고를 정리하고, 또 쓰고 싶었던 몇 편의 수필을 벼락치기로 만들어서 책을 내게 되었다.

그는 글과 그림이 함께 있으면서 느낌이 들어 있는 명상집을 만들고 싶다고 새로운 의욕을 보인다. 너무 고리타분하지 않고, 내용은 재미있으면서, 부담 없이 자동차에서나, 기차에서나, 학교나 직장에서 쉬는 시간에 누구나 잠간씩 볼 수 있는 그런 책을 집필하고 싶다고 소망한다. 그래서 오세원 수필가의 수필집에는 처음부터 끝까지 '가족 사랑의 중요성'에 대한 메시지를 담고 있음을 확인할 수 있다. 정신과의사 생활을 오랫동안 하다 보니, 마음의 갈등이 가족 사랑의 부족에서 시작되고 있음을 알게 되었고, 이를 중심으로 집필하여 '가족 사랑의 중요성'을 강조하는 것이다.

이러한 마음으로 수필을 빚는 신경정신과 의사 오세원 수필가, 그의 수필이 삶의 진정성을 확보함은 물론, 많은 독자들의 가슴에 공감대를 형성하기 때문에 오랜 기간 사랑받으리라 확신한다. 이러한 믿음으로 오세원 수필가의 작품 세계 감상을 마친다.

◇ 강길중 수필론『바다 같은 삶을 꿈꾸며』평설. 2011.

건강한 품성과 열정적인 삶

1. 건강한 품성을 찾아서

수필은 진실의 문학이다. 생활의 사소한 일에서부터, 세상을 바라보는 시각, 삶을 조감하는 철학에 이르기까지 다양한 제재를 담고 있지만, 이러한 제재들을 자연스럽게 진술하거나 묘사하여 새로운 감동을 빚어내는 것이 수필이다. 수필은 자신의 고백적 성격이 강하므로 여러 편의 수필을 감상하면, 그 수필가의 진면목을 확인하게 된다. 그래서 수필은 쓴 사람의 인품이 거울에 비치는 것과 같아서, 수필집을 발간하는 작가는 옷을 벗고 세상에 나온 느낌이라고 한다. 강길중 에세이스트의 수필집『바다 같은 삶을 꿈꾸며』에 담긴 글을 감상하면서 그와 관련한 진실, 그리고 놀랄 정도로 건강한 품성(品性)을 만난다.

그는 1952년에 충청북도 청원군 미원면 금관리에서 2남 4녀 중 4째로 태어나고 자란다. '금관리'의 〈자연부락 명칭은 '깊은 골'이라 불리는 그야말로 하늘만 빠끔하게 올려다 보이는 첩첩산골〉이다.

이곳은 〈전깃불이 들어오지 않아 선풍기나 에어컨은 구경〉도 하지 못하던 지역이고, 〈시내버스도 다니지 않아 어쩌다 타지로 나갈 일이 생기면 버스 정류장이 있는 괴산군 청천면 소재지까지 1시간 정도는 족히 걸어 다녀야 했던〉 곳이다.

그는 금관초등학교를 졸업하고, 중학교는 이웃하고 있는 괴산군 청천면에 있는 청천중학교를 졸업한다. 청주공업고등학교를 졸업하고 취업 전선에 나선 후, 군(軍) 생활을 마치고 공무원 시험에 합격하여 평생 국가 발전에 기여하던 중, 지역 신문의 칼럼 집필을 요청받는다. 〈평소에 글이라고 써본 것이라고는 축사, 격려사 말고는 글다운 글을 써보지 않는 터라 정중하게 고사〉를 하지만, 간곡한 부탁에 장기간 집필을 하게 되고, 그 글들을 모아 에세이집을 발간한다. 칼럼이라고 하면 논리 정연하게 주장하는 글인데, 강길중의 칼럼은 이러한 바탕에 서정적 묘사를 융합하여 본격 수필의 품격을 지닌다.

> ① 고등학교를 60년대 말에서 70년대 초까지 다녔다. 그때만 해도 우리나라는 국내외 적으로 아주 어려운 시기였다는 생각이 든다. 그러기에 나온 캐치플레이스가 '조국 근대화'였고, '새마을 운동'이라는 것이었다. 〈중략〉 여유가 있는 집 아이들 말고는 대부분의 아이들이 대학 진학을 포기하고 조국근대화의 첨병인 기술 인력을 양성하는 실업계를 택하게 되었다. 그렇게 되면 졸업을 하고나서 바로 공장에 취직을 해 돈을 벌 수 있어 좋고, 그것이 부모님을 도와드리는 길이라는 것을 잘 알고 있었기 때문이다. 필자도 이런 이유에서 공업고등학교로 진로를 정하게 되었다.
>
> — 「나이테의 두려움」 일부

② 정향(情香)이란 결코, 재산이 많아서, 지위가 높아서, 그리고 한류(韓流) 열풍의 주인공들처럼 잘생겨서 나오는 것은 아닐 것이다. 가진 것은 많지 않지만, 지위는 높지 않지만, 잘 생기지는 않았지만 역지사지(易地思之)하는 입장에서 상대방을 배려 할 줄 알고, 마음 씀씀이나 행동을 진심으로 할 때 사람들은 자연스레 그를 믿고 따르면서 기억하게 될 것이다. 이럴 때 풍겨 나오는 향기야말로 진정한 정향으로 그 향기는 천리만리 펴져 나갈 것이며, 이처럼 정향이 넘쳐나는 사람들이 많아질 때 우리 조직과 사회는 더욱더 건강한 방향으로 발전할 수 있을 것이다.

— 「화향천리(花香千里) 정향만리(情香萬里)」 일부

③ 가쁜 숨을 어느 정도 추스르고 난 후에야 발밑에 밟혀 있던 낙엽들이 시야에 들어왔다. 두 발로 살포시 밀쳐 보았다. 놀랍게도, 그 낙엽들 밑에는 마치 출격 명령만을 기다리고 있는 특수부대 요원들 같은, 노란 새싹들이 머리를 잔뜩 수그린 채 웅크리고 있었다. 언제라도 거추장스런 위장용 낙엽들을 밀어 제치고 세상 밖으로 튀어나올 준비를 하고 있었던 것이다.

— 「축복(祝福)의 달 4월을 위하여!」 일부

강길중 에세이스트의 글 중에서 세 편을 선정하여 내면의 진실을 확인한다. 부모에게 효도하는 길이라 여겨 실업계 고등학교를 선택한 효심, 역지사지하는 인품, 아름다운 표현 등을 통하여 수필의 마력(魔力)에 젖게 한다.

①에서는 강길중의 가정 형편이 넉넉하지 않았다는 점, 조국근대

화를 위하여 실업계 고등학교를 선택하였다는 점, 이러한 선택이 부모님을 돕는 일이라는 점을 명확하게 밝힌다. 그리하여 넉넉하지 않은 가정 형편에서도 향학의 꿈을 간직하는 '미래 지향적 성품'을 확인하게 된다. 젊은들은 국가와 민족을 위하여 한 몸을 바칠 수 있는 용기를 지닌다. 그 역시 젊은이로서 조국 근대화의 첨병이 되고자 한 것이다. 이와 함께 그의 내면적 원형질을 확인하게 되는데, 〈졸업을 하고나서 바로 공장에 취직을 해 돈을 벌 수 있어 좋고, 그것이 부모님을 도와드리는 길〉에서 유교적 전통윤리인 충효에 투철한 인품이다.

②에서는 강길중의 지향(志向)과 주장을 분명하게 밝힌다. 꽃의 향기는 천리를 가고(花香千里), 사람의 정은 만리를 간다(情香萬里)는 현판(懸板)에서 자기 나름의 해석을 하기에 이른다. 〈꽃을 외면(外面)이라 치면, 마음의 향기는 내면(內面)dlk 할 수 있을 것이다. 즉 겉모습보다는 속마음이 더 중요하다는 뜻이 아닐까 하는 생각을 하면서 몇 번이고 몇 번이고 되뇌어 보았다. 그렇다. 사람에게서 나는 향기는 비록 눈에는 보이지 않을지 모르지만, 은은하게 코끝을 파고드는 동양란의 향기보다 더 감미로워서 그 향기가 만리를 간다고 비유적으로 표현〉하였다는 것이다. 이와 같이 인간미 넘치는 삶이 그의 지향이라 하겠다.

③에서는 강길중의 문장 구사와 표현의 특징이 확연히 드러난다. 그는 아내와 대청호 주변에 있는 양성산을 오르다가 잠시 숨을 고른다. 이때 낙엽 속에서 새싹을 발견한다. 그 새싹에 대한 비유와 상징이 신선하고 개성적이다. 그 새싹을 출격 명령을 기다리는 특수부대

요원들로 비유할 수 있는 사람은 정말 드물 것이다. 그러함에도 이와 같은 비유가 생소하지 않은 것은 작품 속에서 용해되어 하나로 모으는 그의 특별한 능력이다.

이와 같이 강길중은 자신의 모든 것을 칼럼 형식의 수필로 빚어낸다. 그 작품에는 그의 지향과 정서가 오롯하게 들어 있다.

2. 국리민복의 자세를 찾아서

강길중 에세이스트가 공직 생활을 시작할 때는 평범한 선택이었다고 고백한다. '국리민복(國利民福)'을 실현하겠다든가, '멸사봉공(滅私奉公)'의 공복(公僕)이 되겠다는 거창한 사명감보다는 지극히 소박하고 평범한 발상에서 시작하였다고 솔직하게 진술한다. 그러나 〈공직에 발을 들여놓은 지 금년으로 32년째〉를 맞을 때까지 자연스럽게 형성된 공직 윤리가 그를 염결(廉潔)한 봉사자로 자리하게 하였을 것이다.

그는 〈공업입국의 기치 아래 온 국민이 잘 살아보자고 허리띠를 동여매고 새마을 노래를 부르던 그런 시절에 공업고등학교를 졸업했고, 전공을 따라 울산에 있는 기업체의 실험실에서 2년 남짓 근무하다가 군에 입대〉한다. 3년여의 군 생활이 끝나갈 때 근무하던 곳으로 복귀할까 생각을 하였으나, 적성에 맞지 않아 공무원 시험에 도전한다. 〈9급 시험을 보기에는 연령적으로 좀 늦은 감〉이 들어서 7급(당시는 4급 을류)에 도전한다. 〈책과 씨름하면서 두 번의 고배를 마신 후에야 간신히 합격〉할 수 있었다고 「공직자의 처신(處身)」에서 용기 있게 밝힌다.

그는 「20:80법칙에서 자신의 위치는?」에서 이탈리아의 경제학자 빌프레도 파레토의 이름에서 유래한 '파레토 법칙'을 설명하면서 열심히 일하는 사람이 되자고 주장한다. 파레토는 우연한 기회에 일개미들의 움직임을 유심히 살펴보고 놀라운 결과를 얻었다는 것이다. 개미의 20%가 열심히 일할 뿐이고, 나머지 80%는 적당하게 일을 하더라는 것이다. 열심히 일을 하는 20%만으로 집단을 형성해 놓았더니, 그 집단에서도 같은 20:80 비율이 되고, 나태한 80%만으로 집단화하였을 때에도 같은 비율이 되더라는 것이다.

그래서 그는 〈현재 내가 몸담고 있는 조직 내에서 내 위치는 어디쯤일까〉를 확인하고, 〈지금부터라도 보다 더 적극적인 자세〉로 조직이 발전해 나갈 수 있는 20%의 역할을 해 보도록 주문한다. 이와 같이 성실한 자세였기 때문에 그는 고위 공직에 오를 수 있었을 것이다.

> ① 남의 실수는 물론이고, 남이 나와 생각만 달리해도 이를 공격하고 배척하면서 자신에게는 한없이 너그러워서 거짓말과 부정한 행동을 하면서도 부끄러워할 줄 모르는 사람을 우리주변에서 찾아보기란 그리 어렵지 않은 일인 것 같다. 오히려, 타인에 대한 잣대 보다는 자기 자신에 대한 잣대를 보다 엄격하게 적용할 때 자신의 영향력이 커지고, 자신의 리더십도 더 돋보이게 된다는 사실을 명심할 필요가 있다. 그러기에, 이 덕목은 당연히 국민 모두가 실천해야 할 덕목이겠지만 〈중략〉 더 높고, 더 부유한 층에 있는 사람들이 깊이 새겨야 할 덕목이 되었으면 한다.
>
> ―「대인춘풍(待人春風) 지기추상(持己秋霜)」 일부

② 검은돈의 뒷거래가 없는, 투명한 사회가 될 때 우리나라의 국격(國格)도 자연스럽게 높아질 수 있으리라는 생각을 갖기 때문이다. 바라건대, 앞으로는 국어사전에 비자금이란 '평범한 사람들이 사랑하는 사람을 위해 조그마한 선물이라도 해줄 요량으로 남몰래 조성하는 돈'이라고 기록되기를 진심으로 기대해 본다.

— 「비자금(秘資金) 해프닝」 일부

③ 바다가 맑은 물과 더러운 물을 구분하지 않고 모든 물을 받아들이듯이, 우리의 삶도 좋아하는 사람과 미워하는 사람을 차별하지 않고 모두를 포용하고 끌어안으면서 살아갈 수는 없을까 하는 꿈을 꾸어본다.

— 「바다 같은 삶을 꿈꾸며」 일부

국리민복을 실현하며 국가와 국민에게 봉사하는 자세를 옹골차게 지탱해온 강길중은 자신에게 엄격해야 하고, 그것이 곧 공직자의 윤리라고 주장한다. 또한 공직자로서 지녀야 할 청렴이라는 도덕률을 제시하고, 국민들을 대할 때는 차별하지 않기를 소망한다.

①에서는 〈남을 대할 때는 봄바람처럼 다정하게 대하고, 자신을 대할 때는 가을 서리처럼 엄격하라〉는 채근담의 명구를 예로 들면서 공무원으로서의 자세를 바로잡는다. 이는 공무원으로서의 덕목이기도 하지만, 세상의 누구에게나 적용되는 도덕률이다. 공자의 말씀 〈군자(君子)는 제 잘못을 생각하고, 소인(小人)은 남을 탓한다〉는 어록을 금언처럼 지키고자 하는 마음이 담긴 글이다.

②는 그의 염결성이 돋보이는 글이다. 온갖 부정부패의 원인이 되

고 있는 '비자금'에 대하여 명징한 해석을 한다. 국어사전에는 〈기업의 공식적인 재무 감사에서도 드러나지 않고 세금 추적도 불가능하도록 특별 관리하는 부정한 자금을 통틀어 이르는 말〉로 정의되어 있다. 이를 비판하면서 그는 〈평범한 사람들이 사랑하는 사람을 위해 조그마한 선물이라도 해줄 요량으로 남몰래 조성하는 돈〉으로 국어사전에 오르기를 소망한다.

③은 포용의 자세를 일컫는다. '해불양수(海不讓水)'라는 서예작품을 통하여 너그러운 품성을 갖고자 한다. 바다는 물을 사양하지 않는다. 맑은 물이라고 환영하면서 받아들이고, 혼탁하고 더러운 물이라고 해서 물리치지 않으면서 그 어떤 물이라도 모두 받아들여 거대한 대양을 이루고 그 안에서 정화시키는 작용까지 한다는 뜻이다. 이는 곧 사람을 차별하지 않고 포용할 수 있는 인물됨을 비유하는 표현이다. 이와 같이 모든 사람을 차별하지 않고 대하는 것이 공직자의 으뜸 자세임을 환기시킨다.

이런 사례에서 보듯이 그는 국리민복을 실현하면서, 여러 사람들로부터 인정받는 공직자이고자 한다. 〈직장인에게 가장 신명나는 때가 언제인가?〉라는 설문의 4위가 '보기 싫은 상사가 출장 갔을 때'라는 대답에 충격을 받는다. 그리하여 자신도 부하 직원들이 출장가기만을 바라는 상사는 아니었는가 돌아본다. 이와 같이 자성(自省)의 자세를 유지하는 것만 해도, 그가 바른 처신의 공직자임을 알 수 있다.

3. 본질적 향수를 찾아서

강길중 에세이스트는 생명의 본질적 탐구를 작품에 담는다. 자신은 어디에서 왔는가, 자신은 무엇을 위하여 어떻게 살고 있는가, 자신이 최선을 다하여 구하는 것은 무엇인가 등에 대한 자문과 자답 등이다. 그 바탕은 고향에 대한 향수에서 비롯하여, 사람과 사람 사이에 나누는 '다정다감(多情多感)'의 정서와도 닿아 있다.

「모깃불 그을음 냄새와 어머님이 생각나는 계절」에서 〈한낮에는 바쁜 일손을 멈추고 마을 한가운데 자리 잡고 있는 커다란 느티나무 그늘 아래로 남녀노소 가릴 것 없이 옹기종기 모여들어 누군가가 방금 삶아 내온 옥수수를 먹으면서 더위를 피하곤 했었다.〉고 회상하면서 그 시절의 인정어린 정경을 음미한다. 또한 〈모깃불 그을음 냄새를 맡아가며 멍석 위에 들어 누워 풀벌레소리 벗 삼아 들려주시던 어머님의 옛날이야기〉를 꼭 한번만이라도 더 듣고자 한다. 아름다운 추억을 그리는 것 자체가 그의 서정적 지향이기도 하다.

그들 부부는 산을 오르며, 〈퇴직을 하게 되면 우리 부부는 어디서, 무엇을, 어떻게 하며 살아갈 것인지에 대한 이야기도 빠질 수 없는 단골 메뉴〉라고 한다. 〈적어도 우리 부부가 허둥지둥 바쁘게 살아온 30년 동안의 결혼생활 기록부이며, 또 앞으로 생명이 다하는 날까지 짊어지고 가야할 현실적인 이야기〉라는 데에 공감한다. 그는 또한 '산막이 옛길'을 걸으며 물의 비등점에서 새로운 의미를 깨닫는다. 〈물은 99℃에서는 끓지 않고, 반드시 100℃가 되어야 끓는다.〉는 명제에서 1℃의 놀라운 의미를 깨닫고, 그 1℃의 역할에 최선을 다하고자 한다.

① 우리나라 고등학교 1학년 학생들의 읽기와 수학, 과학 능력이 OECD 국가 중에서 최 상위권임은 물론, 전 세계 65개국을 놓고 보더라도 읽기 능력 2위, 수학 4위, 과학은 6위로 조사 되었다는 내용이 보도되었다. 이 얼마나 자랑스러운 일인가. 이런 결과는 누가 뭐라고 해도 우리나라 어머니들의 자식교육에 대한 열정의 결과라 해도 크게 틀리지 않을 것이다. 이렇듯 우리나라 어머니들의 자식 사랑은 끔찍할 정도로 유별나게 강했던 것 같다.

— 「세상의 어머니들」 일부

② 딸아이와 헤어진다는 것이 점점 기정사실로 굳어지면서 어느 날 문득 내 삶을 되돌아보니, 어느새 불혹(不惑)과 지천명(知天命)을 훌쩍 뛰어넘어 "생각하는 것이 원만하여 어떤 말을 들어도 곧 이해가 된다"는 이순(耳順)을 향해 숨가쁘게 오르고 있었습니다. 그러고 보니, 코 흘리게였던 딸아이도 그 세월의 흐름만큼 자라서 우리 곁을 떠나려는 것은 어쩌면 순리인 것 같습니다.

— 「사랑하는 딸에게」 일부

③ 우리 충청북도에도 특별한 해가 될 것 같다. 지금까지 이루어 놓은 성과 위에 경제특별도 신화창조의 지속추진, 청주국제공항 활성화, 오송첨복단지와 중부신도시, 그리고 기업도시의 차질 없는 추진, 경제자유구역과 태생국가산업단지 조기 지정 등 많은 도정 현안들이 성공적으로 이루어질 수 있기를 기원하면서 그렇게 될 것이라고 확신한다.

— 「경인년 새해, 작지만 큰 충북 발전을 위해」 일부

우리 대한민국도 세계에서 앞서 가는 나라로 발전해 왔다. 그 바탕을 이루는 것이 바로 어머니의 정성과 노력이라는 점을 강조하고, 자녀들을 바르게 양육하는 것이 소중함을 주장한다. 더불어 자신과 가족이 살고 있는 터전으로서의 지역 비약적으로 발전하여 살기 좋은 고장이 되기를 소망한다.

①에서는 생명의 근원이라 할 수 있는 '어머니'를 중심으로 진술하고, 이어서 그 뒤를 이은 '아내'의 동질성을 강조한다. 〈세상의 모든 어머니들은 늘 자식 걱정을 하는가 보다. 그렇게 볼 때 필자의 아내도 예외는 아닌 것 같다.〉 〈아내 역시도 영락없는 우리나라 어머니의 한 사람일 수밖에 없는가 보다.〉에서 출산(出産)과 양육(養育)을 책임지는 희생적 모성을 작품에 담는다. 이러한 모성의 대물림은 딸에게로 계승된다. 그리하여 ②와 같이 딸을 시집보내면서 갖게 된 소회를 편지글 형식으로 그려내고 있다.

③에서는 자신이 태어나고 자란 고향에 대한 무한한 사랑을 보인다. 그는 바다가 없는 지역, 산으로 둘러싸여 있는 충청북도에서 나고 자란다. 그래서 남들이 찾아가는 바닷가의 일출을 보기보다는 자기 지역에 있는 '속리산' 문장대에 올라 일출을 맞으며 새해 다짐을 한다. 〈새해 첫날 여명(黎明) 속에서 힘차게 떠오르는 태양을 보면서 간절한 소망〉을 빌며, 〈바라기만 하고 달성하고자 하는 노력을 게을리한다면 아무것도 얻을 수 없다는 것〉을 확인한다. 이와 동시에 충청북도 〈도민 모두가 편안한 마음으로 덕담을 나누면서 다른 소망을 기원하는 그런 일출보기〉가 되기를 바란다.

이와 함께 국가와 국민에 대한 바른 자세를 기원하기도 한다.

「동 일본 대지진의 교훈」에서 〈일본 국민들의 침착한 행동과 국익을 생각하는 일본 언론의 자세에 찬사〉를 보내는 언론 발표를 수용한다. 이러한 행위에서 〈일본의 시민의식은 인류의 정신이 진화한다는 진실을 보여줬다.〉고까지 찬사를 보낸다. 우리도 이와 같은 시민의식을 본받아야 한다고 강조하면서 〈수년 전 경제위기의 한파가 몰아닥쳤을 때 세계인이 놀랐던 금 모으기 운동과 서해안 기름유출 사고 때 보여준 전 국민적인 동참과 관심〉을 통하여 일본에 뒤떨어지지 않음을 확인한다. 이러한 시각이 바로 강길중이 지향하는 진정성이다.

4. 여생의 로드맵을 찾아서

강길중은 30년 가까이 배우고 성장하였고, 이후 30년을 넘게 나라에 충성하며 살아왔다. 통계상으로는 여생(餘生)을 30년쯤으로 추산할 수 있는데, 이러한 기간을 얼마나 유용하고 가치롭게 영위할 수 있느냐에 노심초사(勞心焦思)한다. 정년퇴직을 한 후에는 등산과 여행으로 지친 심신을 가다듬겠다고 말한다. 「퇴직하고 나서 하고 싶은 일」에서 〈뇌세포가 죽어가는 속도를 늦추기 위해서라도 또 하루 정도는 대학에서 운영하는 평생교육 한 강좌 정도는 듣고 싶다.〉고 밝힌다.

그 이후에는 공직에서 형성된 긍정적인 자세로 봉사에 앞장을 서고자 한다. 〈우리 주변에서도 남들이 알게 모르게 봉사 활동을 하고 계시는 분들을 많이 볼 수 있다.〉 〈어려운 처지에 있는 이웃에게 금전적인 지원을 해주는가 하면, 때로는 자신을 희생하면서 몸으로 봉사를 하기도 한다.〉〈이처럼 자신을 버릴 줄 아는 사람들이 많은 사회는 분명 건강한 사회가 될 것이고, 그렇게 될 때 우리나라도 당당한 모습으로 선진 일류 국가 대열에 자연스럽게 합류하게 될 것〉이라고 확신한다.

농사를 짓는 분들은 배우는 시기를 1모작이라고 하고, 열심히 일하고 가족을 부양하는 시기를 2모작이라 한다. 그리고 은퇴 이후를 3모작이라고 하는데, 이때의 '로드맵'을 잘 설정하고, 이에 따라 '액션 플랜'을 치밀하게 세우는 것이 중요하다. 그래서 '꿈'을 실현하기 위하여 노력하는 자세가 요구되는 것이다.

> 인간에게 있어 꿈은 미래이며, 희망이고, 의미 있는 일임에 틀림이 없다. 꿈이 없다는 것은 미래가 없는 것이고, 희망이 없는 것이고, 살아 갈 의미가 없는 죽음이나 다름없는 무의미한 일일 것이다. 그러나, 꿈을 꾸는 것도 중요하지만 더 중요한 것은 그 꿈을 이루려는 노력일 것이다.
>
> — 「꿈은 이루어진다」 일부

이러한 주장의 근거로 '징기스칸'의 드라마 대사(臺詞) 〈한 사람이 꿈을 꾸면 비록 꿈에 지나지 않지만, 많은 사람이 같은 꿈을 지속적으로 꾸다보면 그 꿈이 현실로 이루어진다.〉를 인용하기도 한다. 또한 영국의 수상이었던 윈스턴 처칠의 예화, 오 헨리의 단편소설 '마지막 잎새'에서 목숨을 걸고 잎을 그린 화가의 역작 등을 '꿈'과 관련하여 진술한다.

그는 이제 3모작의 꿈을 실현하고자 「작은 나눔과 사랑」을 가슴에 새긴다. 〈자선냄비에 기부금을 넣고 갈까 하다가 지나온 길을 되돌아서기가 썩 내키지 않아 그대로 차에 올랐다.〉 〈멀리 빨간색 구세군 자선냄비가 보였다. 반갑고 고마운 생각이 들었다.〉 〈아주 작은 정성이지만 자선냄비에 기부금을 집어넣고 나서야 앓던 이가 쏙 빠져버린 듯 마음이 한결 상쾌해지는 느낌이 들었다.〉 〈역시 사랑은 받는 것이 아니라 주는 것이라는 의미를 실감하는 하루였다.〉 등에서 섬세하고 선량한 강길중의 내면을 만나게 된다.

그는 이제 '할아버지'가 되었다. 결혼을 한 딸이 아들을 낳아서 할아버지가 되었고, 그 아기를 바라보면서 〈이제는 정말 할아버지가 되었구나〉하고 생각하지만, 그의 내면에서는 아직도 한창 일할 수 있는 청년의 기상이 분수처럼 힘차게 솟구친다. 그래서 강길중의 여생은 분수보다도 아름다운 비상의 꿈을 열정적으로 실현하기 위하여, 더욱 가멸찬 삶을 유지할 것 같다. 그런 믿음으로 강길중 수필 작품 감상의 여로(旅路)를 맺는다.

◇ 김남식 수필론 『한밭수필』 3호 평설. 2011.

교육자의 보람과 봉사인의 자세

1. 김남식 수필가 살펴보기

김남식 수필가는 1942년 충남 연기군에서 태어나 성장한다. 공주사범학교를 졸업하고, 초등 교육에 대한 특별한 사명감으로 평생을 일관한다. 초등학교 교사, 교감, 장학사, 교장, 장학관, 교육장 등을 역임하고 정년을 맞아 퇴임한다.

그는 빈한(貧寒)한 가정에서 성장하였기에 스스로 노력하여 극복하려는 성품이 형성된 듯하다. 특히 학업 성취에 대한 의지는 어렸을 때부터 남달리 강렬하였다. 〈텅 빈 교실에 혼자 앉아 계신 선생님 앞으로 달려가, 여자에게 2등으로 밀려난 월말고사 성적표를 던지면서 바닥에 주저앉아 대성통곡〉을 한 것으로 보아 그러하다.

그러나 아버지의 부재(不在)로 인해 경제적 어려움을 겪으며 성장한다. 이로 인해 어머니와 누나의 사랑과 보살핌을 받아 성장하는 시기를 지냈으며, 임시교사로 근무하다가 사임한 후에 잠시 방황하기도 한다. 이런 상황에서 그는 자성(自省)의 기회를 갖는다. 〈편모슬하에서 늘 기가 죽어 살아서인지 겁 많고 숫기가 없다〉고 스스로 판단하고, 이를 극복하기 위해 그는 해병대에 지원하여 입대한다. 고된 훈련과 병영 생활을 마치고 전역하는데, 후일에 적극적이고 능동적인 성격의 바탕에는 해병 정신이 크게 작용하였다고 술회한 바 있다.

평생을 교육자로서 봉직하고 퇴임하여 무료한 나날을 보내던 그가 다시금 새로운 일을 찾아낸 것도 꺼지지 않는 도전 정신에 기인한다. 교육계 경험을 살려 '대덕대학'의 외래교수로 후진을 양성하는 것이 첫 번째 도전이다. 그래도 남는 시간을 뜻 깊게 보내기 위해 농사일을 시작한 것이 두 번째 도전이다. 그리고 장애인을 찾아 봉사하는 일과 선교를 위해 자신을 바치는 일이 세 번째 도전이다. 그리고 마지막 도전은 수필가로서의 등단이며, 멋진 수필을 창작하는 일이다.

그는 아내와 함께 농사를 시작한다. 늦깎이 농부들의 특징은 수확보다 투자가 많은 점이다. 그러면서도 행복에 젖는 것이 그들의 특징이기도 하다. 그는 「농심(農心)」에서 〈늦깎이 농부가 된 터여서인지 세월이 갈수록 고추 한 개 배추 한 잎이 소중하다는 생각이 든다. '밥 한 알을 만들기 위해서는 150여 명의 손을 거쳐야 한다.'고 써 붙였던 학교 급식실 표어가 생각난다.〉고 밝힌다. 땀 흘려 가꾼 수확물을 사랑하는 이웃이나 어려운 사람들에게 나누는 것으로 최상의 행복을 느끼며 살아간다.

그는 신앙생활에 대해서도 성심을 다한다. 작품 「작은 선교」에 그 기쁨이 담겨 있다. 〈아내는 조금만 젊었다면 외국어 공부를 더해서 선교사로 나가고 싶다는 말을 입버릇처럼 한다. 하나님 뜻대로 선하게 살며 그 분 말씀을 땅 끝까지 전하는 일은 이 세상 무엇보다도 중요하면서도 기쁜 일일 것이다. 나도 그 일이 하고 싶고 은근히 기대도 된다.〉면서 선교에 앞장을 선다.

봉사활동에 나선 그는 〈내 손을 한동안 꼭 잡고 놓지 않던 그 할머니 손길이 다시금 따스하게 느껴온다. 사랑스런 손길들과 소박한 얼굴들이 나의 가슴에 깊이 새겨져 오래도록 지워지지 않을 것만 같다. 내년에도 할머니들이 고대하며 기다릴 그 곳을 다시 또 찾아가야겠다.〉고 다짐한다.

이런 인간적 바탕에서 김남식의 수필 작품을 감상하기로 한다. 그의 작품에는 그의 삶이 고스란히 투영되어 있을 것이며, 그의 철학이 오롯하게 담겨 있을 것이라는 추정(推定) 아래 간단하게 정리하고자 한다. 그의 수필은 누구나 쉽게 읽을 수 있는 글이기 때문에 분석적으로 해석하기보다 감상문 형식을 취한다.

2. 교육자로서의 자세와 보람

수필은 삶의 진실이 담긴 글이다. 수필은 소설과 같은 산문이면서도, 소설의 허구(虛構)와 수필의 사실성 차이 때문에 수필이 주는 감동은 더욱 절실하다. 소설 역시 허구적 진실을 담보하고 있다고 하지만, 사실에 바탕하고 있는 수필에 있어서의 진실만큼 절실할 수 없는 한계를 지닌다. 그래서 수필에는 수필가의 삶이 그대로 투영되게 마련이고, 수필을 읽으면 필자의 삶을 낱낱이 알 수 있게 된다.

김남식 수필가는 어렸을 때부터 학습에 대한 의욕이 높았다. 「빨간 동그라미」에서 그는 담임교사로부터 사랑 받은 사실을 밝히고 있다. 〈머리를 쓰다듬어 주시기도 하고, 공부 잘한다고 껴안아도 주셨다. 당신을 유독 따르는 내가 아버지가 안 계신 가난한 집 아이인 줄을 아시고 더욱 관심을 가져주셨나 보다.〉 이러한 사랑과 관심에 의하여 모범생으로 성장한 그는 초등학교 교육에 평생을 바친다.

가르치는 일에 최선을 다하는 모습이 그의 수필 곳곳에 드러나 있다. 여러 작품 중에서 교사시절에 대한 회고를 담고 있는 「제자들의 사랑 고백」 에서 〈선생님이란 참 좋은 직업이다. 고사리 같은 어린 손을 잡아줄 때는 아릿한 정을 느낄 수 있어 즐겁고, 덥수룩한 머리를 긁적이며 제 잘못을 스스로 알고 겸연쩍어 하는 모습을 대할 수 있어 기쁘다.〉고 술회한다.

그는 열심히 노력하여 남보다 먼저 승진을 하게 되고, 중간 관리자와 최고 경영자의 위치에 오른다. 40여 년을 봉직한 교직에서 물러나서 제자들을 만날 때에 더욱 큰 보람과 자부심을 갖는다. 〈지난날과 오늘을 넘나드는 소설 같은 아름다운 이야기들을 선생님이 아닌 누가 들을 수 있으며, 그런 흐뭇함을 그 누가 느낄 수 있단 말인가〉라며 스승으로서의 긍지를 감추지 않는다.

그 중에서도 선교에 열중하는 제자 수녀에 대한 특별한 관심을 수필로 빚기도 한다. 「복 터진 날」에서 그는 제자를 만나는 장면을 감동적으로 그려낸다. 〈머리에 미사 보를 쓰고 몸에는 까만 복장을 한 안나 수녀가 환하게 함빡 웃으며 나타났다. 주위 사람들이 부끄러운 줄도 모르고 덥석 손을 잡고 어깨를 안았다.〉 이렇게 만나서 식사도 하고, 다른 제자들과 더불어 드라이브도 하면서 행복한 시간을 보낸다.

이와 함께 〈건강하고 밝은 사람보다 힘들어서 찡그린 얼굴들을 훨씬 많이 대하며 하루 여섯 시간 이상을 기도로 생활한다는 그가 성스러워 보였다.〉고 제자 수녀의 희생과 봉사에 대한 외경심도 표현한다. 그래서 〈오늘은 복을 많이 받은 날이다. 제자가 먼 곳에서 찾아와 반갑고, 그토록 보고 싶었던 제자를 만날 수 있어서 기뻤다.〉고 밝히며 사도(師道)의 보람을 되새긴다.

교육 현장에서 그는 최선을 다하는 스승이었고, 교직에서 물러난 뒤에도 제자들과 만나 기쁨과 보람을 나누며 살아간다. 또한 대학에서 새로운 제자들을 만나 교육자의 사랑을 베풀고 있으니, 삼락(三樂)의 기쁨으로 살아가는 복 받은 교육자라 하겠다.

3. 가족에 대한 희로애락

수필은 사색과 철학이 녹아 있는 문학이다. 사소한 이야기인 듯하면서도 그 속에 철학을 담고 있으면 금상첨화(錦上添花)일 터이다. 즉, 철학적이지 않은 글이면서도, 그 속에 철학이 담겨 있다면 최고의 수필이 된다. 중수필에 해당하는 철학적인 글에서도 구성과 표현의 멋에 의해 새로운 감동을 생성한다면 수필의 문학적 수준이 높아지게 된다.

김남식 수필가는 어려운 환경을 극복하고 훌륭한 교육자가 되어 그야말로 우리 사회의 귀감(龜鑑)이 되는 인물이다. 어렸을 때에는 형언할 수 없는 가난 속에서 살았다. 「한 점 고기」에서 그는 눈물겨운 이야기를 풀어낸다. 〈산골 다랑이 논 너더댓 마지기에 어머니는 힘겹게 농사를 지으셨다. 남정네가 없어 퇴비도 마련을 못하고, 돈이 없어 비료도 구할 수 없어서 농사가 시원하지 않았다.〉고 가난했던 환경을 있는 그대로 고백한다.

〈아침에는 고구마가 더 많이 섞인 밥으로 끼니를 때우고, 점심은 거를 때도 많았다. 저녁에는 뚝뚝 수제비, 아욱죽 등으로 해결하는 때가 많았다.〉고 회상한다. 그런 연유에서인지 호박을 썰고 조개를 넣어 끓인 맛깔스럽다는 칼국수도, 가을철에 문 걸어 놓고 몰래 먹는다는 아욱국도 싫어하게 되었다고 한다. 오랜만에 대하는 보리밥이나, 노란 조밥 그릇에도 숟갈이 잘 가지 않는다고 한다. 전복죽, 고기죽 등 아무리 맛있는 죽이라도 별로 달갑지가 않다는 것이다.

가끔 고깃국을 끓일 때면, 그의 어머니는 고기를 한 점 떼어 입에 넣어 줌으로써 아들에 대한 사랑을 표현하셨다. 그 사랑은 아들의 나이가 오십이 훌쩍 넘을 때까지도 지속되어, 며느리가 고깃국을 끓일 때에도 국솥을 열고 고기를 떼어서 아들의 입에 넣어주셨다. 어느 사이에 배웠는지 그의 아내도 고깃국을 끓일 때면 고기 한 점을 떼어 그의 입에 넣어준다. 그래서 그는 〈고기 한 점을 씹을 때마다 하늘에 계신 어머니 생각에 슬프다.〉고 작고하신 어머니를 그리워한다.

어머니에 대한 지극한 사랑과 그리움은 아버지의 부재(不在)에 기인한다. 그의 아버지는 사업을 하는 관계로 〈여러 지역을 돌아다니시다가 가끔 집〉에 들르는 분이셨다. 어린 시절에 그의 부친은 아들의 춤 솜씨에 대한 소문을 어디서 들으셨는지 사립문 뒤 모퉁이에 그를 붙잡아 놓고 춤을 추게 하셨다고 한다. 무명 바지저고리에 남색 인조 조끼를 입은 자신이, 빨간 주머니를 빙빙 돌려대며 춤을 추었는데, 그의 아버지는 〈이런 나를 껴안고 볼을 비비며 너털웃음〉을 웃으셨다. 그는 〈아마 아버지의 품에 안긴 것은 이것이 처음이고 마지막이었을 성싶다.〉고 할 정도로 편모슬하에서 외롭게 자랐다.

그의 어머니는 〈별다른 말도 없이 훌쩍 떠난 후로 영영 돌아오지 않는 남편 생각이 날 때면, 녹음테이프처럼 그 장면을 들려주며 눈물〉을 흘리셨다. 소식이 끊어진 남편을 평생토록 애타게 기다리던 어머니 생각을 하노라면, 지금도 그는 가슴이 미어지고 눈물이 저절로 솟구친다고 밝힌다.

그는 어머니와 닮은 아내를 통하여 자신을 돌아보는 계기를 만든다. 「만학도(晩學徒)의 소망」에서 그의 아내는 〈호시탐탐 기회를 노려오다가 이제는 작심을 한 모양인지 마침내 책가방을 메고 용감하게 배움의 길〉에 나선다. 〈어렸을 때 배우지 못한 것이 평생토록 가슴에 응어리〉가 되었다면서, 아내는 기어코 대학까지 졸업을 하고야 말겠다며 벼른다.

그는 성치 못한 아내의 몸이 염려되기도 하고, 앞으로 자신이 겪을 시집살이가 은근히 걱정되기도 하지만, 〈늘그막에 모두 다 내려놓아야 하는 것을 뻔히 알면서 나도 욕심을 부려본다. 좋은 글을 쓰게 되는 어엿한 작가가 되고, 아내는 대학을 졸업할 수 있게 되는 것이 내 여생의 꿈이고 소원〉이라고 생심(生心)이다.

노년이 되어도 쉬지 않고 정진하는 모습은 아름답다. 노년기를 맞아서도 지치지 않는 삶은 많은 독자들에게도 용기를 북돋우는 좋은 사례가 되리라 믿는다.

4. 수필 창작의 과정과 성취

수필은 예술 작품이다. 진실어린 이야기를 글로 풀어놓았다고 하여 훌륭한 수필이 되는 것이 아니라, 구성과 표현을 통하여 새로운 감동을 주는 예술 작품으로 승화시키는 것이 중요하다. 수필의 특성을 무형식성이라고 주장하기도 하지만, 형식과 구성이 자유스러울 뿐이지, 수필만이 갖고 있는 특성을 살려야 뛰어난 작품이 된다. 또한 언어로 빚는 문학작품이기 때문에 표현의 멋을 살리는 것이 필수 요건이다.

김남식 수필가는 청소년기부터 좋은 글을 쓰고자 하는 의지가 강하였다. 「빨간 동그라미」에서 그는 중학교 2학년 때 우연히 춘원 이광수 선생의 「흙」을 접하게 되었다고 한다. 밤새워 읽은 후로는 시장 골목에 있는 헌 서점들을 드나들며 「유정」 「무정」 등을 손에 잡히는 대로 읽기 시작하면서 문학청년의 꿈을 가꾸었다.

그러다가 고등학교에 입학하게 되고, 그 때 문학에 소질이 있는 급우를 만나게 되었으며, 그 친구의 권유로 문예반에 참여하여 글을 쓰기 시작한다. 그러나 자신의 작품에 대한 그의 평가는 냉정하리만큼 준열하다. 〈3년간 줄곧 애를 써 보았지만 글다운 글 한편을 만들지 못했다.〉고 겸양지덕(謙讓之德)을 보인다. 그 이후로도 소월의 시, 정비석의 소설작법을 독파하면서 문인으로서의 희망을 간직하고 노력한다.

그러나 교육자로서의 과중한 업무, 교직에서 최선을 다하려는 의욕에 의해 문학 창작은 후순위로 밀려나게 된다. 그러던 중에 정년

퇴임을 하게 되고, 이 시기를 맞아 다시금 창작의 불길이 솟아올라 삶의 진실이 담긴 수필을 빚기 위해 노력한다.

그는 자신의 작품에 자신을 갖지 못한다. 〈벼르고 벼르다가 모 대학의 평생교육원에서 마음에 두었던 공부를 시작했으나, 글 쓰는 능력이 부족해서 암담하기만 하다. 역시 식견이 부족하고 감정이 순화되지 못한 때문인 것을 절감〉하였다고 실토한다. 그러던 중에 그에게 절호의 기회가 찾아온다. 〈사범학교 때 이 과목을 담당하셨던 스승님께서 가끔 지도를 받을 수 있는 행운을 얻게 된 것〉이다. 그 분이 원로 수필가 원종린 선생이시다.

> 〈수필은 소설처럼 재미있게 써야 독자들이 읽어 주게 마련이지. 그래서 어떤 이는 수필 대신 소필(小筆)이라고도 하지 않았는가. 더 재미있게 써서 독자에게 감동을 주어야 하네. 꾸준히 읽고, 쓰고, 다듬게. 목공예를 다듬고 또 다듬는 심정으로 말이지. 수필은 한방의 탕약처럼 문학성으로 뭉친 짧은 글이라는 것도 잊지 말아야 하네. 또, 철학적이지 않으면서도 철학이 담겨 있어야 하는 법도 배워야지.〉

이처럼 열심히 가르치는 스승과 열심히 배우는 제자가 되어 아름다운 문학세계를 창조하기 위해 힘쓴다. 그리하여 문학전문지 《문학사랑》 수필부문 신인작품상에 당선, 이어 《수필문학》에 작품이 추천 완료되어 등단한다. 등단한 제자에게 스승은 〈이제 정식으로 등단을 했으니 홀로 서보라〉고 권면한다. 이러한 권면과 지도에 힘입어, 그는 표현의 멋과 철학이 담겨 있는 훌륭한 수필을 창작하여 왔고, 현재도 쉬지 않고 창작하고 있으며, 앞으로도 좋은 수필을 지속적으로 창작하리라 믿게 한다.

5. 김남식 수필가 다시 보기

김남식의 수필 작품은 멋진 표현과 눈물이 날 정도로 절절한 감동을 담고 있다. 「찢어진 사진」은 친척에 대한 회상이 중심을 이루는데도 표현이 뛰어나다. 〈오늘은 오랜만에 보문산에 올랐다. 흐드러지게 핀 벚꽃들은 서로들 자기 자랑을 늘어놓느라고 여념이 없고, 나무들은 물이 올라 연두 색깔을 온 산에 뿌린 듯하다. 모두가 활기차고 생동감에 불타오르는 느낌이다.〉이러한 서경묘사에서 자연과 합일하는 그의 아름다운 내면을 만날 수 있다.

「현충원(顯忠園) 소묘(素描)」에서도 묘사를 통해 형상화된 절실한 슬픔을 맛보게 한다. 〈실바람은 묘비들 뒤에 숨어 있는 마음들을 아는지 모르는지, 그들 사이를 짓궂게 뛰어다니며 숨바꼭질을 하는 것〉 같다고 묘사한다. 이어서 그는 〈소복을 한 여인이 하염없이 묘비를 더듬는다. 어깨가 잔잔히 흔들리는데 속절없이 흐르는 눈물 줄기는 하얀 옷깃을 적셔댄다. 등에 업힌 아기는 겁에 질린 얼굴로 엄마를 따라 울어댄다. 정문 쪽에서 느닷없이 현충원이 떠나갈 듯한 통곡 소리가 들린다. 등 굽은 노파가 묘비를 부둥켜안고 몸부림을 치는데 남편은 장승처럼 서서 눈만 껌벅거린다.〉〈멀리 내팽겨진 빨간 보따리와 밤색지팡이도 덩달아 훌쩍거리는 기색이다. 하늘에 떠 있는 구름도 머리를 풀어 헤치고 부르르 떨고 있는 것 같고, 땅 위의 소나무도 제 그림자와 함께 흐느끼는 모습으로 비춰진다.〉라고 묘사하여, 독자들로 하여금 눈물을 짓게 하는 마력을 보인다.

그의 수필 중에서 애상적 정서를 강렬하게 환기하는 작품은 「거기, 그 곳」이다. 어머니의 산소 옆에 아들의 산소가 나란한데, 자신과 아내가 찾아가서 느끼는 오열(嗚咽)은 비할 바가 없을 듯하다.

〈가파른 비탈길을 숨차게 오르는데 꿩 한 마리가 화들짝 놀라 날아간다. 왜 이제 왔냐며 외마디 소리를 지르는 것 같다. 진달래는 삐죽삐죽 울음을 머금은 듯하다. 어머니에게 먼저 다가간다. 눈물이 나오려는데 울먹이는 아내를 쳐다보려니 더욱 서글퍼진다. 호미로 봉분 속에 깊이 뻗은 아카시아 나무뿌리를 캔다. 가시달린 나무가 어머니 마음을 상하게 할 것 같아 뿌리까지 후벼 파서 뽑아낸다. 아들에게 간 아내의 울음소리를 듣노라니 가슴이 미어진다. 어머니 앞에 털썩 주저앉으니 하염없이 눈물이 나온다.〉

이러한 슬픔을 감내한 김남식 수필가는 장애인을 위한 봉사에도 앞장서서 인간승리의 표상으로 자리한다. 「따스한 수영장」에 들어선 그는 〈탈의실에서 옷을 벗으면서 '나는 남에게 도움만 받아왔지 도와준 일이 아무것도 없으니, 이제부터 작은 일이라도 해보자'라는 마음으로 목욕탕에 들어서자마자 도와줄 사람〉을 찾는다.

장애인 수영장에 들어오는 것이 처음에는 서먹서먹하고 어려웠는데, 〈지금은 이곳에서 목욕도 하고 수영도 하며, 불편한 사람들의 몸을 씻겨 주게 되어 기쁨을 갖게 되었다. 이제는 이곳에 올 때마다 생생한 삶의 감동을 맛보며 보람되게 살아가는 방법을 조금씩 배워가고 있다.〉고 봉사의 기쁨을 밝힌다.

이처럼 자신의 삶에 충실하면서, 어려운 이웃을 돕는 김남식 수필가는 앞으로도 새로운 감동을 생성하는 수필을 수없이 빚을 것 같다. 어떠한 일에든지 최선을 다하는 그의 성품에 따라 진정으로 가치 높은 작품들을 빚으리라는 확신을 갖게 한다. 이러한 믿음으로 작품 감상을 맺는다.

◇ 문희봉 수필론 『수채화 같은 세상』 평설. 2011.

긍정(肯定)의 멋과 힘에 대하여

1.

〈이십년을 훌쩍 넘겨 써오는 수필이지만 독자로 하여금 수필의 진수란 이런 것이구나 느끼게 하지 못하고 있다. 흔히 만나게 되는 수필이 아니므로 끝까지 통독하고 싶다는 생각이 들 수 있게 한다면 오죽 좋으랴. 사상의 깊이를 느끼게 할 수 있는 수필이라면 오죽 좋으랴.〉

문희봉 선생이 다섯 번째 수필집 『수채화 같은 세상』의 첫머리에 올린 '저자의 말'이다. 첫 문장은 겸양(謙讓)의 말이다. 책을 내는 사람마다 누구나 하는 말이고, 자성(自省)의 눈빛이기도 하다. 둘째 문장은 문인이면 누구나 갖는 소망이다. 이런 소망으로 시를 빚고, 수필을 쓰며, 소설을 창작하는 것이다. 이러한 선생의 소망은 우선 성공한 듯하다. 첫 작품을 읽기 시작하면서 한 자리에서 단숨에 마지막 작품까지 읽게 하였으니, 좋은 수필의 힘이란 참으로 놀라운 바가 있다. 세 번째 문장은 따로 떨어져 있는 것이 아니라, 표현의 멋과 함께 양면성을 지닌다. 선생의 수필에서 긍정적 삶의 이치를 깨닫게 하니, 이 또한 수필의 놀라운 힘이다.

2.

〈푸른 물이 뚝뚝 떨어질 것만 같은 강진 특유의 가을 하늘과 섬세한 색상의 고려청자, 그리고 다산 정약용이 세 가지 보물이라니, 보물치고는 좀 신비롭지 않은가.〉

첫 번째 작품「세 가지 보물」의 일부다. 역사와 문화의 숨결이 살아 있는 남도답사 1번지 청자골 강진을 여행하면서, 그 고장의 세 가지 보물에 대하여 듣고 그 소회를 밝힌 것이다. 사람들은 흔히 보물이라고 하면, 보석이나 진귀한 문화재를 떠올리게 하는데, 강진에서는 가을 하늘이라는 자연을 1로, 사람이 만든 예술품 청자를 2로, 유배를 와서 역사적 저서를 남긴 사상가를 3으로 귀하게 여긴다.

이에 새롭게 눈을 뜬 문희봉 선생은 자신의 보물을 찾는다. 누군가가 물으면 어떻게 대답할까 고심하다가 찾은 것이 셋이다. '남을 욕할 줄 모르는 성품' '절개를 지키는 신념' '거절 결핍증 환자' 등이다. 이와 같은 성품을 유지하기 위해 선생은 수많은 어려움을 겪는다. 욕설이 입에서 나오려고 할 때 참는다는 것이 얼마나 어려운가. 이익이 눈 앞에서 어른거리는데 약속을 지키기 위해 돌아서는 것이 얼마나 힘든 일인가. 사는 집을 담보 잡고 사업 자금을 달라는 일이 아니면, 크고 작은 일의 부탁을 거절하지 못하는 성격 때문에 고심한 시간이 얼마나 길겠는가. 이러한 성품은 선생의 지향에 의해 형성된 일이다. 가끔은 이에 따르지 못할 수도 있겠지만, 이러한 지향만으로도 아름다운 일이다.

3.

〈봄이면 개 복숭아꽃이 유화물감을 뿌린 듯 피어나는 산하(山河)다. 젖니 같은 새순 피워내는 강토다. 송아지 우는 소리에 놀란 여우비가 계곡에 무지개를 그려준다. 봄은 세상을 포기한 사람들에게, 어깨 처진 사람들에게 선한 이웃이고, 희망이고, 큰 어깨이고, 부활이다.〉

〈유월의 언덕에 지천으로 핀 망초꽃이 자신의 존재를 내보이면 지상의 등불과 하늘의 별들이 화답하는 여름밤이 연출되고, 날이 새면 저물어가는 여름 끝자락을 붙잡고 통곡하듯 매미가 울어댄다. 가진 것 없어도 여유로운 삶을 즐기는 방법을 가르쳐준다.〉

〈구월을 넘기는가 싶으면 꽃단풍이 찾아와 빨갛게 술 취한 듯 자태를 뽐낸다. 여러 수목들이 경쟁하듯 활기차게 색칠을 시작한다. 시월의 가지 끝엔 아름다운 누드가 매달리고, 국화와 코스모스가 있는 한 가을을 절대 고독하지 않다.〉

〈그리운 마음들이 눈꽃을 피운다. 별들이 젖어서 눈송이로 내린다. 벌거벗고 언 땅에 꽂혀 자라는 초록 보리의 지조를 배운다. 〉

문희봉 선생이 봄과 여름, 가을과 겨울에 대하여 간략하게 정리한 글이다. 누구나 같은 눈으로 보는 것은 아니겠지만, 읽으면서 계절을 느끼게 한다. 어떤 사람은 공감대를 형성하고, 또 어떤 이들은 부분적으로 이해할 수 없는 표현도 있겠지만, 계절의 흐름에 생각을 맡길 수 있으리라.

선생은 자연에 대한 사랑만큼 사람에 대해서도 긍정적이다. 어느 예술가에 대해서 〈소나무가 늘 푸르러서 사람들이 좋아하는 것처럼 그의 가슴에서는 늘 푸른 종소리가 난다.〉 고 한다. 같이 근무하는 선생님에 대해서 〈출근해 보면 채송화 같은 웃음을 보여주는 사람이 있다.〉 〈걷는 자세도 귀족풍이다. 뒷모습도 백작을 닮았다. 말씨는 더더욱 예쁘다. 그의 몸에서는 분홍 레몬향이 쉴 새 없이 배출된다. 들국화처럼 살아가는 사람이다. 갓 구워낸 빵이다.〉라고 그려낸다. 가정에서도 아내를 향하여 〈아내 얼굴에 피는 꽃은 덩굴장미다〉 〈진실이 담긴 말은 상대의 가슴에 깊이 스며들어 영원히 기억된다. 맑고 순수한 영혼을 가진 우리들이다.〉라고 자부한다. 그리하여 〈내가 세상에서 유일하게 가장 잘한 일이 있다면, 그건 천사 같은 아내를 만난 일이고, 듬직한 자식들을 얻은 일이다.〉라고 자족한다.

4.

〈살아오다 보니 아름다운 그림을 그리지 못했다. 종이질도 좋지 않았고, 물감의 농도도 맞지 않았으며, 구도도 맞지 않는 그림을 그렸다. 그러니 누구 하나 그림 좋다는 평을 해주지 않았다.〉

이러한 표현은 겸손이라고 해도 약간의 도를 넘는다. 옛말에 과공(過恭)은 비례(非禮)라는 말이 있는데, 선생도 한 번 더 이 말을 생각해 보았으면 한다. 교육계에서 교장으로 정년퇴임을 맞았으니 좋은 그림이다. 사모님과 '애정 마일리지'를 쌓으면서 살고, 자녀들도 사회생활을 잘 하니 이 또한 좋은 그림이다. 좋은 수필을 써서 다섯 권의 수필집을 내고, 상도 받았으며, 수필 단체의 회장으로 봉사도 하였으니, 이 역시 좋은 그림이다. 더하여 시인으로서 시집 세 권을 발간하였으니 다른 사람들이 부러워할 좋은 그림이 아니겠는가.

한편, 벼는 익을수록 고개를 숙인다는 속담처럼, 스스로 알곡이 되기 위한 '돌아봄'의 글이라면 진정 아름다운 그림이다.

5.

〈우리의 마음은 밭이다. 모든 감정의 씨앗들이 우리의 마음에 묻혀 있다. 기쁨이나 연민 같은 긍정적인 감정이 의식 속에 나타나면 우리는 행복감을 느낀다. 시기나 화와 같은 부정적인 감정은 우리에게 불행감을 안겨준다.〉

〈비가 내릴 때 우리는 햇빛이 없다고 생각한다. 그러나 비행기를 타고 높이 올라가 구름 밖으로 가보면 거기 햇빛이 있음을 알게 된다. 햇빛이 늘 거기에 있었다는 사실을 우리는 그제야 깨닫는다.〉

이 글을 읽으면서, 마음을 비워야 함을 깨닫는다. 긍정적으로 생각하고, 그 정을 나누면서 살아야 행복함을 반추한다. 슬픔이나 고통에 젖어 있을지라도, 구름 위에 있는 햇빛이 존재하는 것처럼 희망을 갖게 한다. 문희봉 선생의 수필에서 우리는 이와 같은 삶의 이치를 깨닫는다. 그래서 누구에게나 이 수필집『수채화 같은 세상』의 일독을 권할 수 있다. 읽기 시작하면, 마지막 문장까지 읽어야 책을 덮게 만드는 마력을 공유하기 바라면서.

◇ 김남식 수필론 2『49년만의 고백』 평설. 2015.

신실한 삶, 진실한 고백의 향기

1. 소중한 인연으로

마음에 존경하는 사람을 품는 일은 행복입니다. 무영(無影) 김남식 선생과의 인연이 그렇습니다. 고 원종린 선생님으로 인해 무영 선생과 인연이 되었습니다. 저는 공주교육대학교 학창시절부터 수필가 원종린 선생님을 존경하였습니다. 학교를 졸업한 후에도 문학 모임을 통하여 자주 뵈었습니다. 그때 원 선생님께 수필 공부를 하시던 분이 무영 선생입니다.

같은 분을 존경하고 따른다는 공통분모로 인하여 저는 형제와 같은 우의(友誼)를 느꼈습니다. 가까이 지낼수록 본받을 점이 많았습니다. 무영 선생은 교단을 떠난 후에도 교육에 대한 열정이 식지 않았습니다. 수필 창작에 대한 열망(熱望)이 커서 단기간에 많은 작품을 창작하였고, 작품마다 새로운 감동을 생성하는 마력을 지녔습니다.

본격적으로 수필을 창작하기에 앞서 무영 선생은『사랑으로 쓰는 편지』 2권을 발간하였습니다. 1,000페이지에 이르는 방대한 분량의 두 권에 일관되게 흐르는 주제는 '사랑'입니다. 자신을 사랑하고, 가족과 이웃을 사랑하고, 스승과 제자를 사랑하며 주고받은 편지 속에 삶의 향기가 짙습니다. 진실을 담아낸 편지글에서 세상을 살아가야 할 지표를 찾을 수 있습니다.

2. 동심의 파노라마

무영(無影) 선생의 첫 수필집『빨간 동그라미』(2008)에서 동심(童心)의 파노라마를 만납니다. 동심을 잃은 사회는 인심도 메말라간다고 합니다. 동심이 있으면 박토에서도 싹이 돋고, 아름다운 꽃을 피우고, 꽃이 진 자리마다 튼실한 열매가 매달리게 마련입니다. 교직에서 정년퇴임한 후에까지 동심의 순수를 지니고 계신 선생이 참으로 부럽습니다.

> 선생님은 검사를 하실 때마다 다정한 목소리로 등을 토닥여 주시고, 칭찬을 하시며 빨간 동그라미를 그려 주신다. … 나는 시키지 않았는데도 아침 일찍이 제일 먼저 가서 유리창을 열고 청소를 했다. 선생님께 칭찬을 받는다는 것이 커다란 즐거움이었기 때문이었다. … 많은 세월이 흐른 지금 나는 그때 받았던 것 같은 감동의 동그라미를 다시 받으러 간다. 스승님께서는 미수(米壽) 가까운 춘추이신데도, 안경 없이도 작은 글씨를 잘도 읽어 가시며 문맥을 다듬으신다. 다 읽으셨냐고 채근하는 나에게 지난번에는 좀 부족했는데, 이번 글은 좋다며 칭찬을 하신다. 글의 제목 옆에 빨간색 동

그라미를 하나씩 그려 가신다.

— 수필 「빨간 동그라미」 일부

교육자였던 무영 선생도 제자들에게 이와 같은 동그라미를 그려 주었을 터입니다. 그랬던 선생이 60대 후반에 이르러 스승으로부터 빨간 동그라미를 받고 있으니 참으로 순수한 모습입니다. 처음에는 서먹하였을지도 모를 일이지만, 동심을 찾은 후부터는 빨간 동그라미 받기를 고대하였을 터입니다. 이와 같은 기대와 소망이 모여 우리 사회는 조금쯤 더 아름답고 순수하게 되었을 것이니, 참으로 귀한 마음입니다. 세월이 흘러도 간직하고 있는 동심이 우리 사회를 맑고 밝게 변화시키는 바탕입니다.

3. 동병상련하는 정서

김남식 선생의 두 번째 수필집 『바람과 소리』(2011)에서 눈물 어린 연민(憐愍)을 만납니다. 연민은 동병상련(同病相憐)하는 착한 마음에서 비롯됩니다. 불쌍한 사람을 불쌍하게 여기고, 어려운 사람을 위로할 수 있는 마음입니다. 이러한 마음은 '처지를 바꾸어 대상을 생각한다.'는 의미를 지닌 역지사지(易地思之)의 아름다운 결과입니다. 바라보는 사람이 바르고 선해야 이루어지는 경지(境地)입니다.

나는 어렸을 때부터 집안 사정이 어려운 데다 심신이 나약해서인지 꽤나 눈물이 많았다. … 남다르게 눈시울이 여려서인지 나와 아무 관련이 없는 사람이 통곡을 하는데도 덩달아 찔끔거리고, 이웃 동네사람의 상여 뒤를 따라가면서까지 훌쩍이다가 꾸중을 듣곤 하였다. … 어른이 된 지금도 눈물이 헤픈 편이어서 텔레비전 화면에 치료비가 없어서 어려움을 겪는 환자가 등장하고, 이산가족이 상봉하여 울부짖거나, 외국에서 시집 온 여자가 어렵게 귀국을 해서 가족들과 껴안고 몸부림을 칠 때면 따라서 울먹인다. 닥친 일이 힘에 겹다 싶으면 전전긍긍하고, 작은 심적 고통만 당하게 돼도 세상 걱정을 다 떠안은 양 호들갑을 떤다.

— 수필「나는 지금 왜 울고 있는가」 일부

이러한 정황(情況)이 바로 인지상정(人之常情)입니다. 그러나 동병상련하는 눈물을 잊은 사람도 많은 세상입니다. 이런 세상에서는 약한 사람을 왕따 시킨다거나, 예쁘게 자라는 애호박에 말뚝을 박는 놀부 심보도 부지기수일 것입니다. 이에 비하여 눈물을 잘 흘리는 사람은 마음이 여리고 착한 사람입니다. 성공하기 위해서는 너무 약해서도 곤란하다고, 우리의 부모들은 남자아이가 우는 것을 경계하였지만, 이는 세상이 험한 탓이지 동병상련하는 선한 마음 탓이 아닙니다. 슬플 때 서로 위로가 되는 것이나, 기쁠 때 서로 손잡고 동락(同樂)하는 것이 건강한 사회의 바람직한 모습입니다.

4. 사랑의 참다운 의미

무영(無影) 선생의 세 번째 수필집『49년만의 고백』(2015)에서 사랑의 참다운 의미를 되새깁니다. 태어나서 부모님의 사랑으로 성장하는데, 이는 대략 20여 년 정도일 터입니다. 이어 부부의 연을 맺게 되는데, 최근에는 금혼(金婚)을 맞거나 회혼(回婚)을 맞는 분이 많은 것을 보면 50여 년을 동고동락(同苦同樂)하는 사람이 배우자일 것입니다. 고운 정도 있게 마련이고, 미운 정도 있게 마련입니다만, 고희(古稀)를 넘긴 선생은 아내에게 고마우면서도 미안한 일이 많았던 것 같습니다.

> 둘이 만난 지가 어언 49년이란 세월이 흘렀는데, 그 동안 나의 뒷바라지를 하느라 쪼그라진 아내의 얼굴을 보자니 안쓰럽기만 하다. … 이제 철이 들어가는 것 같아서 조금씩이라도 다독여 주어야 하겠다고 다짐을 해 보건만, 생각처럼 따라주질 않는 것은 아직도 정신을 못 차린 때문이리라. … 스물세 살 수줍은 처녀가 시집을 온 지가 엊그제 같은데 벌써 고희(古稀)를 맞는다. 나 역시 일흔을 훌쩍 넘어버렸으니 지금부터라도 죽도록 사랑을 해준다고 한들 몇 번이나 될까. 생각할수록 마음이 아리고 뻐근하게 가슴이 조여 오는 느낌이다.
>
> — 수필 「49년 만에 다시 하는 고백」 일부

선생은 연애 시절에 주고받은 편지들을 다시 읽으며 아내에 대한 사랑을 되새깁니다. 젊고 팔팔할 때에는 자신을 중심으로 생각하고 판단하였지만, 연만(年滿)하고 병약하게 되어 되짚으며, 아내에 대한 고마움과 미안함을 상기합니다. 지난날에는 아내 자랑과 자식 자랑은 팔불출(八不出)이라고 하여 조심스러웠겠지만, 이제는 세속의 굴레에서 벗어나 자연스럽게 아내에 대한 사랑을 표현합니다. 특히 아내는 하나님을 만나게 하는 메신저이자, 아름다운 나라의 소망을 일깨워 준 인도자입니다. 그래서 아내에 대한 참다운 사랑을 고백하고, 오롯하게 실천하려는 자세로 옷깃을 여밉니다.

5. 물결의 동그라미

무영(無影) 김남식 선생의 수필 작품을 읽으면서 삶의 넓이와 깊이를 다시 묵상합니다. 아주 작은 사물에서 평생 간직할 수 있는 이치를 찾아내기도 하고, 평범하게 지나칠 수 있는 일에서 눈물어린 감동을 생성하고 있습니다. 선생의 작품 세 편을 예로 들었지만, 많은 작품에서 다양한 세계의 다양한 삶을 만날 수 있습니다. 각각의 작품에서 놀라운 깨달음을 얻을 수 있으며, 이러한 깨달음은 삶의 길라잡이가 될 것입니다.

결혼 50주년이 되는 금혼(金婚)을 1년 앞두고 다시금 사랑을 고백하는 겸양지덕(謙讓之德)이 선생의 인격을 흠모하게 합니다. 금혼에 이르러 고백하는 것도 아름답지만, 바로 문턱을 넘기 전에 자신을 가다듬으며 고백하는 마음이 더 진실해 보입니다. 그래서 선생의 수필집을 읽게 하는 마력에 빠집니다.

동병상련하는 연민, 참다운 삶, 그리고 신앙의 수준까지 작품에 담아내는 선생의 수필에 새삼 놀랍니다. 이러한 창작이 더욱 아름답게 결실하리라 믿습니다. 그리하여 창작의 기쁨이 물결의 동그라미처럼 더욱 크고 멀리 나아가기를 기대합니다.

◇ 김진태 수필론 『너와 나는 하나다』 평설. 2016.

독실한 신앙인의 오롯한 외침

1. 산태고 김진태 수필가는?

산태고 김진태(니꼴라오) 수필가는 평생 초등학교 교육자로 근무하고, 가톨릭 신앙 안에서 희생적으로 봉사한 분입니다. 1938년 12월 29일 충청남도 공주시 신풍면 조평리 빈농(貧農)에서 출생한 선생은 초등학교가 없는 지역이어서 학력을 인정하는 '고등공민학교'를 졸업합니다. 중학교 진학을 하지 못한 선생은 그 과정을 검정고시로 대신합니다. 이어 당대의 수재(秀才)들만 입학하였다는 '공주사범학교' 진학은 선생의 삶에 두 가지 큰 의미를 갖습니다.

첫째는 초등학교 교육자로서의 삶입니다. 고향에 있는 대룡초등학교에 부임한 선생은 제자들의 발을 씻겨줄 정도로 희생적 교육자상을 실천합니다. 공립학교 교사여서 여러 학교로 전근을 다니면서도 어린이에 대한 사랑의 실천은 변함이 없었습니다. 충남에서 근무하던 선생이 대도시인 대전에서도 근무하고, 인사 발령에 의해 다시 충남의 학교로 전근하였으며, 또 다시 대전의 진잠초등학교로 옮기면서 변함없이 어린이 사랑에 헌신합니다. 이는 후일 북한에서 대한민국으로 귀순한 '새터민' 자녀들의 교육을 돌보는 일로 승화됩니다.

둘째는 신실한 신앙인으로서의 삶입니다. 공주사범학교 재학 중인 1957년에 공주 성당에서 영세를 받아 가톨릭에 입문합니다. 선생의 신앙은 날로 깊어져서 1979년에 꾸르실료를 마치고 교육봉사자가 됩니다. 이때부터 교회 주보에 마음으로부터 우러나는 글을 발표하게 되고, 후일 여러 신문에도 칼럼을 발표하면서 저명한 문필가로 인정받습니다. 최근에도 '재속 프란치스코 형제회' 봉사활동에 매진하고 있으며, 교구에서 시행하고 있는 '한끼 나눔'에도 주도적으로 참여하는 등 신자로서 솔선수범을 보입니다.

이와 관련한 선생의 내면은 '수필집'에 자연스럽게 투영되어 나타납니다. 1991년에 발간한 첫 수필집 『내 영혼의 울림』에는 100편의 글이 실려 있습니다. 제1부 '신앙인으로서'의 46편에는 신앙의 체험담과 교회가 나아가야 할 방향을 제시하고, 제2부 '교단에 서서'의 22편에는 교육자로서의 진솔한 사랑과 교육 발전을 위한 제언이 실려 있으며, 제3부 '사회 안에서'의 32편에는 비리가 만연한 사회를 비판하며 모든 사람이 평화 안에서 행복하기를 소망하고 있습니다.

경갑룡 주교는 '추천사'에서 〈하느님의 섭리를 따라 열심히 이 세상을 살아가려는 저자 산태고 김진태 형제의 『내 영혼의 울림』은 오늘을 사는 모든 이에게 마음의 양식을 듬뿍 선사할 것〉이라고 독자들에게 추천하였습니다. 대전교구 평신도회 변평섭 회장은 〈신앙인으로서, 일선 교육자로서, 양심적으로 살려는 몸부림이며, 정의의 실현과 인정이 훈훈한 사회의 건설에 이바지하려는 외침〉이라고 추천한바 있습니다.

김진태 수필가는 첫 수필집 발간 후, 꾸준히 발표한 작품들을 모아 2016년에 두 번째 수필집 『너와 나는 하나다』를 발간합니다. 제1부 '하느님과 함께'의 40편에는 선생의 신앙생활에 대한 수상이 결곡합니다. 제2부 '이웃과 더불어'의 39편에는 사회생활에서 보고 듣고 느끼고 생각한 일들을 자연스럽게 그려내고 있습니다. 산수(傘壽, 80세)를 앞둔 노익장의 경험에서 우러난 진솔한 속삭임과 외침이 작품 속에 녹아 있습니다.

선생은 1960년에 서울 덕성여고를 졸업한 재원 조무형(모니카) 여사와 예산성당에서 결혼하여 갑년(甲年)에 이르렀습니다. 두 분 모두 신앙이 깊어 2남 1녀를 훌륭한 인물로 양육합니다. 장남은 사업가로, 차남은 신부(神父)로, 장녀는 교육자로 성공적인 삶을 영위하고 있습니다. 또한 선생은 마음과 정서가 혼연일체, 교회의 작은 벽돌이 되고자 하며, 교회와 사회에 뜨겁게 봉사합니다. 대부분의 수필들이 이러한 삶을 자연스럽게 담아내고 있어 진정어린 감동을 생성합니다.

2. 가톨릭 신앙인의 내면과 지향

니꼴라오 김진태 선생은 수필집 『너와 나는 하나다』 '저자의 말'에서 저서 발간의 목적을 뚜렷하게 밝히고 있습니다. 〈이 지방 출신으로 순교 성인이신 한재권 요셉과 정원지 베드로를 수호성인으로 출발한 진잠천주교회〉가 15년의 연륜을 맞이하였고, 본당 설립 15주년을 맞이하여, 본당에 기쁜 마음으로 봉헌하고자 합니다. 이와 같이 신심이 깊은 선생의 수필은 신앙인의 내면과 지향이 오롯하게 투영되어 있습니다.

선생의 모든 작품은 동양의 명심보감, 서양의 잠언과 같은 철학과 깊이를 내재하고 있습니다. 읽으면서 감동을 받는 작품, 신앙이나 사물을 새롭게 깨닫게 하는 작품, 다른 사람과 공유하고 싶은 작품, 특히 하느님의 사랑과 인류를 구원하고자 하는 복음의 진리를 널리 펼치려는 자세를 견지합니다. 먼저 읽고 여러 독자들과 공유하고 싶은 작품의 작은 단락을 소개합니다. 이 부분만 읽으시는 것도 복 받을 일이지만, 전체 글을 통독하는 것은 저자에 대한 예의라고 생각하면서, 몇몇 단락을 소개합니다.

> 하느님께서는 사랑이시다. 전 세계가 사랑으로 서로 엉켜 평화 속에서 살아가도록 창조하셨는데, 인간만이 욕심을 차리면서 사리사욕으로 이웃을 등지고 살아가는 것 같다. 친척, 친지, 친우 사이가 보다 친밀히, 보다 넓은 마음으로 관용을 베풀고 이해하는 가운데 살아갔으면 좋겠다.
>
> — 「마음의 보약」 일부

> 한낮 한적한 성당에 들어가 잠시나마 감실 안에 계신 예수님과 대좌하여 대화하는 것, 간절히 소망을 청하는 것이 참 좋다. 세상 모든 잡념을 떨쳐버리고 예수님 앞에 앉으면 참으로 좋다. 내가 기도하고 싶은 사람 하나하나 떠올리며 예수님과 이야기하고 나면 마음이 그렇게 후련하고 기쁠 수가 없다. 그 시간이 가장 행복한 시간인 것 같다.
>
> — 「가장 행복한 시간」 일부

> 창미사, 국악미사, 여러 가지 악기를 동원하고 여러 파트가 합친 합창, 우리 고유 음악으로 하는 국악미사가 참 좋다. 3박자로 국악과 장구가 동원되면 궁뎅이가 들썩들썩 어깨춤이 절로 나면서 하느님을 찬양하는 미사 얼마나 좋은가? 북 치고 장구 치고, 피리, 해금, 가야금 동원하여 드리는 국악미사를 했으면 참 좋으련만…….
>
> ―「북치고 춤추며 수금과 비파로 주님 찬미」 일부

김진태 선생은 세상을 하느님의 사랑으로 인식합니다. 세상을 창조하시고 인간을 창조함으로써 낙원을 기대하신 하느님의 뜻과는 달리, 인간은 맹약을 헌신짝처럼 버리기도 하고, 뭇 사람들을 속이며 사리사욕을 채우려 합니다. 우리 인간들은 우리들이 극복할 수 없는 원죄를 지녔기 때문에 늘 회개하고 반성하는 생활 속에서 사랑을 실천해야 함을 선생은 주장합니다.

어느 곳에서나 하느님과 만날 수 있지만, 선생은 '삼종소리'에 맞추어 마음을 다스리던 때를 그리워합니다. 선생이 서울 가회동에서 거주할 때 아침 6시, 낮 12시, 저녁 6시, 매일 세 번씩 들려오는 삼종소리를 들으며 예수님 강생구속의 신비를 되살렸다고 회상합니다. 이와 함께 작품「그리운 삼종소리」를 통해 〈성당에서 삼종 칠 때 종소리가 나면 일손을 멈추고 삼종기도를 드렸으며, 길거리를 걸어가다가도 발걸음을 멈추고 삼종기도를 드렸던 기억이 새롭다.〉 고 합니다. 〈기쁨과 평화가 넘치는 향기를 종소리〉에 담아 전국 방방곡곡에 울려 퍼지기를 소망합니다.

3. 이웃에 대한 오롯한 사랑

김진태 수필가의 내면은 사랑이 충만합니다. 「이제는 말할 때가 되었구나」에 소개한 일화(逸話, 에피소드)는 독자들에게 새로운 감동을 생성하기에 부족함이 없습니다. 3남 1녀를 둔 가족이 나들이를 가다가 교통사고를 당합니다. 막내딸과 아버지가 부상을 당하여 다리를 쩔뚝거리게 되었습니다.

어느 여름날 냇물로 물놀이를 갔다가, 딸이 물에 휩쓸려 떠내려갔습니다. 물가에서 목발을 짚고 서있던 아빠는 순간 목발을 집어 던지고 뛰어들어 어린 딸을 안고 헤엄쳐 나왔습니다. 날마다 절뚝절뚝 걷던 아빠가 정상의 모습으로 딸을 구하게 된 이야기는 정말 감동적입니다. "네가 절뚝절뚝 평생을 걸어다녀야 하는 모습이 안타깝고, 또 네가 실망에 빠질까봐〉 2년이 넘도록 아빠가 절뚝거리며 다녔다는 어머니의 이야기에 어린 딸과 아빠는 부둥켜안고 웁니다. 모든 사람의 눈시울을 적시는 아름다운 부정(父情)입니다. 이와 같이 감동을 생성하는 작품이 여러 편입니다.

> 억똑억뚝 언센 손마디에 꼬부라진 할머니의 손때 묻은 장갑도 나는 좋아한다. 그리워, 그리워도 다시 못 올 저 세상에 간 소식 없는 옛 친구도 나는 보고 싶다. 거리에서 남모르게 휴지 쓰레기 줍는 노파도 나는 좋아한다. 십자가 앞에 무릎을 꿇고 기도하는 손자 손녀의 포동포동한 두 손을 살그머니 쓰다듬어 주고 싶다.
>
> — 「사랑의 외도」 일부

가끔 추억을 더듬을 때마다 내가 교단 현직에 있을 때 나를 거쳐 간 제자들을 떠올리곤 한다. 그들이 지금은 어떻게 살고 있을까? 기뻤던 일, 속상했던 일, 즐거웠던 일, 후회스러웠던 일, 만족했던 일 등 젊음을 불사르고 열심히 노력했던 일들을 떠올리며 그들의 장래를 빌어 보기도 한다.

— 「짝사랑」 일부

그는 하루를 마치며 감사의 기도를 올린다. 첫째는 양식과 건강과 평화를 주시는 하느님께, 둘째는 날마다 곁에서 아끼며 사랑하며 함께 살아가는 아내에게, 셋째는 고락을 함께하는 가족들에게, 넷째는 날마다 대하는 이웃 친지들에게, 다섯째는 공동체를 이루어 살아가는 모든 인류에게, 여섯째는 우리 주변의 모든 동식물에게, 일곱째는 흙과 공기와 물과 태양에게 감사하는 마음으로 기도를 드리며 잠자리에 든다니 본받을 만한 일이다.

— 「칠감사(七感謝)」 일부

김진태 선생은 때 묻은 할머니의 장갑을 비롯하여 가난한 사람들도 사랑합니다. 하물며 기도하는 손자 손녀야 말할 나위가 없을 것입니다. 또한 제자들을 떠올리며 그들의 장래를 빌어주는 하늘이 내린 교육자상을 지닌 분입니다. 선생의 친지가 한 말 중에서 7가지 감사한 생활을 듣고, 그를 본받고자 하는 겸손함도 선생의 몫입니다.

수필 「월급의 30%」는 민원센터장이 어려운 사람들을 위해 급여의 30%를 떼어 가난한 사람들과 나누는 에피소드입니다. 중증 장애인 생활비, 대학생 장학금, 성폭력 피해 여성들 자립 기금 등으로 봉사하느라 자신은 돌보지 않았다는 공무원을 소개합니다. 그러나 사실은 산태고 김진태 선생도 아프리카 기아 난민 돕기, 새터민 자녀 교육비 지원, 재속 프란치스코 봉사를 통하여 연금의 30% 그 이상을 봉사하는 분입니다. 스스로 밝히지 않아 정확한 금액을 추정할 수는 없지만, 방송을 시청하다가도 어려운 사정을 접하면 즉시 봉사하는 것은 잘 알려진 일입니다.

4. 세상 풍조에 대한 비판적 시각

김진태 선생의 시각은 원천적으로 선한 에피소드에 기웁니다. 아름다운 이야기, 본받고 싶은 이야기, 다른 사람에게 알렸으면 싶은 이야기에 귀를 기울입니다. 수필 「어느 남자의 사랑」 역시 읽으면서 감동을 받는 작품입니다.

사랑하는 청춘 남녀가 결혼을 앞두고 있습니다. 남자는 아파트를 마련하고, 여자는 혼수를 준비하기로 약속하였는데, 여자의 아버지가 사업에 실패합니다. 결혼을 앞두고 남자는 여자의 손을 꼭 잡고 아픈 고백을 합니다. 자기가 보여 주었던 새 아파트는 자기 것이 아니라는 것입니다. 여자도 자기 집 사정이 변하여 참고 결혼을 합니다. 그런데 여자네 친정의 경제가 풀리기 시작하여 사업이 잘 됩니다. 그때 여자는 자기의 초라한 모습이 보이고, 남편의 거짓말이 떠오릅니다. 친정어머니께 사정을 털어놓자 반전이 일어납니다. "사실은 혼수를 해올 형편이 못되는 너의 마음이 상할까봐 사위가 아파트를 팔아 네 아버지의 빚을 갚는데 보태었다." 두 모녀는 서로 껴안고 감격과 감사의 눈물을 흘립니다.

이렇게 감동적인 에피소드를 소개하는 한편, 잘못된 세상에 대한 비판을 가하기도 하고, 올곧은 견해를 밝히기도 합니다.

> 요즈음 일확천금 사행심에 끌어들이는 카지노, 복권, 빠찡꼬, 노름, 경마, 경륜 등 각종 경기에 돈을 거는 행위, 각종 사행성 문화, 모두 건전한 방향으로 바뀌었으면 좋겠다. 이러한 사행성, 투기성, 한탕주의가 불러오는 것은 강도, 살인, 기만, 위조, 사기 등이 아닐까 생각한다.
>
> — 「닭싸움」 일부

> 기껏해야 5분이나 10분 정도 줄서기가 지루하여 새치기를 하고 5초나 10초를 못 기다려 차선을 바꾸는 한국인이 아닌가 한다. 또한 건설공사도 공기를 기다리지 못하고 빨리빨리 대충하는 일이며, 약도 즉효 약을, 돈벌이도 한탕으로, 벼슬도 벼락감투로. 그러니 그 결과는 어떻게 되는가?
>
> — 「기다림의 미학」 일부

> 좀 더 참고 기다리지 못하고 자살을 택한 것은 천만 번 잘못한 일이지만, 6달된 아기와 함께 아파트에서 떨어져 죽은 모녀도 불쌍하고, 40나이에 새 보금자리에서 행복한 삶을 시작하다가 갑자기 사랑하는 아내와 딸을 잃고 넋을 잃게 된 최 씨도 참으로 불쌍하다.
>
> — 「외로움」 일부

현대는 물질 만능주의여서 방법을 가리지 않고 치부하려는 경향이 짙습니다. 선생은 이에 대해 경종을 울리는 글도 여러 편 발표합니다. 또한 기다리지 못하는 세태를 걱정하기도 합니다. 서둘러 일한 것이 모두 잘못 되는 것은 아니라 해도, 씹지 않고 서둘러 먹은 밥은 체하기 쉽습니다. 잠시 눈 한번 감고 생각하면 어려운 일을 막을 수도 있을 터이지만 너무 성급하여 참지 못하는 세태를 드러낸 이야기입니다.

수필 「부부생활 한담」에서는 노년의 특정한 에피소드가 압권입니다. 중풍에 걸린 부인을 간병하던 노인은 부인이 귀찮아서 빨리 죽었으면 싶더라는 것입니다. 10여 년이 지나 부인이 죽습니다. 부인이 병석에 있을 때에는 빨리 죽기를 바랐지만, 막상 죽고 나니 허전하고 외로워서 살 수가 없더라는 것입니다. 밖에 나갔다가 집으로 돌아올 때는 방에 누워 애원하는 눈초리로 자기를 부르는 것 같아 아랫목을 바라보지만, 그 곳은 비어 있으니 한바탕 눈물을 주체할 수 없다는 것입니다.

그리하여 선생은 〈이 세상 기껏 살아봤자 백세를 넘기기 어렵고, 잘 먹고 잘 살아봤자 하루 세 끼밖에 먹지 못한다. 생각하기에 따라 행복과 불행, 삶의 가치는 마음먹기에 달렸다.〉는 데에 깨달음에 이릅니다. 이러한 삶의 자세가 진솔합니다.

5. 읽으면서 깨닫는 글의 묘미

산태고 김진태 선생의 글을 읽으면 작고 큰 울림으로 감동을 받습니다. 작은 울림으로 다가온 감동이 다시 읽으면서 조금씩 커져 큰 동그라미가 됩니다. 그것은 세상에서 보고 듣고 느낀 것들을 제재(題材)로 하였지만, 풀이 젖소를 통하여 유유가 되는 이치와 같습니다. 그래서 선생의 작품은 한 번 읽는 데에서 멈출 수 없습니다. 다시 읽고, 또 정독하게 하는 마력(魔力)이 있습니다.

수필 「어느 계모 1」은 권선징악(勸善懲惡)에 해당하는 작품이지만, '콩쥐팥쥐'나 '흥부전'과는 다른 현대적 일화(逸話)입니다. 두 아이를 데리고 들어온 계모가 차별하지만 영식이는 참습니다. 그 차별을 목격한 아버지의 호통에도 슬기롭게 대처합니다. 〈어머님이 계시면, 한 아들만 배고프지만, 어머님이 안 계시면, 두 아들 뿐만 아니라 우리 집이 모두 배고프게 되니, 어머님을 용서하십시오.〉라는 말을 계모가 듣습니다. 계모는 크게 반성합니다. 이후부터는 데리고 들어온 아들과 차별을 하지 않았을 터이고, 가정의 평화가 깃들었을 터입니다.

이런 에피소드를 통하여 자신의 철학과 신념을 작품에 담아내는 선생의 작품에는 누구나 알아도 좋을 잠언(箴言) 성격의 글이 다양합니다.

> 잠이 안 오는 사람에게는 밤이 길고, 일을 하기 싫은 사람에게는 해가 길고, 다리가 아픈 사람에게는 오리도 멀 듯이, 성실하게 일을 하지 않는 사람에게는 인생이 고달프고 살기 힘든 법입니다.
>
> — 「바보 이반처럼」 일부

> 신심이 좋은 사람은 어떤 어려움이 있어도 인내 속에서 잘 풀리는 경우를 흔히 주위에서 본다. 신심이 두터운 부모 밑에서 자란 자손들은 부전자전, 모전여전이라고 신심이 두터울 수밖에 없으니 흐트러짐이 없어야 하겠다. 용생용 봉생

봉(龍生龍 鳳生鳳)이라 했던가?

— 「용생룡 봉생봉」 일부

나이가 들수록 높여 보이고 모범이 되어야 하지 않겠는가? 막역한 친구 사이라도 사랑을 담고 아끼는 마음을 담아 존칭을 쓰고 좋은 언어를 쓰는 것을 보면, 좋게 보이고 주위 사람들도 마음이 스스로 흐뭇해진다. 일상 하는 말이라도 품위를 유지하면 좋다. 언어 속에 마음이 담겨있고 인간 됨됨이가 들어 있기 때문이다. 점잖은 말과 점잖은 행동에는 어느 누구도 함부로 하지 못하고 얕보지 못하는 것이다.

— 「구습(口習)」 일부

선생은 수필 「바보 이반처럼」을 통하여 '진실한 사람의 근로'를 소망합니다. 「용생룡 봉생봉」을 통하여 부모의 생활과 신앙에 따라 자녀들이 영향을 받으니, 좋은 부모 역할을 잘 하자고 권유합니다. 이러한 본보기는 연세가 들어도 지켜야 할 기본자세라고 합니다. 〈친구사이라도 사랑을 담고 아끼는 마음을 담아 존칭을 쓰고 좋은 언어를 쓰는 것〉이 좋을 일입니다. 가는 말이 고와야 오는 말도 곱다는 속담이 아니라도 대부분의 사람들은 자신이 존중받기를 바라기 때문입니다.

끝으로 산태고 김진태 선생은 '정성'을 사회생활의 으뜸 덕목으로 생각하는 것 같습니다. 하느님의 사랑도, 사람 사이의 관계도, 크고 작은 일의 성취도, 그 바탕에는 정성이 기본임을 밝힙니다. 수필 「사랑의 조미료」에서 아내의 음식맛을 감탄한 어느 남편이 아내를 몰래 관찰합니다. 아내는 여러 가지 재료를 섞어 정성껏 다 만들고, 마지막으로 선반 위에서 상자를 열더니, 성호를 그으면서 맨손으로 무엇인가 한줌 집어 반찬에 넣습니다. 부인 몰래 열어보았더니 그 안에는 '정성'이라고 쓴 종이조각밖에 없더라는 이야기입니다.

신앙 안의 이야기이든지, 가정의 대소사이든지, 세상을 살아가는 이야기든지, 모든 일에 가장 소중한 일이 '정성'임을 강조하는 산태고 김진태(니꼴라오) 수필가의 조용한 웅변(雄辯)은 가슴에 감동의 메아리를 생성(生成)합니다. 이제부터는 음식할 때만이 아니라, 모든 일에 '정성'의 조미료를 듬뿍 넣어 건강과 행복, 그리고 소망하는 일의 성공을 기약해야 할 것 같습니다. 이런 마음으로 선생의 작품 감상을 마칩니다.

◇ 박천규 수필론 『배려와 양보의 향기』 평설. 2016.

나눔과 배려, 사랑의 정서적 함수

1. 박천규 수필가를 찾아서

수필가 백천(佰泉) 박천규(朴千圭) 선생은 1938년 7월 19일 충남 대덕군 동면(대전광역시 동구)에서 출생합니다. 그 고향은 현재 대청호 수몰지역입니다. 가려고 해도 찾아갈 수 없는 고향 마을, 물속에 담겨있는 그 언저리에서 망연히 바라볼 수밖에 없습니다. 그리하여 고향에 대한 그리움은 헤량할 수 없는 크기로 선생의 내면에 남아 있습니다.

> 가을 추수철에 고향을 찾을 때마다 찾아보던 수령 700여 년을 자랑하던 마을 수호신 은행나무도 대청댐 담수와 함께 사라져, 고향을 찾아도 그 어느 곳에서도 그 흔적을 찾을 길이 없다. 고향 큰집 뒷산 봉댐이 아래 모여 있던 고향동네 초가집도, 초가집을 둘러싸던 탱자나무도 영상으로 머릿속에만 남아 있다.
>
> 고향집에서 내리막길을 따라 장터에 이르면 무성하던 나무 숲속의 정자도 보이지 않는다. 고향 사람은 물론 외지사

람들이 많이 찾아 여름을 보내던 금강 변 소나무 숲 울울하
던 송정도 사라졌다.
명절이나 집안 큰 일이 있을 추울 때면 두루마기 한복을
입은 아버지와 어머니를 따라 호호 손을 불며 고향을 찾아
가던 자갈길에 줄지어 섰던 미루나무 신작로도 없어졌다.

— 「내 고향 지금 어디에」 일부

이 작품에서 선생은 〈내 고향은 대청댐 담수가 시작되던 1979년부터 수몰되기 시작해 완전히 수몰〉되었다면서. 〈이를테면 나도 수몰민〉이라고 합니다. 어느 날 형으로부터 받은 선물은 〈고향 앞을 흐르던 냇가에서 주워온 돌〉이었습니다. 선생은 그 돌들을 〈목욕도 시키고〉 〈바싹 마른 돌에도 물을 흠뻑〉 줍니다. 그러면 돌도 화분의 꽃처럼, 나무처럼 생기를 찾아 고향의 산천을 대신하는 것 같아 향수(鄕愁)를 달랩니다.

선생은 어린 시절에 부친을 따라 대전의 중심지로 이사합니다. 대흥초등학교를 졸업하고, 최고 명문인 대전중학교, 대전고등학교를 거쳐 충남대학교 사학과에서 수학합니다. 공군사관 장교 후보생으로 입대하여 공군 정훈장교 중위로 군 생활을 마칩니다. 그 다음해 대전문화방송 취재기자로 입사하여, 보도국장, 심의실장, 총무국장, 상무를 역임하면서 '잘 나가는' 언론인의 길을 걷습니다. 방송국 기자로 활동할 때 동아일보 이정구 기자를 만난 인연으로 부부가 함께 가톨릭 신자가 됩니다.

1989년 부활절을 앞둔 4월 15일 선배님 —시몬을 대부로,

부인— 수산나 자매님을 대모로 하여, 나는 대건 안드레아, 아내는 마리아로 영세를 해 주님의 자녀로 각각 태어났다. 같은 해 5월 28일에는 두 분을 대부와 대모로 하여 견진성사도 받았다.

그러나 영세 이후 세례를 왜 받았는지, 하느님은 정말로 계시기나 한지, 후회도 되고 의심스런 마음도 들게 하는 그칠 줄 모르는 병고로 인한 시련과 고통이라는 너무나 긴 터널이 계속되었다.

— 「영세가 안겨준 지팡이」 일부

영세를 받고, 견진성사를 통해 신앙이 깊어질 무렵 예기치 않은 아픔이 선생 부부를 찾아옵니다. 1993년초 가을에 뇌경색으로 좌편마비가 찾아오고, 간병하던 아내(김순옥 마리아)도 1995년 역시 뇌수술을 한 후 찾아온 좌편마비로 가정의 평화가 흔들립니다. 병고의 후유증으로 1994년에 방송사를 퇴임하여 재활훈련에 돌입합니다. 그러나 삶의 구름은 다시 찾아옵니다. 2002년에 후두암 판정을 받아 언어장애를 갖습니다. 방송기자였던 선생에게 언어장애는 '삶' 모두를 거두어 갈 정도로 형언할 수 없는 아픔이었을 것입니다.

자신의 아픔을 극복하는 것도 힘들 터인데, 아내에게 찾아온 병마도 쉬지 않습니다. 신장암 수술, 척추 수술, 그 후유증으로 야기된 '하지 부종' 등 아픔의 터널이 계속됩니다. 긴 터널을 지나면서도 부부가 절망을 극복할 수 있었던 것은 신앙의 힘이었습니다. 〈주님에 대한 사랑과 믿음을 키우고 키워〉 어떠한 병마가 나타나더라도 두려워하지 않습니다. 치료와 재활훈련을 계속하면서 독서에 열중합니다.

> 직장 생활을 끝내고 나오던 1994년부터 책을 새 친구로 여기며 사귀고 있다. 매일 아침에 일어나면 먼저 기도를 한 다음 지인이 신문에 실린 글 중에서 골라 보내오는 내 입맛에 맞는 수필과 에세이 4, 5편을 읽고 나서 역시 지인이 사보내온 책을 읽는다. 하루 독서 기본량을 정해 읽는다.
>
> — 「안중근 의사의 책사랑」 일부

이와 같은 독서에 의해 형성된 사색의 깊이가 '자신의 글'을 빚게 작용합니다. 그리하여 동창회 회보, 교회 주보 등 여러 곳에 발표를 하게 되고, 이 글을 읽은 독자들, 특히 셋째 누님 내외의 독려와 성원에 의해, 2004년에 첫 수필집 『어머니 태어나신 곳을 다녀왔습니다』를 발간합니다. 이를 계기로 수필 창작에 열중하여 대전가톨릭문학회에 입회하게 되고, 뛰어난 작품으로 2012년 문학전문지 『문학사랑』 신인작품상 수필부문에 당선하여 등단합니다.

수필가로 등단한 후 선생은 더욱 따뜻하고 아름다운 수필을 빚습니다. 그리하여 '2016년 상반기 우수작품상'을 수상합니다. 이 상은 500여 명의 문인과 독자들이 투표하여 선정하기 때문에 수상을 한 문인에게는 자긍심을 고취합니다. 이를 계기로 준비해 왔던 두 번째 수필집 『배려와 양보의 향기』를 발간합니다.

2. 스스로 짓는 행복의 함수

백천 박천규 선생은 일제 강점기에 태어나고, 어린 시절에 민족의 비극인 6.25의 참상을 겪었지만, 부모님을 비롯한 주위 사람들의 사랑을 받으며 성장한 것 같습니다. 사랑을 받아본 사람이 사랑을 나눌 줄도 안다는 말처럼, 부모 형제를 비롯하여 이웃의 사랑을 듬뿍 받으며 성장한 선생이었기에 세상을 긍정적으로 바라볼 수 있었습니다.

직장생활과 사회생활도 남부럽지 않았으며, 신앙 역시 두터웠던 것 같습니다. 선생이 추억하는 어머니의 사랑과 음식솜씨, 이웃들이 나누어주는 배려는 그 시기에 아무나 받을 수 있는 일이 아니었기 때문입니다. 후일 병마로 인해 고통을 받으면서도 긍정적 세계관을 형성하는 데에는 성장기에 받았던 사랑이 크게 작용했을 터입니다.

> 호박잎 쪄 쌈 싸 먹고 칼국수 먹는 일은 이제 제 생일 전후에는 빼놓을 수 없는 엄니의 살아있는 기념음식이 되었답니다. 중고등학교 때 전등 하나 켜고 외풍이 센 방에서 이불을 뒤집어쓰고 공부할 때면 한밤중에 고구마를 쪄 진잎김치와 쭉쭉 쪼갠 무, 김치 국물을 한 그릇 가져다주시며 많이 먹고 잠을 깨 공부하라 하시던 그 목소리, 그 맛이 새롭게 그리워 진답니다.
>
> — 「엄니, 찬국수 해줘요!」 일부

앞의 인용문에서 독자들은 어머니의 사랑을 공유할 수 있습니다. 어머니는 막내로 태어난 선생을 특별히 사랑한 것 같습니다. 〈(어머니께서는) 이런 말도 자주 하셨지요. 10남매 중 막내로 태어난 넌 옷 하나 제 몸에 맞는 것은 입어보지도 못하고 형들이 입던 낡고 큰 옷

가지만 얻어 입고 자랐다며 가슴 아파하셨지요.〉라는 회상(回想)을 통해 어머니의 마음을 그려냅니다. 이는 교장을 역임한 형님도 같은 생각이었습니다. 선생의 형님은 학교 앞 시외버스 정거장 시골 장터 초가집 칼국수 집에서 국수를 들며, 〈"그래 바로 이 맛이 우리엄니 손칼국수 맛이다!"〉라고 찬사를 연발하며, 〈농번기만 되면 우리 시골집은 엄니의 손칼국수로 온 동네 온 식구가 칼국수잔치를 한판씩 치렀다.〉고 기억합니다.

어머니에 대한 추억을 되살린 선생은 〈엄니, 저는 지금도 무더운 여름철만 되면 엄니께 조르던 "엄니 찬 국수 해줘요!" 소리 속에 고향 뒷동산 아래 시원한 옹달샘 물에 말아주시던 엄니 손칼국수 그 맛을 찾아 맛집 사냥을 잘 다닌답니다.〉라고 하늘나라의 어머니께 고백합니다. 어머니의 사랑은 이웃 아주머니들의 배려로 전이되어 나타납니다.

> 여동창생 어머니는 수시로 다 무너진 판자 담 너머로 등교하는 나를 불러 다가서게 하고는 "청기야, 옛 따 깡개!"라며 둥글게 뭉친 누룽지 덩어리를 주며, 학교 가는 길에 먹으라며 손을 흔들며 웃어주었다.
>
> 오른 쪽 집 후배 남학생 어머니도 가끔 "청기야!"라며 불러서는 "저녁에 집에 꼭 놀러오라!"고 했다. "**아버지가 부산에서 먹을 것을 많이 사왔다."며 와서 함께 먹자는 것이다. 어느 날 갔을 때는 보기도 힘든 귤을 많이 사와서, 많이 먹으라고 해 모처럼 귤 맛을 즐긴 일이 있다. 이밖에도 민물고기 회를 좋아하던 아저씨는 부산출장 길에서 돌아오면 민물회를 즐기는 바람에 민물고기 회도 여러 번 맛보았던 일이

생생하다.

— 「청기야, 옛따 깡개!」 일부

이처럼 사랑을 받으며 성장한 박천규 선생은 자신도 어려운 사람들에게 사랑을 베풀며 살아갑니다. 소소한 물질도 서로 나누지만, 마음과 마음을 나누면서 지기지우(知己之友)의 관계를 맺습니다. 선생의 글에서는 많은 사람들이 자신을 도와준 고마움을 표현하고 있습니다만, 그러한 고마움 이면에는 선생의 관심과 사랑이 먼저였음을 쉽게 알 수 있습니다.

그리하여 선생의 눈에는 훌륭한 일을 한 사람들에 대한 존경과 찬사가 중심을 이룹니다. 「6.25에도 소실 되잖은 문화재」에서는 전란 중에도 훼손되지 않은 운조루의 일화를 소개합니다. 좌익 빨치산이 창궐하던 지리산 문화권에서 불타지 않고 살아남은 까닭을 밝힙니다. 운조루 사랑채 옆에 쌀 두 가마 반이 들어가는 쌀 뒤주에 쌀을 담아놓고, 가난한 사람들은 아무나 쌀을 가져갈 수 있게 한 덕망(德望)을 기립니다. 이는 「네 살 된 시민 헌납 공원」 에서도 거금 100억 원을 희사하여 2만여 평의 시민공원을 헌납한 유림(裕林) 이인구 님의 뜻을 기립니다. '유림공원'에서 시민들이 자연을 완상하며 휴식할 수 있기를 소망합니다. 또한 장태산 자연 휴양림을 조성한 임창봉 선생에게도 감사하는 마음을 글에 담습니다.

선생의 이런 마음은 주위 모든 사람에게 전이되어, 서로 돕고, 서로 도움을 받으며 살아갑니다. 어려운 사람들끼리 서로 베푸는 사례가 여러 작품에 나타납니다.

문을 열고 들어서는 순간 "반갑습니다!"는 인사말이 맞았다. 인사를 한 장애우는 활동보호자가 끌어주는 수동 휠체어를 타고 다녀야만 하는 중증 장애우. 그는 목욕탕 문을 열고 들어서는 자기 세면대 앞 거울에 비친 내 모습을 본 모양이다.

그 옆 자리에 앉아 머리를 감고 세면을 한 뒤 면도를 하려할 때다. 그가 내 뒤로 옮겨 앉는 것이다. 내 등을 닦아 주겠다고 어눌하게 말하며, 활짝 웃으며 쳐다보았다. 활동보호자의 도움을 얻어야만 목욕을 하는 그가 내 등을 닦아주겠다는 것이다. 내가 닦겠다고 했으나 그는 웃으며 내 타월과 비누를 가져가 휠체어에 앉은 불편한 몸, 힘없는 손으로 등을 닦아주었다.

— 「휠체어 장애우가 쳐준 종소리」 일부

중증 장애우의 배려를 수용한 선생의 자세가 오롯합니다. 자신보다 더 심한 장애우가 자신에게 관심과 배려를 보일 때 선뜻 응하기는 쉽지 않은 일입니다. 이의 자연스런 수용은 베풀고자 하는 사람의 순수한 마음에 대한 선생의 배려이기도 합니다. 서로가 나누는 관심과 배려는 사회를 아름답게 변화시킵니다. 이러한 일들이 자연스럽게, 그리고 여러 상황에서 수용되는 사회는 건강하게 마련입니다.

그리하여 선생은 법정 스님이 한 말씀, 〈내가 나를 만듭니다. 생각과 말과 행동은 우리 정신에 깊은 자국을 남깁니다. 그것은 마음밭에 뿌리는 씨앗과 같아서 이 다음에 반드시 그 열매를 거두게 됩니다. 어떤 나를 만들 것인가는 나 자신의 결단에 달려 있습니다.〉

라는 경구(警句)를 마음에 담아두고 스스로 실천하는가 봅니다.

3. 나눔과 배려의 정서적 함수

수필가 박천규 선생의 수필은 주로 착하고 고마운 사람들의 아름다운 이야기를 담고 있습니다. 물론 아름다운 이야기 속에 상대적 인물이 등장하기도 하지만, 작품의 중심은 사랑과 배려에 바탕하고 있습니다. 인성의 선한 바탕에 가톨릭 신앙의 사랑과 봉사 정신이 결합한 것으로 보입니다. 또한 독서를 통해 습득한 훌륭한 인물들의 일화(逸話), 그 간접 체험의 내면화도 선한 눈으로 세상을 바라보게 하였을 터입니다.

특히 마더 테레사의 '두 체험'에서 받은 감동이 컸던 것 같습니다. 가톨릭교회의 수녀가 〈나는 사랑의 위대함을 힌두교도인 네 살짜리로부터 배웠다.〉는 고백은 선생의 의식 속에 혁신적 아이콘으로 기능하였을 터입니다. 이와 함께 27년간 감옥에 갇혀 있다가 석방된 다음, 미움과 원한을 물리치고 수감실의 간수를 대통령 취임식에 초대하고 소개한 남아프리카공화국 만델라 대통령의 '열린정신'에도 연유하는 것 같습니다. 그러나 근원적인 작용은 체험에 의해 형성된 내면의 반향(反響)으로 보입니다.

> 그녀는 김장을 담그고 나오면서 "내년부터는 저희들 김장은 더 이상 걱정하지 마시라."고 말씀드렸다. 이에 은사님은 "그런 소린 하지 마! 내 텃밭에 내가 무공해 배추를 열심히 길러, 주고 싶은 주변 사람들에게 조금씩이나마 나눠주는

기쁨이 나에게 더 큰 기쁨을 안겨주는 걸!"이라며 손사래를 지으시더라는 것이다.

—「정년을 모르는 은사님의 사랑」 일부

'2016년 상반기 우수작품상'에 선정된 작품입니다. 박천규 선생과 이웃 가톨릭 '자매'의 대화로 시작한 이 작품은 '제자에 대한 변함없는 스승의 사랑'을 소개합니다. 물질주의와 개인주의가 팽배하여 부모와 자녀, 스승과 제자, 이웃과 이웃의 정이 메말라가는 시대에 청랑(晴朗)한 물소리와 같이 아름다운 이야기입니다. '은사'와 '최선일 자매'는 초등학교에서 중등학교, 결혼 중매 등으로 이어집니다. 은사의 밭농사로 김장을 같이 나누는데, 그 과정의 부분입니다.

특히 결말 부분의 〈정년을 모르는 은사님의 한결 같은 사랑을 받으며 오늘도 행복하게 살아가고 있다.〉 〈은사님 내외는 시집간 따님집 가듯이 내왕하며 만남의 인연을 이어가고 있어 주위의 부러움을 사고 있다.〉는 구절에 박천규 선생의 내면이 투영되어 있습니다. 이러한 일화를 바탕으로 자신도 스승에 대해 추억하며, 때로는 국립대전현충원을 찾아 스승을 기리기도 합니다.

세 은사님이 남겨준 소중한 추억들을 잠시 돌아본다. 현충원에 호국영령으로 모셔진 은사님은 방과 후 분필로 글자를 바르게 쓰는 방법을 가르쳐주셨고, 틈을 만들어 풍금 치고 노래하는 방법도 가르쳐 주시려고 애쓰셨다. 검은 태 안경의 은사님 모습과 선창하시던 노래 소리가 들리는 듯도 하다. 검은 턱수염에 미남이시던 은사님(89세)이 남겨준 추억의 선물은 내가 크레온으로 그린 불조심그림을 보시고 '천규 그림 잘 그리네!' 칭찬하시며 교실 뒷벽에 붙여놓게 하셨던 일 또한 잊을 수 없는 상록의 추억 한 장이다. 더하여 점심시간에 연서를 전해 달라 하시며 답서를 받아 오라시던 러브레터이야기는 아직 젊기만 하다.

— 「초등 동기동창회 어언 40년」 일부

대홍초등학교를 졸업한 지 60년을 넘기었을 때, 선생은 세 분의 은사님을 추억합니다. 한 분은 현충원에 모셔진 군 출신(해병대 대령)이시고, 두 분은 91세와 89세로 생존한 분들입니다. 글씨를 바르게 가르치신 분, 그림을 잘 그렸다고 칭찬하신 분 등을 추억합니다. 특히 한 분은 어린시절에 직접 선생님의 연서를 전달하여 결혼에 이르게 한 분이어서 더욱 애틋하게 그립습니다. 특히 6.25 전쟁 중에 참전한 선생님이 전사한 이야기는 평생 가슴에 새겨져 남아 있는 아픔일 터입니다.

피난살이를 끝내고 9.28수복 후 집으로 돌아왔다. 기다리던 학교를 찾았다. 구미역 광장에서 만났던 선생님이 보이지 않았다. 아직 제대를 하지 않으셨는데 '곧, 제대하시고 올 것'이라는 소식만 귀동냥했다. 그 뒤 기다리고 기다려도 뵐 수가 없었다. 집에서 학교에 가는 길목에 있는 선생님 댁을 지나며 철 대문을 살짝 열어 울안을 들여다보았다. 그러나 아무런 인적도 느껴지지 않았다.

그 다음해였을까? 등굣길에 선생님 댁을 또 찾아보았다. 붉은 장미꽃 흐드러지게 펴 담장에 늘어진 선생님 댁 철제 대문 위에 보이지 않던 청색과 붉은 색 글씨의 현판이 보였다. 태극기 그림 아래 '호국영령의 집' 이라 써 있고 선생님의 존함을 비롯해 다른 세 명의 이름이 그 아래 나란히 써 있었다.

— 「은사님과 참외」 일부

6.25 한국전쟁이 일어나 선생의 가족이 남쪽으로 피난을 가던 길, 구미역에서 김밥을 먹을 때 '멸공!' '필승!' 등의 붉은 글씨 머리띠를 두른 수많은 젊은이들을 봅니다. 그때 한 사람이 일어나 가족 쪽으로 달려 나오며 '박천규'를 부릅니다. 바로 초등학교 담임선생님이셨고, 서로 부둥껴안고 반가운 인사를 나눕니다. 피난길에 징집이 되어 열차를 기다리는 선생님에게 어머니는 노점상으로부터 참외 몇 개를 사서 깎아 드립니다.

그 후의 이야기가 앞의 예문입니다. 그 다음해에 다시 선생님 댁을 찾아보는 것은 스승에 대한 궁금함이겠지만, 한편 인정의 표출이어서, 이런 자세가 선생을 오늘의 수필가로 만든 것 같습니다. 담임선생님을 비롯한 4형제가 전쟁의 와중에 전사한 것입니다. 이렇듯이 박천규 선생의 어린시절에 대한 글은 우리 현대사의 질곡을 증언합니다. 선생은 오랜 세월이 흐른 현재에도 〈현충일을 앞두고 국립대전현충원 가는 길가에 있는 상가에 들러 노란 참외를 사 그 단 내음을 흠뻑 들여 마셨다. '호국영령이 되신 선생님에게 평화와 안식이 늘 함께 하시길 빕니다.' 〉라는 변하지 않는 정서로 작품을 빚습니다.

4. 수필 창작의 예술적 공유

수필의 특성을 〈규범적 형식이 있는 타 장르보다 비교적 수필은 자유롭다.〉〈지은이의 개성이 잘 드러나는 고백 문학이다.〉〈느낀 것, 생각한 것을 자유자재로 서술할 수 있다.〉〈생활이나 체험, 생각이나 느낌 등을 붓 가는 대로 솔직하게 서술한 글이다.〉〈구성이 일정하지 않은 수필에서는 유머, 위트, 비평정신이 중요한 요소이다.〉 등으로 정리하고 있습니다. 그렇지만, 자칫 수필이 흐를 수 있는 평면성과 건조성을 극복하기 위해서는 아름다운 정서를 환기할 수 있는 표현의 멋이 요구됩니다.

박천규 선생의 작품에서는 이에 부응하는 '표현의 멋스러움'을 신선한 제재, 세밀한 묘사, 따뜻한 인간관계 등으로 생성(生成)합니다. 특히 수필이 문학작품이라는 점, 문학작품은 예술이라는 점을 염두에 두고 작품을 빚는 것 같습니다. 구성의 묘미, 개성적인 문체, 다른 사람이 놓치기 쉬운 여러 요소들을 세밀하게 묘사하여 감동을 생성(生成)합니다.

> 앵두나무와 산벚나무도 경쟁하듯 하얗게 꽃을 피웠고 한 발 더 나가니 (해당화가 아니냐는 물음을 자아내는)명자나무 숲은 해당화처럼 붉은 꽃을 소담하게 피우고, 그 담 너머에는 총총 들어선 라일락도 보라색꽃봉오리들이 하늘을 향해 고개를 들고 있었다.
>
> 한발 더 나아가는데, 눈앞에는 얼마 전부터 피어 만개했던 산벚나무에서 꽃눈이 봄바람을 타고 내리고 있었다. 꽃눈은 연록의 잔디 위에 내려 조화를 이루고 우레탄 산책로에는 꽃눈 수를 아름답게 놓아 또 다른 개화를 하고 있었다. 흰나비는 바람 타는 꽃눈을 친구로 아는 듯 바람에 반짝이며 날리는 꽃눈을 쫓아 허공을 날아다니기에 퍽 바쁜 모습이다.

— 「꽃눈은 하얗게 내리고」 일부

선생은 가까이에 있는 풀과 나무, 그리고 만나는 사람들에게까지 섬세한 관심을 보입니다. 이 글은 아파트 산책로를 걸으면서 눈에 뜨이는 대로 묘사한 부분입니다. 이어 〈흰나비 펄럭이며 나는 (하늘) 아래 잔디에는 여기저기 수많은 노란 민들레꽃이 하늘을 향해 활짝 피어 있어 비행장 활주로에 놓인 표시등과도 같았다.〉라는 묘사가 보입니다. 여기에서 '노란 민들레꽃'과 '비행장 활주로'를 비유한 것은 공군 장교로 근무한 박천규 선생만의 개성적인 표현입니다.

이처럼 개성적이고 살아 있는 묘사가 작품에 신선한 충격을 줍니다. 〈산책로와 화단을 가르는 좀작살나무에는 궁형의 가는 줄기에 싸리꽃 같은 하얀 꽃이 줄기를 돌돌 말아 피어 눈길을 끌었고, 이웃한 봄철의 첨병 산수유에 폈던 노랑꽃은 어느새 봄 햇살에 바랜 노병(老兵)의 모습이었다.〉에서 세심한 관찰과 자신의 체험을 융합하여 아름다운 수필을 빚어냅니다. 그러나 아름다운 자연은 봄, 여름, 가을에만 머무는 것이 아닙니다. 작가의 눈에 비친 겨울 역시 살아 숨쉬는 생태계입니다.

> 사람들은 겨울을 곧잘 삭막하다고 말한다. 겨울나무는 앙상한 나뭇가지만 남아 있다며 꽃피고 잎 돋던 그때와 비교하며 깊은 정을 주지 않는다. 그러나 선암사의 겨울은 그렇지 않다. 소나무 전나무 같은 늘 푸른 바늘잎나무야 우리 산천 어디서나 볼 수 있는 것이지만, 선암사는 한반도의 남쪽 끝자락 남해바다 가까이 있어 늘 푸른 넓은잎나무의 난대성

> 식물이 잘 자란다. 동백나무 후박나무 녹나무 태산목 팔손이나무 붉가시나무 종가시나무 호랑가시나무가 여전히 절 마당 곳곳에서 초록을 빛내고 있다.
>
> — 「그리운 선암사 매화」 일부

이 글은 묘사보다 서술에 집중하고 있습니다. 〈선암사는 열흘마다 다른 꽃을 선보이며 꽃이 지지 않는 절이 되었다.〉 역시 그러하지만, 〈신록의 계절에는 온 산이 파스텔톤의 연둣빛으로 물드는 것이 꽃보다 아름다운데, 백당나무 불두화는 주먹만한 하얀 꽃을 불쑥 내민다.〉 〈계곡 한쪽에서는 산딸나무 층층나무의 새하얀 꽃이 청순한 자태를 조용히 드러낸다.〉 〈절 마당에서는 태산목이 연꽃봉오리 같은 탐스러운 하얀 꽃을 오늘은 이 가지, 내일은 저 가지에서 한 달 내내 피웠다 떨어뜨린다.〉 등의 묘사는 탄성을 자아내게 합니다.

이러한 묘사는 농사를 짓는 들녘의 풍경도 맛깔나게 살려냅니다. 〈저만치 마치 첫 서리 맞아 누렇게 물든 넓은 잔디밭 같은 들판이 펼쳐졌다.〉 〈누렇게 익어 곧 수확을 앞둔 보리가 서걱거리며 추는 보리들의 군무와 노래를 함께 즐기고 있었다.〉라는 「하지 앞두고 찾아본 청보리밭」 의 묘사 역시 그러합니다. 좋은 수필을 창작하기 위해서는 사실적 묘사와 함께, 내면에 흐르는 심리적 묘사와 서술 역시 중요합니다.

> 며칠 전 받아 보게 된 '당신 먼저!'(After you!)라는 에세이는 마치 내가 겪었던 주부의 '당신 먼저!'와 그 아들의 'After you!'를 다룬 듯해 몇 번이나 읽으며 읽을 때마다 새로운 맛

과 향을 느꼈다.

— 「배려와 양보의 향기 '당신 먼저'」 일부

박천규 선생은 '삶의 자연스러운 형상화'를 수필로 인식하는 것 같습니다. 자신의 생활, 느낌, 생각, 그리고 세상의 여러 이야기들을 자연스럽게 서술하고 묘사합니다. 특히 동창이나 이웃이 자신에게 베푼 배려와 우정에 대한 고마움이 여러 작품에 담겨 있습니다. 구체적으로 적시하지는 않았지만, 아내에 대한 사랑과 고마움도 여러 작품에 담겨 있습니다.

글은 곧 필자의 가슴이라고 합니다. 앞으로도 선생의 가슴에 새겨지는 세상의 아름다운 이야기, 행복한 이야기를 끊임없이 수필로 남기리라 믿습니다. 독자들과 공유하는 미덕(美德)을 지속적으로 생성하리라 믿습니다. 이런 믿음과 기대로 박천규 선생의 2수필집 『배려와 양보의 향기』에 대한 기행(紀行)을 마칩니다.

◇ 김선호 수필론 『한밭수필』 10호 평설. 2018.

자성과 애타로 참답게 사는 길

1. 무욕을 지향하는 삶의 지표

수필가 김선호 선생은 어학(語學)을 전공하고 교육계에서 30여 년 봉직한다. 한밭대학교 교수로 재임시부터 문학에 대한 높은 관심으로 문예창작 강의를 오랫동안 해왔으며, 현재도 명예교수로서 강의에 전념하고 있다. 문학을 가르치며 배우는 교학상장(教學相長)에 충실하여 수필(隨筆)집을 여러 권 발간한다. 월간『시사문단』과 『서울문학인』의 신인상에 시(詩)가 당선되어 시집을 두 권 발간함으로써 시와 수필 창작을 겸한다.

우리는 '반세기에 가까운 세월'을 '대전'이라는 공간에서 함께 살며, '문학'이라는 장르에서 교유해온 사이다. 필자가 대전문인협회 회장으로 봉사할 때 몇 번 만나 의기투합하였지만, 지기(知己)처럼 가깝게 된 것은 그의 시집 『말하자면 사랑은』의 출판기념회를 기획할 때 필자에게 '서평'을 부탁하면서부터이다. 행사에서 소임을 맡았기 때문에 그의 시집을 정독하게 되었고, 그의 문학세계에 매료되는 계기가 되었다.

선생은 충청남도 예산군 신암면 용궁리 789번지에서 태어나고 유년시절을 보낸다. 시집에서 몇 차례 보이는 '미르궁'은 '용궁'의 우리말 표현이며, '섬뫼'는 섬의 산이라는 표면적 의미가 아니라, '도산(島山)' 안창호 선생의 우리말 표현임을 알게 되었다. 그의 고향은 '추사고택'이 있는 용궁리이며, 추사(秋史) 김정희 선생의 후손이다. 그는 도산 안창호 선생의 애국정신을 선양하기 위해 조직되어 운영되고 있는 '흥사단' 단원이며 대전지역 회장을 역임한다. 그리고 가톨릭 신앙에 바탕하고 있는 애타심이나 봉사정신이 선생으로 하여금 '사랑을 하며, 사랑을 받으며 살아가는 참살이'를 지향하도록 작용함도 확인한 바 있다.

> 정말로 감내키 어려운 까닭으로 미워할 수밖에 없는 상대가 있다 하면, 그보다 더욱 아름다운 노력으로 거둔 성공적인 삶의 본새를 보여줌이 멋스런 대응이랄 수 있다. 또는 그리 쉬운 일은 아니지만 절대자가 늘 가르쳐 주시는 사랑과 용서로 복수(復讐)하는 대응도 있고, 까닭이야 어떠하든 온갖 미움과 시샘도, 다툼과 반목도 없고, 남 탓도 없는 삶이 이른바 인간적인 삶이다. 무한한 용서와 화해, 격려와 배려가 넘쳐나는 아름다운 삶, 살맛나는 삶의 누리가 진정 우리가 살아가야 하는 참스런 삶의 누리다. 아름다운 삶 속에서 우리가 맹세코 견지해 나아가야 하는 또 하나의 반듯한 덕목은 무욕(無慾)이 아닐 수 없다.
>
> 기쁘고 즐겁게 사는 방법의 또 하나는, 늘 애타(愛他)하는

마음으로 남들이, 이웃이 잘되기를 바라고, 그리 되도록 도와주면서 축복해주는 삶일 것이다. 이러한 이타적인 삶, 애인하는 삶의 지속은 그 순정한 마음과 행위의 쓰임이 남을 위한 것에서 비롯되는 것일지라도 결국은 자신의 축복으로 메아리처럼 되돌아오는 것이다. 샘물도 지속적으로 퍼내야 맑은 물이 솟아오르듯이 그침 없이 이어지는 절대적인 선행, 아낌없는 베풂이 이웃도 살리고 자신을 행복하게 만들어 가는 즐거운 삶이 되는 것이다. 사실이 이러할진대 우리 어찌 기쁨의 원천, 참 행복의 비롯됨을 마다할 수 있으며, 저버릴 수 있겠는가! 마땅히 그리고 지속적으로 해야할 참된 노릇이 아닐 수 없는 것이다.

— 「사랑받기 위해」 일부

김선호 수필가는 진정으로 이웃을 사랑하기 위하여, 집착(執着)에서 벗어나 무욕(無慾)을 지향하라고 주장한다. 현실 생활의 경우, 완전히 '집착'에서 벗어나기는 어려운 일이다. 이보다 한 단계 더 나아간 '무욕'의 경지에 이르는 일은 더욱 지난(至難)한 일이다. 그럼에도 우리는 이러한 경지를 지향하면서 스스로 돌아보게 되고, 조금쯤 허정(虛靜)의 경지에 이르기 위해 정진하는 것이다. 집착은 모든 근심과 슬픔의 근원이기 때문에 버려야 할 명제이며, 욕심을 삼가는 데에서부터 무욕의 경지에 이르게 됨을 그는 밝힌다.

집착을 버리는 일이 '교언영색(巧言令色)'으로 이루어질 수 있는 것이라면 누구나 성인(聖人)이 되겠지만, 행동으로 실천하는 것이 핵심이어서 엄두를 내지 못하게 마련이다. 김선호 선생이 어느 단체의 '회장' 자리를 놓고 경선할 때 옆에서 지켜본 일이 있다. "전화만

할 것이 아니라, 선거권자들을 만나 대접하면서 선거운동을 해야 되지 않겠는가?" 지인들이 선생에게 권하였을 때, 선생은 "밥과 술을 대접하는 것이 선거관리규정에 어긋나는가? 아니면 정당한가?" 되물었다. 지인들이 "선거때는 자기 지지자들을 식당에 모이게 하고, 선거가 끝날 때까지 매일 저녁 향응을 베푸는 것이 수십 년의 관행이다."라고 대답하자, 그는 "규정에 어긋난다면 사양하겠다. 더럽게 당선되느니, 명예롭게 떨어지겠다."라며 오불관언(吾不關焉)으로 일관하였다.

그리하여 명예롭게 낙방한 그를 안타깝게 바라보기도 하고, 현실과 동떨어진 의기(義氣)에 찬탄의 박수를 보내기도 하였다. 현실을 살아가면서 일호(一毫)도 어긋나지 않고 살 수 있는 사람은 없을 터, 그러기에 바르게 살아가고자 자신을 다스리는 김선호 수필가의 지향에 고개를 숙이게 되는 것이다.

2. 교육자로서의 오롯한 자세

수필가 김선호 선생은 충남대학교에서 국어국문학을 전공하고, 건국대학교 대학원에서 국어학을 전공하여 문학박사 학위를 받는다. 대학시절에 학훈단 교육을 이수하여 대한민국 육군 장교로 전역하여 후진을 양성하는데 힘쓴다. 대전여자상업고등학교 국어교사, 대덕대학교 교수, 한밭대학교 교수로 봉직하였으며, 현재 한밭대학교 명예교수로서 문예창작 특강반을 운영한다.

그는 교육자이기 전에 한 사람의 선량한 시민이기를 간구한다. 이는 선조에 대한 예의이고 의무라고 생각한다. 〈실학과 금석학의 대가이시고 서필의 위격에 단연 으뜸이신 추사 김정희 선생의 후손〉이라는 자존심을 보인다. 이러한 자존심은 그를 '행복한 긍정주의자'로 자리하게 한다. 〈나는 참으로 행복한 존재다. 내 자신이 스스로 오고 싶어 온 이 땅, 이승은 아닐지라도 내가 자긍심을 갖고 활기찬 숨쉬기 운동을 열심히 할 수 있는 까닭을 알고 한 세상 지내는 존재이니 참으로 슬기로운 삶을 사는 실로 행복한 존재가 아닌가.〉 그리하여 젊은이들의 교육에 무한한 애정을 표하며, 이에 어긋나는 것에 대해서는 가차 없이 비판을 가한다.

> 뱀장사에게도 있는 기본 양심이 오늘의 나라나 지자체를 이끄는 이들, 그리고 학자들에겐 도무지 찾아볼 수 없다는 거다. 이런 비양심이 오늘의 이 나라를 엉망진창인 꼴로 만들어 놓은 것이다. 앞으로도 계속 이 비양심, 어거지, 떼거지를 써갈 것 같고 일말의 양심의 가책도 그들의 가슴엔 가지고 있지도 않은 것 같다는 생각을 떨칠 수 없는 것이 진솔한 심정이다.
>
> —「애들은 가라」 일부

시골 장터에 가면, 난장에서 약이나 기이한 물건을 파는 사람들을 만난다. 원숭이를 줄에 묶어 몇몇 가지 기예를 보이게도 하고, 뱀을 보여주면서 지나가는 사람들의 시선을 끈 다음에 성인용품을 팔았다. 이들이 파는 것은 대체로 '정력제' 종류였던 것 같다. 그 물건을 구매자가 성인이어서일까, 가장 자주 듣는 말이 "애들은 가라!"였다. 사지도 않을 애들 때문에 질펀하게 늘어놓아야 할 음담패설을 못 하기 때문이었을 수도 있다.

김선호 선생은 오늘날 교육현장에서 일어나는 일들에 대한 염려를 수필 「애들은 가라」에 담아내고 있다. 교육이념을 입법화하는 국회의원들의 무능, 교육당국자들의 해바라기성 정책, 지방 교육청의 편향성, 이들이 자행하는 파행적 교육 정책의 원인을 그는 '비양심'에서 찾아낸다. 좀 차원이 다르기는 하지만, 난장에서 약을 파는 '돌팔이' 장수들도 '애들은 가라'며 비교육적(?) 현장에서 아이들을 격리시키려고 했다. 그런데 아이들을 가르치는 교사들이 학생들을 선동하여 이적(利敵) 행위를 자행하기도 한다. 그는 이와 같은 교육현실을 비판하는 지성을 대변한다. 주적(主敵)에 대한 비판보다 내부의 분란을 자초하는 행위에 대해서도 비판의 예봉을 세운다.

> 하늘 밑 너른 땅, 그 가운데 실로 빼어나고 아름다운 금수강산 터 대한나라, 만왕의 군왕께서 성령으로 내어준 자랑스러운 이 땅에 태어나고 존재한다는 것 자체가 은총 충만 아닌가. 하느님 모상대로 생겨난 그 자체가 숭고한 존재임에도 갖은 핍박 속에 고귀한 삶을 지옥 같이 살고 있는 동토에 태어나지 않고, 그런 곳에서 살지 않는 것 자체도 행복한 삶이고, 사람 잡는 살인귀에게 경애하는 어버이, 친애하는 지도자 동지, 어쩌고 저쩌고 하지 않음 또한 사람살이다운 삶이어서 좋은 것이다.
>
> —「참답게 살아가야 하는 까닭은」 일부(서두)

김선호 선생은 일제강점기 말에 태어나서 어린 시절에 6.25 남침에 따른 동족상잔을 경험한다. 아이들을 불러 모아 '김00 장군'에 대한 찬양 노래를 목이 터질 정도로 부르게 하였고, 이웃의 어른들이 공산당의 몽둥이에 맞아 죽는 것을 보았으며, 때로는 머슴살이를 하던 공산당원이 죽창으로 주인을 찔러죽였다는 소문도 듣는다. 이렇게 자란 세대들은 공산당에 대해서 본능적 적대감이 생성되게 마련이다.

그런데 일부 교육자들은 북한의 3대 세습, 인권 사각지대, 경제적 무능력, 국민들의 생활고 등에는 관대하면서, 잘 살고 있는 대한민국의 실오라기 과오를 침소봉대하여 학생들과 국민들을 선동하기도 한다. 이를 목격한 그는 〈갖은 핍박 속에 고귀한 삶을 지옥 같이 살고 있는 동토(북한)에 태어나지 않고, 그런 곳에서 살지 않는 것 자체도 행복한 삶이고, 사람 잡는 살인귀에게 경애하는 어버이, 친애하는 지도자 동지, 어쩌고 저쩌고 하지 않음 또한 사람살이다운 삶이어서 좋은 것〉이라는 깨달음을 수필에 담아내어 독자들과 만나고자 한다.

그리하여 그는 〈우리의 이 빼어난 참살이 역사와 문화유산을 속절없이 폄훼하고 과거사 바로잡는답시고 의도적인(?) 놀보 심보로 마구 망가뜨려 놓는 영락없는 망나니 같은 꼬락서니들이 설치어 대는 실로 부끄러운 현실〉을 비판하며, 참답게 살아가야 함을 강조한다.

3. 가톨릭 신앙과 흥사단 정신

수필가 김선호 선생은 가톨릭 신앙이 독실한 분이다. 이웃을 사랑하고 감사하는 삶의 바탕으로 그는 가톨릭 신앙생활을 꿈는다. 또한 정의로운 판단의 원천이 가톨릭 신앙과 흥사단 정신이라고 밝힌다. 〈내 삶에 '가톨릭'과 '흥사단'이 없었다면 나는 이 어지러운 인간 시장에서 어찌 버텨낼 수 있었을까〉를 생각한다. 또한 〈흥사단은 내 삶의 공기요, 필수 영양제이며, 단우들은 내 든든한 형제요 후견인이고 버팀목 같은 존재들이라는 사실을!〉 주저 없이 밝힌다.

특히 흥사단 단원으로 봉사하고, 나아가 흥사단의 지도자로 역할하면서 그는 도산 안창호 선생을 따른다. 〈우리 겨레의 영원한 스승 '도산 안창호' 선생께서는 단말마(斷末魔)적으로 온갖 악행을 저질렀던 일제 때에 이 겨레에게 한결같은 언행으로 실천해 보이셨던 것이 '빙그레 웃는 얼굴, 훈훈한 마음'의 견지(堅持)이셨다. 얼음도 끝내 녹일 수 있는 훈훈한 마음과 그 미소는 삶의 누리를 건강하고 아름답게 만드는 창조주께서 인간에게 준 크나큰 은총의 선물〉이라고 의미를 둔다. 도산 안창호 선생의 가르침을 따르는 그는 어수선한 세상에서도 꿋꿋이 자신을 지켜 나간다. 허물어져 가는 세상을 향하여 따뜻한 시선으로 충고하는 '깨어 있는 지사'로 자리하고 있다.

> 민주화의 진정한 자유와 평등 인권 등을 제대로 누릴 자격도 갖춤 없이 미처 깨어나지 못한 어정쩡한 미성숙한 존재들이 빚어낸 행태들도 하나의 까닭이겠다. 또한 양복에 갓을 쓴 것처럼 어색하기 이를 데 없는 자연스럽지 못한 자유라는 이름에 편승하여 무법, 탈법, 떼법 등을 부끄러움 없이 막무가내 자행해온 몰염치한 행태 때문이기도 하고. 아무튼 이런 유치 치졸한 의식과 행태들이 이 땅의 아름다운 미풍양속을 무너지게 만든 주된 원인이라고 해도 지나치지 않다

할 것이다.

―「메아리 없는 작은 친절」 일부

그는 '동방예의지국'이라 불리던 우리나라의 아름다운 인정이 메말라 가고, 그리하여 저급한 나라가 되어가는 현실을 경계한다. 〈밤낮 없이 한 핏줄들이 서로 패를 지고 갈라 상대를 못 쓰러뜨려 안달복달이다. 도를 넘어도 한참 넘었다. 이러고도 이 사회와 나라가 그런 대로 굴러가는 것이 신기할 따름〉이라고 나라의 미래를 걱정한다.

그는 〈자연스럽지 못한 자유라는 이름에 편승하여 무법, 탈법, 떼법 등을 부끄러움 없이 막무가내 자행해온 몰염치한 행태〉에 절망한다. 자신의 자유를 핑계삼아 법 조항이나 법 정신에 어긋나는 짓(무법)으로 다른 사람의 자유를 침해하는 일이 잦다. 공공시설이나 공공장소에서 법규에 어긋나는 짓(탈법)을 자행하면서 부끄러워할 줄 모르는 철면피들이 많다. 이런 것도 문제지만, 우리 대한민국을 망치는 쪽으로 몰고 가는 짓(떼법)은 법에 의하여 재판 받을 권리까지 무시하는 군중 재판 형식이어서 우리나라, 우리 겨레의 앞날을 걱정하게 한다.

이러할 때 자신의 일에 충실하면서 밝은 세상을 만들고자 노력하는 평범한 시민들을 만난다. 세상의 빛과 소금이 되는 사람들을 만나, 우리 모두 같은 방향으로 걸어가기를 소망한다. 이 분들이 바로 망징패조(亡徵敗兆, 망하거나 패할 조짐)가 확실한 이 나라를 지키는 파수꾼임을 선생은 밝힌다.

> 남을 귀히 여기고 자신을 낮추는 마음, 이것이 바른 겸손이다. 사실 자신을 높이려 하면 할수록 손가락질로 비난 받는 대상이 될 뿐이고, 오히려 자신을 낮추면 낮출수록 높아지는 대상이 됨은 성서와 역사가 증명한다. 모름지기 성공하는 사람들의 대개는 한결같이 겸손한 삶의 태도를 견지했다. 이렇듯 겸손한 삶은 아름다운 내면, 그 덕성 때문에 비롯되는 것이다.
>
> — 「속상해 하지 마시게, 여보시게」 일부

김선호 선생은 〈'아름답다는 것'은 그 자체로 누구나 선호하고 추구하는 명제이고 덕목이며 사물이고 정신〉이라고 주장하는 학자이다. 창조주께서 빚어 놓은 삼라만상 중에서도 〈사람들이 그분께서 으뜸으로 사랑하는 아름다운 존재들〉이라고 증언한다. 그리하여 〈남과 이웃 보살피기를 자신을 아끼기보다 더한 사람들, 소중한 목숨까지 내놓으면서 희생과 봉사, 헌신을 마다 않는 참으로 거룩한 의인(義人)들은 더욱 아름다운 존재들이다. 이들이 있어 우리 사는 이 누리가 사람 사는 세상답고, 천년, 만년, 억만년 세세 살맛나는 누리가 지속되는 까닭〉이라는 철학에 접근한다.

이 중에서도 가장 소중한 덕목을 '겸손'으로 인식한다. 겸손한 사람들은 세상을 정화하는 역할을 한다. 일부 사회의 독소가 되는 사람들은 〈앞에서는 웃음 짓고 뒤에서 갖은 험담과 모함, 폄훼와 참언을 일삼으며 온갖 갑질로 상대의 영육(靈肉)을 괴롭히는 인두겁의 행태〉를 보이는 것과 달리, 겸손한 사람들은 〈'고맙습니다, 감사합니다.' 를 달고 사는 반듯한 말과 행동거지, 순정한 표정의 대인 관계에서 비롯되는 아름다운 모습들〉을 보인다. 김선호 선생 역시 가톨릭 신앙과 흥사단 정신에 따라 이러한 일을 실천하고자 한다.

4. 문인으로서의 자부심과 열정

수필가 김선호 선생은 자신만의 주장이나 자신의 철학 사상이 녹아 있는 글쓰기를 권한다. 철학자 소크라테스가 '너 자신을 알라'라고 한 말이나 사상가 노자가 '사람들을 가르치지 말라. 백해무익하다.'고 한 말들은 자신들의 깊은 통찰에 의하여 생성된 어록이지만, 이러한 말을 앵무새처럼 인용하거나 자신의 얕은 지식을 자랑하려는 인용을 경계한다. 가급적이면 자신의 생각이나 철학 사상을 담아야 한다고 주장한다. 이미 남들이 말해놓은 것은 진부한 것이고 새로울 게 없다는 것이다.

그러나 자신의 생각이나 주장의 논거가 될 자료들을 인용하는 것은 필요할 터이다. 윗사람들이 부패하였는데도, 많은 사람들이 바르게 살고 있다면, '윗물이 맑아야 아랫물도 맑다'라는 말을 기계적으로 인용하는 것보다 '윗물은 썩었어도 아랫물은 맑다.'라는 변형 생성한 말이 한 발자국 더 나아간 표현이라는 예를 들고 있다. 동시에 그는 진실어린 글을 써야 하는 문인들이 허명에 집착하는 흐름을 경계한다.

> 호랑이가 죽어서 남긴 가죽은 분명히 쓸모가 있다. 그러나 허명뿐인 인생이 그 삶의 흔적을 죽어서까지 남기는 짓은 또 다른 허욕의 흔적일 뿐이다. 〈중략〉 우리는 '조개가 죽어

서 남긴 껍질 하나' 그 무욕의 청빈한 흔적에서 죽살이의 미학을 배워야 한다. 죽어서까지 무엇인가 남기고 싶어 안달하고 그것을 기억해주기를 바라는 우리의 허욕이 얼마나 부질없는 짓인가를, 우리의 귀거래, 그 흔적이 어떠해야 하는가에 대한 미학을.

— 「조개껍데기가 전하는 진리의 소리」 일부

작가들이 좋은 작품을 창작하는 것은 문화 발전에 기여하는 일이다. 그러나 일부는 자신의 떳떳하지 못하였던 과거를 자서전이라는 이름으로 미화하기도 하고, 작은 일을 문집에 침소봉대하여 허욕을 드러내 보이는 일은 경계한다. 조개가 빈껍데기만 남겨놓고 떠나는 것처럼 문인들도 자신의 철학이 담긴 책을 남길 일이지, 허명에 연연할 일이 아니라는 주장이다. 그 논거로 그는 새무얼 스마일즈의 '인격론'의 일부를 인용하고 있다. 〈책은 나이든 사람에게는 가장 좋은 벗이 되고, 젊은 사람들에게는 가장 좋은 자극제가 된다.〉면서 독서를 권면한다.

그는 독서의 의미를 다음과 같이 설파하고 있다. 〈책은 독심술(讀心術)을 익혀주는 훌륭한 교사인 셈이다. 참 좋은 책은 역사 이래의 훌륭한 인물들과 만나게 한다. 이 기막힌 존재는 시공을 초월한 그들의 늘 살아 있는 목소리를 통해 위대한 사상과 접할 수 있게 해주고, 참인물이 되는 길을 진지하게 안내해 준다. 이는 정녕 인류의 참다운 스승에 다름 아니다.〉 그러기에 좋은 글을 쓰고, 좋은 책을 발간하는 것이 문인의 목적이어야 함을 밝힌다. 그러면서 그 자신이 '밥 알갱이' 하나가 되어 인간을 비판하는 우의적 수필을 보여준다.

> 우리들 씨알의 숭고한 삶이 그대들의 혈육 안에서 그대들 건강한 삶 속에 함께 하는 것이 우리가 바라는 성공의 삶이다. 그대들을 사랑해 마지않는 우리가 그대들이 싫증낼 것을 잘 알면서도 미주알고주알 잔소리를 거듭하는 것은 오로지 그대들의 일용할 풍성한 양식이 되고, 나아가서는 그대들 육신의 튼실한 근간이 되는 피가 되고 살이 되고자 함이다. 하여 그대들의 생이 다하는 날까지 함께 하려는 소망일 뿐이다.
>
> —「어느 밥 알갱이의 쓴 소리」 일부

이 글은 직설적으로 주장하지 않고, 독자들에게 비유적으로 음식의 소중함을 일깨우려는 배려의 산물이다. 또한 주장하는 글의 속성이 정서적 메마름에 빠질 수 있음인데, 이를 극복하려는 의지의 소산이기도 하다. '밥 알갱이'를 무시하는 사람들에 대하여 그는 〈고픈 설움이 뭔지도 모르는 철딱서니 없는 것들은 가엾기 이를 데 없는 철부지들〉이라고 한다. 음식의 망형 겪인 자신들을 〈설거지 물통 속에 처넣기나 하고, 음식물 쓰레기로나 냅다 버리는〉 사람으로 제대로 된 사람의 성정이 아니라고 비판한다.

이러한 비판은 '밥 알갱이'라는 소소한 존재에서 비롯하여, 사람살이의 크고 중요한 제재로 확장됨을 의미한다. '작은 일에 충실한 사람이 큰 일에도 충실한다.'는 격언은 이를 입증하는 논거로 작용한다. 그리하여 그는 〈분명 인생의 좋은 동반자로서, 슬기로운 삶의 안내자로서의 역할을 너무도 성실히 해오고 있는 변함없는 연인, 우리의 책은 마치 성자와 같은 존재라 할 수 있다.〉고 주장한다. 이를 환언하면, 문인들이 책을 쓰고 펴내는 일은 이처럼 무겁고 엄중한 의식을 지녀야 한다는 것에 다름 아니다.

5. 세상을 비판하기와 사랑하기

수필가 김선호 선생은 지성인으로서 세상을 바르게 보고, 바르게 생각할 것을 스스로 다짐한다. 〈고등교육을 받은 이들이 제대로 '숨고르기'하면 올바른 이성으로 냉철한 판단, 결정을 내릴 수 있는 것들을 핏대를 세우며 분란을 일으키는 게 이제는 습관화〉가 되었다며 일부 지성인의 행태를 비판한다.

때로는 〈국가 안보의 사활이 걸린 온갖 정보들이 적 앞에서 무책임한 무뢰배들에 의해 공공연히 노출됐다. 뿐인가? 이른바 이 나라 최고 지성이라는 이들이 적의 신문에 대놓고 기고(寄稿)하여 나라를 욕되게 하고, 국정을 책임진다는 의원이라는 나리들이 적을 이롭게 할 수 있을 수도 있는 짓이나 해서 양 쪽에서 망신당하는 몰염치한 짓. 어찌 보면 자신들의 입신을 위해 국가운명에는 개념치 않는 듯한 소탐대실일 수 있는 노릇에 스스로 앞장서는 지도자들의 처신〉을 강하게 지적한다.

> 요즘 대부분 시민들이 국회의원이 필요 없다고 하는 일명 '국해의원'. 꼭 그런 건 아니지만 아주 정치에 진절머리가 난 대다수 시민들은 차라리 정치란 게 없었으면 좋겠다고들 한다. 필자도 일부 동의한다. 해도 해도 너무하니까. 풍전등화 같은 국가의 현실은 내 알 바 아니라는 듯 자신들의 이해득실과 소속당의 당리당략에 휘둘리는 꼬락서니들을 보면 차라리 정치만 없어줘도 낫겠다는 생각이 나는

게 사실이니까.

—「때문에 1」 일부

그는 〈조그마한 책임도 지지 않으려는 책임회피성 면모와 오로지 큰 권력만을 누려 보겠다는 용꿈 꾸다 미꾸라지로 남을, 실로 한심한 지도자들〉에 대하여 준열하게 성토한다. 이는 〈세계에서 국민수준이 제일 높은 국민을 우습게 아는 아주 오만한 행태〉이며, 이를 극복하는 것이 나라를 위해 필수불가결하다고 주장한다.

이렇게 지성인의 면모를 오롯이 지키려는 그도 사랑과 눈물을 보이는 정서적 문인임을 보여준다. 서정적 수필은 여러 편이 있지만, '그녀는 예뻤다' 시리즈 몇 편에서 보여주는 글은 공감을 불러오는 수작(秀作)이다. 〈사랑스럽기 이를 데 없는 그녀에게 우린 여지없이 반했고. 인기척 없는 빈집처럼 노상 고요하기만 한 우리 가정에 함박 웃음꽃을 피워놓았던 셋째 공주 같은 예쁜 소녀가 우리 곁을 떠났다. 우리 삶을 지탱해주는 산소 같은 그녀, 사랑스럽고 예쁜 그녀가 우리의 생활공간에 없는 그 적적함이란…. 이토록 그지없이 귀엽고 깜찍하고 예쁜 그녀의 존재는 어느새 우리 가족의 절대적인 사랑을 받는 존재로 자리하고 있던 터였다.〉라는 표현에서 '반려견'에 대한 그의 섬세한 인간미를 확인하게 된다.

수필가 김선호 선생의 수필집『속상해 하지 마시게』를 읽고 감상문을 작성하면서, 선생의 지성과 철학의 언저리만 그려낸 것 같아 안타깝다. 나아가 정서적 폭과 깊이에 제대로 근접하지 못한 채 구우일모(九牛一毛)를 찾아낸 것에 불과함을 고백하면서, 독자 제현들의 일독을 권한다. 그리하여 선생의 삶이 투영된 작품 감상에 동참할 것을 소망하며, 독서의 여로를 접는다.

◇ 손진담 수필론 『학바우 스토리』 평설. 2018.

과학과 서정의 격조 높은 조화

1. 손진담 수필가는 누구인가?

수필가 학암(鶴巖, 학바우) 손진담 박사가 첫 수필집 『학바우 스토리』를 발간합니다. 2018년 대전문화재단의 '우수작품'으로 선정되어 지원받아 발간하는 도서입니다. 손 박사는 경북대학교 자연과학대학 지질학과 졸업, 영국 레딩대학교 대학원 지질학과 졸업(이학석사), 서울대학교 대학원 지질과학과(이학박사)를 졸업한 정통 지질학자로 한국지질자원연구원에 봉직한 바 있고, '석유해저자원연구본부'에서 국가적 난제인 해외 석유자원 개발에 참여한 바 있습니다.

퇴임한 이후, 중앙과학관의 해설자로 봉사하는 한편, 문학창작에 관심을 기울여, 충남대학교 평생교육원 문예창작교실에서 학습합니다. 시와 수필 창작에 열중하여, 문학전문지 『문학사랑』 신인작품상 수필부문에 작품이 당선되어 등단한 후, 첫 수필집 『학바우 스토리』를 발간합니다. 그는 일상에서 만나는 자료와 지질학의 전문성을 융합하여 과학 지식의 폭 넓은 소통을 위해 이 책을 짓습니다.

'학바우'는 고향에 있는 바위 이름으로 학바위(鶴巖)라 표기하는데, 어릴 때부터 불러오는 대로 '학바우'를 살려 토속성과 '스토리'의 현대성을 융합하여 작명하였다고 머리말에서 밝히고 있습니다. 또한 그는 첫 수필집에 수록되어 있는 다양한 작품을 5부로 정리한 소이연(所以然)도 밝히고 있습니다. 이렇게 다양하고 독자성을 띤 작품들을 모두 분석하고 정리하는 것이 마땅하겠지만, 몇 갈래로 구분하고, 부득이 갈래에 따라 몇 작품을 선택하여 감상하고자 합니다.

2. 손진담의 수필세계 엿보기

2.1 손진담 수필가의 첫 수필집『학바우 스토리』에 수록된 작품을 읽기 전에 먼저 만난 수필은「올가의 보드카」였습니다. 그는 지질학을 전공한 이학박사로서 일반 독자들이 쉽게 경험할 수 없는 특수한 스토리와 에피소드(epsode)를 작품에 담아내고 있어 관심을 집중하게 하였습니다. 또한 과학자답게 내용의 전문성, 표현의 적확성(的確性), 때로는 언어의 유려함을 통하여 수필의 멋과 맛을 살려내고 있었습니다.

> 야쿠츠크의 겨울은 낮이나 밤이나 혹한 속에 눈과 얼음으로 덮인 설국이지만 그래도 짧은 여름에는 눈도 녹고 꽃도 피는 타이거-툰드라지대이다. 자동차는 시동을 끄면 휘발유가 얼어버리므로 히터 장치된 차고에 두거나 그렇지 않으면 시동을 계속 켜 놓은 상태로 두어야 되는 곳이다. 다행히 이 나라는 석유와 가스자원이 풍부하여 에너지 사용만은 충분히 할 수 있는 곳이다. 다만 혹한으로 비행기 수송이 원활하

지 않아 평소 비축된 기본식량(감자와 양파 등) 외에는 모든 것이 비싼 편이다. 야쿠츠크에서 제일 비싼 것은 생화요, 그들이 제일 맛있어 하는 것은 한국산 '쵸코파이'다.

— 「올가의 보드카」 일부 -

이 작품은 절대적으로 부족한 우리나라의 석유자원 확보를 위해 자원 외교를 담당하고 있던 '러시아 연방'의 '사하공화국'에서 있었던 체험담입니다. 자원이 풍부한 지역 '야쿠츠크'에서 그는 해박한 지식과 기지가 빛나는 응대로 국제적 자원 외교 문제를 해결하는 애국자의 모습을 견지합니다. 그의 표현대로 〈낯선 이국땅 영하 50도를 오르내리는 동토지역〉에서 외교전을 벌이는 일은 눈물겨운 바가 있습니다. 〈낮에는 그곳 국영가스공사 사무실에서 러시아 측 담당자들과 입씨름〉을 하며 신경전을 벌이고, 또 토론을 하면서 국익에 이바지하려는 노력, 이러한 열정이 자원 부족국가인 우리나라의 당면과제를 해결한 본보기일 터입니다.

자원외교 비사(史)를 담고 있는 또 다른 수필 「좋은 인연, Arlene & Oppa」 역시 손진담 박사를 새롭게 인식시키기에 충분한 작품입니다. 자신의 전공을 살려 나라에 공헌한 내용이면서, 동시에 독자로 하여금 빙그레 웃게 만드는 마력이 있습니다. 전공분야가 과학에 이르면 특정 인사들에게만 관심을 환기하게 마련인데, 과학자 손진담 수필가의 글은 다양한 독자층을 형성하고 있습니다. 전문 분야를 쉽게 풀이하여 수필 본연의 독자성을 유지하면서 수준 높은 작품을 빚고 있습니다.

2.2 손진담 수필가는 경주 손씨 후손으로, 신라 효자 문효공 손순

의 혈통이어서일까, 조부이신 송파 손상각 공의『국역 송파문집』을 간행하였고, 부친이신 재전 손수은 공의『재전문집』을 발간하여 조상의 위업을 기리는 일에 앞장서고 있습니다. 현재는 한문으로 되어 있는『재전문집』의 국역에 매진하고 있으며, 고향의 산천이나 인걸을 떠올릴 때마다, 부친의 한시를 인용합니다. 이러한 일이 그만의 효성은 아닐 터입니다. 그렇지만, 유교문화와 전통의식이 급속도로 쇠퇴하는 풍조에 맞서, 일관된 자세를 견지하는 일은 언행일치의 본보기라 하겠습니다.

拜先考墓所感懷 (배선고묘소감회)
선고(先考)의 묘소를 참배하고 감회가 있어 짓다

歲歲登臨春又秋 (세세등림춘우추)
매년 묘소에 올라 봄이 또 가을이 되니
焚香哭拜感新流 (분향곡배감신류)
분향(焚香)하고 곡배(哭拜)함에 감회가 새롭네
依舊松杉環衛道 (의구송삼환위도)
예전처럼 소나무와 삼나무는 위도(衛道)를 두르고
變形雲霧鎖山頭 (변형운무쇄산두)
변형하는 구름과 안개는 산 머리를 감싸네
洋洋如在惶척地 (양양여재황척지)
양양(洋洋)히 있는 듯 황송하고 두려운 곳에
寂寂無憑景慕多 (적적무빙경모다)
적적하여 의지할 곳 없이 경모하는 마음 가득하네
斜風落日回程立 (사풍낙일회정립)
빗기는 바람과 지는 해에 돌아가려 서 있으니

涕淚滂滂敢不收 (체루방방감불수)
세차게 흐르는 눈물 감히 거둘 수 없네

— 「손수은(저자의 부친)」의 한시 전문 -

이 시는 재전문집(在田文集)에 수록되어 있는 7언율시(七言律詩)입니다. '재전(在田)'은 저자의 부친 '손수은 공'의 아호이며, 별세 후에 4남 손진담 박사에 의하여 편집되어 발간된 문집입니다. 손진담 박사는 경상북도 경주에서 특정한 '모임'을 마친 후에도 곧바로 귀가하지 않고, 고향으로 가서 성묘(省墓)합니다. 이런 행동의 구체화가 바로 효성의 내면화를 입증하는 근거입니다.

그는 경주시에서 출발하여 영천시 고향에 도착할 때까지 조상과 관련한 유적과 위업을 회상합니다. 출발지인 경주시 현곡면 소현리에는 신라 효자 문효공 손순의 유허비가 있지만, 송구한 마음으로 지나칩니다. 가정리에는 '수운 최재우 생가'가 있고, 이를 지나치며 수운 선생과 어머니 '천포댁'과의 인연을 간략하게 정리합니다. 조상들의 묘소를 오르는 산길에 대한 묘사와 설명에도 내면이 투영되어 나타납니다.

그는 산소에 올라 술과 안주를 진설하고 절을 합니다. 그리고 돌아본 주위를 묘사합니다. 〈주변을 돌아보니 시야가 잘 트이고 멀리 활모양의 산들이 환상(環狀)으로 둘러싸여 그야말로 환상적(幻想的)〉이었다는 묘역에 대한 관심과 효심이 오롯합니다.

이러한 숭조(崇祖) 자세는 「청송 문천재 묘제」에서도 드러납니다. 경주 양동의 종갓집 일가들과 의성 김문이 참석하는 큰 묘제에서 독축(讀祝)을 맡았었는데, 당년도에는 '창홀(唱笏)'을 맡아 판소리처럼 리듬을 탑니다. 〈오랜만에 아버님의 친필로 새겨진 비석을 보니 감회가 새로웠다. 서예가이신 양동의 일가 한 분은 홀기를 자세히 보더니 '제단의 비석 글씨와 홀기의 글씨체가 같은 분이 쓴 것'이라며 명필이라고 해서 한편 기분이 좋았다. 그런데 내가 들고 읽었던 홀기가 아버님이 반백 년 전에 손수 마련하신 것을 이제야 알았으니 불효막급이다.〉 이러한 깨달음으로 〈문중 일로 동분서주하시던 선친의 열정을 고이 간직하고, 아버님이 손수 쓰신 홀기를 오래오래 보관하고 앞으로도 멋지게 창홀하고 싶다.〉는 의지를 작품에 반영합니다.

2.3 치밀한 성품의 손진담 박사가 지질학을 전공한 것은 최상의 선택으로 보입니다. 우리나라 과학 발전을 위해서도 그러하고, 자원이 부족한 우리 국가의 발전을 위해서 필요한 분이며, 후진들에게 과학을 쉽게 풀이하여 널리 알리는 국립중앙과학관 봉사자로서의 자세도 오롯하고, 탐방지역에 대한 세세한 설명을 통하여 동행에게 지적 만족이라는 충만감을 선사하는 것도 커다란 공덕입니다.

> 도비산을 답사하면서 산 중턱의 부석사를 지나 정상(351m)까지 올랐다. 북을 제외한 삼면이 바다로 둘러싸인 이곳은 지질학적으로도 특이한 지층으로 구성되어 있지만, 지형적인 경관이 뛰어나서 오랜 시간 머물러 있었다. 동으로 멀리 해미 가야산이 보이고 산 아래 인지면 산동리에는 덕지천이 간월만으로 흘러들어 드넓은 충적평야가 펼쳐져 있었다. 남으로는 천수만을 낀 간월도와 안면도가 한 폭의

그림 같았고, 서향의 부남만(또는 적돌만)은 호수처럼 고요하고, 부석면 갈마리 바닷가에는 검은여가 시야에 들어왔다.

— 「도비산은 알고 있다」 일부 -

그가 1970년 지질학도로서 충청남도 서산시 서산도폭(1:25만) 조사팀의 일원으로 도비산을 답사한 경험을 수필로 빚은 일부입니다. 이곳에 대한 묘사는 답사하지 않은 독자들의 눈에도 선명한 이미지를 형성할 만큼 치밀합니다. 「공룡 화석 발견기」는 군위 일대에서 공룡의 뼈가 발견되고, 이에 대한 조사를 전문가들에게 의뢰하면서 비롯한 사건을 시간적 순서에 따라 빚은 수필입니다. 조사 현장에서 가장 중요한 화석을 도난당한 에피소드, 예산 부족으로 화석을 발견한 후 5년이 지나 다수의 뼈를 찾을 수 있었다는 안타까움도 드러내고 있습니다. 당시 촬영한 사진으로 국립중앙과학관 자연사관에서 공룡전시물을 해설하게 된 추억도 담아내고 있습니다.

우리는 무럭무럭 자라나 가끔은 암몬조개들이 득실거리는 서쪽 바닷가로 소풍을 가 맹그로브 숲에서 뒹굴기도 하고, 페콥테리스 나뭇잎과 이름 모를 화려한 꽃송이도 따먹으며 행복한 나날을 보냈습니다. 우리는 사랑도 하고 알도 여러 번 낳았지요. 몸에 털이 없어 사랑하는 알을 품어 주지 못하니 따뜻한 범람원의 퇴적물을 골라 산란을 했답니다. 가끔 홍수에 알둥지가 휩쓸려가기도 하지만 아쉬워한 적은 없었습니다. 대지는 우리의 것이라고, 백악기 생태계를 우리가 군림하고 있다고 큰소리도 쳐 보았답니다.

— 「트리케라톱스는 이렇게 말했다」 일부

이 글은 수필가 손진담 박사가 '트리케라톱스'가 되어 전문성과 동화적 상상력으로 재구성한 작품입니다. 이와 같은 표현은 아무나 창작할 수 있는 일이 아닐 터, 전문성과 함께 환상적 상상력이 융합되어야 빛을 보게 마련입니다. 그러나 앞머리에 큰 뿔이 두 개, 콧잔등에 작은 뿔이 하나 달려 있는 트리케라톱스는 운석의 충돌로 인해 전멸하게 되고, 화석으로 남은 형체만 확인할 수밖에 없습니다. 이러한 작품으로 인해 손진담 박사의 수필은 상상력이 특출한 작품으로 방점이 찍히게 되고, 이 또한 그의 개인적 능력으로 평가됩니다.

3. 손진담 수필의 멋과 맛은?

수필가들이나 문학 이론가들이 수필을 일컬어 '붓 가는 대로' '마음 가는 대로' 쓰는 문학이라고 합니다. 곧이곧대로 본받으면 주제가 어떠하든지 좋은 것 같고, 형식을 갖추지 않아도 되는 것 같고, 제재나 소재 역시 아무렇게나 선택하고 표현하여도 되는 것 같습니다. 그러나 수필은 드러나지 않은 질서 속에, 플롯(plot)이 엄연히 존재하며, 표현의 적정성과 미려함이 존재하며, 글의 품격을 가늠하게 하는 작품성과 예술성이 존재합니다.

손진담의 수필은 내용의 전문성을 추구하면서도, 적절한 표현으로 수필의 품격을 높이고 있습니다. 대부분의 수필가들이 전문성을 추구하고자 고심하지만, 현실에서 만나기 힘든 것도 최근의 조류(潮流)입니다. 이를 극복하고 전문성과 수월성을 담아내는 손진담 박사의 수필은 놀라운 감동을 생성합니다. 그의 작품에서 표현의 멋과 맛을 발산하는 부분을 감상하기로 합니다.

> 하회마을과 백사장은 몸살을 앓고 있다고 한다. 안동 풍산 들녘을 풍요롭게 적시는 낙동강 물은 유유히 흘러가는데, 지금도 화산(花山) 어락정 아래 물고기 떼가 부용대 아래 화천(花川)으로 마실 나와 옛날처럼 즐겁게 노닐고 있을까? 이제는 환경 시대, '현재가 미래를 여는 열쇠'이다.
>
> — 「낙동강 상류 아락정과 부용대」 일부 -

> 홍수로 커진 폭포는 경관의 극치를 보여 주었다. 속세의 번뇌를 버리고 청정하게 불도를 수행했다는 두타연은 국내 최대의 열목어 서식지로 생명의 보고이기도 하다. 정신없이 보덕굴을 바라보고 있는데 갑자기 관음보살이 무지개처럼 나타났다가 사라졌다.
>
> — 「생명과 평화를 찾아 나서다」 일부 -

> 이곳에는 옛날부터 시인 묵객들의 발걸음이 그치질 않았다. 그래서인지 아름다운 화강암 노두에 구차한 이름 석 자를 알리고자 너도나도 깊이깊이 새겨놓았다. 세찬 유수가 그렇게도 흘렀건만 지워지지 않고 있어 보기가 민망스러웠다. 속세의 발자취를 새겨놓으면 자동으로 신선이 되는 줄 아는 모양이다.
>
> — 「오! 설악 속으로, 나올 때 보았네」 일부 -

> 용암이 냉각 수축하여 형성된 주상절리(柱狀節理)는 너무나 질서 정연하여 멋진 경관을 이루었다. 제주도 서귀포 바

닷가의 우뚝 선 주상절리가 남성적이라면, 이곳에 누워있는 부채꼴 주상절리(천연기념물 제536호)는 몽환적인 선녀의 자태라 할까.

— 「동해 파도소리 들으며」 일부 -

부여 만수산에서 멀지 않은 서산 도비산자락 일곡농막에서 초봄에는 매향을 맡고, 만추에는 신월을 바라보며 자연의 섭리와 인생의 무상함을 터득하면서 나도 탕유의 생활을 즐겨 보리라.

— 「탕유 철학자 매월당」 일부 -

손진담 박사의 수필은 전문성을 확보하면서 주관적 서정으로 감칠맛을 생성합니다. 이해하는 뇌와 감동하는 뇌를 고르게 작동시키는 수필을 빚는 것이 그의 특별한 재능입니다. 이처럼 전문성과 서정성을 통하여 새로운 감동을 생성하고 있는 손진담 박사의 첫 수필집 발간을 축하하며, '과학과 서정의 격조 높은 조화'를 추구하는 창작열에 박수로 응원합니다.

◇ 이연순 수필론 『산그늘 빈 수레에 독백을 담다』 평설.2018.

직관과 자성, 그리고 섬세한 감성

1. 수필 감상에 앞서

"올해도 고운 꽃을 볼 수 있도록 은혜를 베풀어 주십시오." 기도하는 수필가의 맑은 영혼을 만났습니다. 이연순 수필가의 첫 수필집 『산그늘 빈 수레에 독백을 담다』의 원고를 읽으며, 순수하고 아름다운 수필에 젖을 수 있어 기뻤습니다. 섬세하고 오롯한 서정 속에서 빛나는 내면의 진실을 공유하게 된 인연이 감사했습니다. 첫 작품, 첫 문장에서 시작한 독서는 눈을 뗄 수 없을 정도로 진지했습니다.

이연순의 작품은 단숨에 통독(通讀)한 후, 다시 음미하며 독서하게 하는 마력을 내재하고 있습니다. 재독(再讀)하며 다시 놀라는 것은 첫 작품부터 마지막 작품까지 여일(如一)하게 예술적 감수성을 내포하고 있다는 점입니다. 직관에 의한 사물의 해석, 그로부터 비롯된 자성(自省)의 진정성, 그리고 적정한 언어의 선택과 곱고 섬세한 정서적 문장입니다.

이연순은 이런 작품을 통하여, 독자의 가슴에 감동의 메아리를 남기고자 합니다. 그러하매 작품 전편을 분석하고 정리하는 것이 온당할 터이지만, 이 글의 성격상 몇몇 작품을 선택하여 감상할 요량입니다.

2. 「푸른 묵시」의 서정성

수필가 이연순은 살아가며 마주치는 사물에서 다양한 의미를 찾아내어 작품으로 완성하고 있습니다. 산책하며 만나는 소나무에 자신의 내면을 견주어 스스로 반성하는 자세를 취하기도 합니다. 수필 작품의 부분 부분이 서정시와 같아서, 한 편의 수필을 감상하면, 여러 편의 서정시를 읽은 듯한 감동을 받습니다.

작품 「푸른 묵시」의 서두에서 그는 〈내 마음은 너무 얕은가 보다.〉라는 자성으로 출발합니다. 이는 얕은 물이 바람에 쉽게 흔들리는 자연 현상에 근거한 것으로 보입니다. 그리하여 그는 〈손톱만한 돌멩이에 파문을 일으키는 웅덩이처럼, 솔잎 하나만큼의 괴로움에도 여러 갈래 상념으로 부대낀다. 갖가지 상황을 미리 들먹이며 어쩔 줄 몰라 한다. 갈팡질팡 허둥대며 참을 수 없는 혼란이라고 아우성〉치는 성찰의 불빛을 밝힙니다. 이러한 발상은 다시 〈침착하게 양심과 소신의 중심을 헤아리지 못하기 때문일까?〉라는 의문을 생성합니다. 내면에서 일어나는 의문의 물결이 그의 수필 전반에 걸쳐 새로운 지평을 열어 갑니다. 그의 글은 산문이지만 서정시의 본령에 이르고, 비유와 상징에 의하여 수준 높은 품격을 지닙니다. 그의 수필 특정 부분을 시 형식으로 나누어 보면 확실하게 드러납니다.

겨울밤 산길이
살얼음으로 하얗게 빛났다.

살얼음의 날카로운 시선에
달님이 떠는 것일까?

추위에 내가 떨기 때문일까?
산길에 아른대는 달빛이
흔들리는 듯했다.

잎이 무성한 소나무는
둥글게 어둠을 빚어냈다.

— 「푸른 묵시」 일부, 재구(再構)

이런 표현과 함께 그는 뭉게구름처럼 부드럽게 드리운 소나무의 어둠을 달님이 좋아하리라고 유추합니다. 달님이 조용조용 고운 빛으로 소나무를 바라보는 듯 여겨졌기 때문일 터입니다. 그리하여 그는 〈내 어깨는 빈궁하여 그 누구에게 위안을 줄 수 있으려나?〉 자아를 점검하기에 이릅니다. 그는 자신과 달리 〈아름다운 달빛을 한껏 누리는 소나무〉를 바라보며, 소나무의 언어를 통하여 자신의 의미를 궁구(窮究)합니다. 〈신은 나에게 고유의 빛깔로서 푸른빛을 주었습니다. 늘 푸른빛으로 세상을 누리도록 축복받은 삶을 진정 기뻐한답니다. 당신도 자신의 고유한 빛깔을 찾아낸다면 무엇에든지 어디서든지 흔들리지 않는 마음으로 행복할 수 있을 것입니다.〉 이는 그가 유추한 소나무의 속삭임입니다. 이러한 대화는 그의 내면을 독자들과 함께 나누려는 의도적 형상화로 보입니다. 이와 함께 소나무와 다른 겨울의 활엽수를 대비하여 자신만의 가치와 존재 의미를 되새기게 합니다.

〈두서없이 수선을 떠는 내게 강건한 기상이 무엇인지 보여주기 위해 소나무는 늘 푸른가 보다. 이 길일까 저 길일까 기웃대고, 가볍다 무겁다 징징대는 나에게 꿋꿋한 기개를 본받아야 한다고 일갈하고자 소나무는 늘 근엄하게 푸른가보다.〉 소나무의 푸름을 통하여 스스로 깨닫는 모습을 묘사합니다. 그리하여 〈뒷산을 향할 때마다 나보다 먼저 내 눈을 푸른빛으로 응시하는 소나무, 한결 같은 푸른 계시에 그저 삿된 마음을 가다듬지 않을 수 없〉는 자신의 내면을 오롯하게 밝힙니다. 이런 마음가짐을 공유하기 위하여, 그는 수필을 빚어 독자들과 눈높이를 맞추려 하는 것 같습니다.

3. 「숨은 돌」의 서사

이연순 수필가는 서사적 기법을 활용하여 감동을 생성하기도 합니다. 특히 어린이와 같은 순수한 동심(童心)으로 삶의 단면을 작품에 투영합니다. 사람과 사람의 대화는 물론, 그와 돌의 대화까지 작품에 담아 사실성을 확보합니다. 서로 다른 견해를 밝히지만, 반목과 갈등을 유발하는 것이 아니라, 서로 이해하고 통합하는 긍정적 세계관이 담겨 있습니다.

작품 「숨은 돌」은 거친 밭을 일구어 주말 농터(농장에 대한 저자의 용어)를 가꾸는 과정의 삽화(episode)입니다. 밭에서 돌을 캐내는 남편이 〈"이런 게 들어앉았으니 작물이 어떻게 뿌리를 내릴 수 있겠어.”〉라고 하는 말은 농사를 잘 짓기 위한 소망의 진술입니다. 지나가는 동네 어르신이 〈“거, 그리 고생하지들 말고 객토해여. 두세 트럭 쏟아 부으면 될 거구먼.”〉이라고 두 번이나 반복하는 것은 농사를 잘 지으라는 충고입니다. 그러나 그가 숨은 돌을 파내어 쌓는 일은 땅을 가꾸는 사람으로서의 유희적 보람입니다. 그는 돌을 치우며 돌과 풀의 대화를 생성하여 동화적 허구를 아름답게 창작합니다.

> 어느 날, 얼떨결에 내 손에 의해 밖으로 끌려 나온 돌들이 불평할지도 모른다는 생각이 밀려왔다.
>
> ‘땅속에서는 평화롭고 안락했어. 밖에 나오니까 생각이 많아져서 심란해. 귀여운 새처럼 날아가고 싶고 나무처럼 쑥쑥 자라고도 싶어. 그리고 바깥은 안전하지도 않아. 겨울날의 눈보라에 온몸이 얼어붙어서 내 몸이 부서져 버릴 것 같아 겁이 나. 그리고 곤충과 새들은 내 얼굴에 똥칠을 해서 참 괴로워.’
>
> ‘아차, 내가 순전히 나의 이기적인 욕망대로 돌을 캐내는 건 아닐까? 아무런 대항을 하지 못하는 돌멩이를 얕보고 교만하게 내 마음대로 정해 놓은 가치만을 부여하고자 고집하는 건 아닐까? 기껏 숨어 사는 돌을 바깥에 꺼내 놓으며 돌들에게 달콤한 의미만 알량하게 늘어놓는 난 어쩜 어설픈 관념에 사로잡힌 낭만주의자일지도 몰라.’
>
> 당혹스러웠다. 그러나 돌무더기에 온몸을 기대고 꽃을 피워낸 가냘픈 풀줄기를 보는 순간 내 마음이 환해졌다.
>
> ‘정말 무시무시한 빗줄기였어. 돌들이 없었으면 나는 아마 뿌리까지 뽑혀서 물살에 떠밀려갔을 거야. 돌들이 날 지켜

주었어. 참으로 고마운 돌멩이야.'

풀줄기가 돌들에게 속삭이는 듯했다.

'순진무구한 풀꽃은 돌멩이 너의 듬직하고 따뜻한 마음을 씨앗 속에 영원히 새길 거야. 꽃은 돌멩이 너를 거룩한 전당으로 여기리라 믿어.'

나는 비로소 돌멩이를 캐낼 정당성을 우격다짐하여 돌멩이와 나 자신에게 부여해 놓고는 혼자서 흐뭇해했다.

— 「숨은 돌」 일부(중간)

몇몇 단어를 어린이 수준에 맞추고, 높임말을 사용하면, 충분히 한 편의 동화로 기능할 터입니다. 그의 내면은 이와 같이 순수한 대화를 생성하여 진실을 구현하는 놀라운 능력을 보입니다. 농작물 생산의 효율성을 생각하지 않고, 자연 그대로 수용하려는 자세 역시 동심과 닿아 있습니다. 그는 틈만 나면 〈돌과 풀과 작물 그리고 평화로운 유희가 공존하는 밭〉을 설명합니다. 이와 함께 〈풀꽃 하나 들여다볼 틈도 없이 일만해야 하는 옥토가 주말농터로서는 영 어울릴 것〉 같지 않다는 입장을 보입니다. 〈내가 직접 농사지은 작물은 흠집이 났든 볼품이 없든 내 집에서 내가 요리〉를 하여 먹을 터여서 '작물만의 긴박한 일터'가 아니기를 소망합니다.

이렇게 밭에서 숨은 돌을 캐내어 농터를 가꾸면서도 자신에 대한 성찰을 쉬지 않습니다. 〈젊었을 때의 내 눈엔 아무리 논밭을 정성스럽게 다독여도 그 모습이 결코 신성하게 보이지 않았다. 특히 사춘기 때는 칙칙하게 그을리고 땀으로 얼룩진 부모님의 얼굴을 우러르기는커녕 삶에 찌든 모습이라고 구시렁댔다. 논바닥에서 돌을 캐고 주워내는 부모님의 손길을 몹시도 하찮게 여겼다. 그깟 작은 돌 하나 때문에 농사가 망가지기라도 하는 걸까 빈정대며 몰래몰래 가차없이 폄하했다.〉고 뒤돌아봅니다. 그러나 그는 주말 농터에서 일을 하며 그 일이 〈감히 신의 섭리에 닿아가는 소박한 의식〉으로 인식하며 최선을 다합니다.

4. 일상에서 찾은 신앙심

이연순 수필가의 작품에는 주제가 완곡하게 내재(內在)되어 있습니다. 그렇지만, '듣거나 보는 사람의 감정이 상하지 않도록 모나지 않고 부드러운 말이나 글을 사용'하는 완곡어법과는 좀 다릅니다. 오히려 '가랑비에 옷 젖는다.'는 말처럼, 읽으면서 자연스럽게 주제에 접근하게 하는 기법을 활용하고 있습니다.

예컨대, 그의 작품을 관류(貫流)하는 종교적 양상은 분명히 기독교적입니다. 직접적으로 작품화하지는 않았지만, 부분과 부분에서 드러나는 편린(片鱗)을 끼워 맞추면 그러합니다.

작품 「혹한에 꽃잎과 노닐다」에서 그는 '노란 산국'을 열심히 가꿉니다. 어려움을 극복하고 꽃이 피었을 때의 보람, 그 꽃이 한겨울에도 떨어지지 않았을 때의 자긍심이 글 속에 잘 녹아 있습니다. 그러던 어느 순간 꽃잎이 화르르 떨어지면서 반성하기 시작합니다. 혹한기의 그 꽃잎은 이미 생화가 아니었다는 깨달음에 이릅니다. 그때 〈산국화는 넓은 세상을 원했을 거야. 내가 신의 은총을 갈구하듯 꽃은 맑은 바람을 간구했겠지? 그런데 내가 꽉 붙잡고 놓아주지를 않았으니 얼마나 서글펐을까!〉 자성하는 신심이 비롯됩니다.

> '아! 알 것 같아. 낙엽이 쌓이는 것은 낙엽이 마지못해 떨어져서가 아니라 나무들이 완성한 잠언을 마침내 땅바닥에 기꺼이 펼쳐놓는 거룩한 과업인 거야!'
>
> 나무들이 숭고한 짐을 풀어놓음은 '따뜻한 가락'과 '겸허한 부딪힘'을 읽어내라는 신의 배려이리라. 낙엽은 가을마다 아름다움을 다듬어낸 나무들의 위대한 수료증이리라. 좀 더 자분자분하고 온화하게 살아가라 일깨워주는 가을 숲의 수료증을 내 가슴속에도 켜켜이 쌓아 고매한 삶의 지표로 삼아야할까 보다.
>
> 바람이 불 때마다 낙엽이 내 어깨, 내 발등, 내 손등을 툭툭 쳤다. 낙엽이 툭 칠 때마다 온유한 가을볕이 나의 온몸에 스미는 듯했다. 나는 한줄기 가을볕을 품고 자유롭게 유영하는 한 장의 낙엽이 되었으면 했다. 두 팔을 벌려 힘껏 기지개를 켜 보았다. 가슴이 탁 트이는 듯했다. 나의 육신이 모든 짐 풀어낸 나무가 되었으면 했다. 까치발까지 하며 기지개를 켜다 순간 나는 머쓱해졌다.
>
> '황폐한 영육으로 가벼운 낙엽이 되고 싶다니! 짐 풀어내는 나무를 모독하는 것 아닐까?'
>
> 나무는 내일의 희망을 위해 오랜 시간 준비한 큰 짐을 풀어내는데 나는 단지 순간적으로 불편한 마음을 떨쳐내기 위해 경망한 몸짓을 풀어내는 것 아닌가 싶어 씁쓸했다.
>
> — 「가을마다 짐 푸는 나무」 일부(중간)

신앙이 깃든 내면을 승화시킨 수필가는 이 작품에서 가열할 정도로 자신을 점검합니다. 〈마른 잎 떼어지는 소리처럼 내 말투도 온유했으면 좋겠다. 난 걸핏하면 뜻도 없이 불퉁거리는 말본새를 드러낸다. 그리고는 뒤늦은 후회만 일삼는다. 비록 황당하고 간교한 계략에 맞닥뜨릴지라도 갈팡질팡 허둥대며 악다구니 치지 않고 조용조용 지는 낙엽처럼 차분히 실마리를 풀어가는 지략을 갖추고자 애쓸 일이다. 낙엽에서 느껴지는 고매한 기척처럼 내가 지나온 발걸음도 누군가에게 기품 있게 스며든다면 더할 나위 없이 행복하리라.〉 심중을 밝히면서 '아름다운 고요' '경건한 이별'을 추구합니다.

작품 「먹구름 짙은 바닷가에서」에서도 그는 〈나이가 들면서 하늘에는 내가 염려하고 내가 인지한 빛깔만 담긴 곳이 아님을 인식하기 시작했다. 신은 세상에 어둠과 빛을 함께 놓으셨음을 새삼스럽게 깨달아가기 시작했다. 삶에 굳은살이 박이기 때문일까? 나름대로의 담력도 커지기 시작했다.〉고 자신의 속내를 밝히며, 더욱 겸허하게 자만심을 내려놓은 삶을 갈구합니다. 여기에서 찾아낸 〈'A man's heart plans his course, but Yahweh directs his steps. 사람이 마음으로 자기의 길을 계획할지라도, 그의 걸음을 인도하시는 이는 여호와시니라. (잠16:9)' 성경 말씀을 인용한 간접적 신앙고백이 웅숭깊습니다.

5. 예술성을 추구하는 자세

수필을 일컬어 '붓 가는 대로' '마음 가는 대로' 쓰는 문학이라고 합니다. 이를 곧이곧대로 본받으면 주제가 어떠하든지 좋은 것 같고, 형식을 갖추지 않아도 되는 것 같고, 제재나 소재 역시 아무렇게나 선택하고 표현하여도 되는 것 같습니다. 그러나 이렇게 열어 놓은 창작기법을 통해 저자와 독자들이 감동을 공유하기는 실로 어려운 법입니다. 드러내지 않은 질서 속에, 플롯(plot)이 엄연히 존재하며,

표현의 적정성과 미려함이 존재하며, 글의 품격을 가늠하게 하는 작품성과 예술성이 존재하기 때문입니다.

최근에 접할 수 있는 세상의 수필은 주제 중심의 흐름인 것 같습니다. '무엇을' 그려내었느냐가 '어떻게' 표현하였느냐보다 주류를 이루고 있습니다. 그러나 수필도 문학이고, 문학 역시 예술인 바, 표현에 심혈을 기울이는 자세가 온당할 터입니다. 기행문이나 설명문처럼 상세하게 풀어 전달하는 글, 논설문이나 칼럼처럼 논거를 통하여 논지를 주장하는 글은 예외로 치더라도, 우리가 일컫는 '수필다운 수필'은 표현에서 전문성(expertise)을 갖추어야 합니다.

많은 수필가들이 이러한 전문성을 추구하고 있지만, 현실에서 쉽게 만나기 힘든 것도 또 하나의 조류(潮流)입니다. 이 흐름을 거스르며 작품성을 추구하는 여러 수필가 중에 이연순이 돋보이는 것은 그만큼 치열한 정신으로 표현에 집중하기 때문일 터입니다. 그의 작품 중에서 몇 부분을 함께 감상하기로 합니다.

> 밤마다 공중의 모든 티끌도 제 집을 찾아 잠드는 걸까? 아침 해가 뜨기 직전 아직 어둠이 채 가시기도 전에 산책을 나가면 코끝으로 스치는 공기가 유난히 산뜻하다. 가슴이 탁 트인다. 어쩌면 종일 하잘것없는 일로 전전긍긍하던 나의 폐부가 밤새 깊은 잠으로 잘 닦여져 상쾌하게 새벽을 맞을 수 있는 것인지도 모른다. 아니면 어제와는 다른 햇살을 맞는 삼라만상의 설렘이 내 가슴에 전해져서 덩달아 내가 흐뭇해하는지도 모르겠다.
>
> — 「격조 높은 꽃구름」 일부(서두)

풀대가 저마다 씨앗을 맺었다. 세상에나! 나의 속눈썹만큼이나 가늘고 작아서 눈에 보일 듯 말 듯 아주 볼품없는 풀대에도 씨앗이 맺혔다. 풀씨를 훑어 손가락 끝으로 비벼 보았다. 참깨보다 작은 씨앗이 무척 단단했다. 꾹 눌러보는 내 손가락에 자국이 날 정도였다. 낡은 옷의 실밥처럼 몹시 하찮아 보이는 풀이 미래를 다부지게 준비했음이 얼마나 신비하고 갸륵한지! 함부로 얕보아서는 안 될 생명이라고 거듭 경탄해 마지않았다.

— 「잡초와 풀」 일부(서두)

비질 자국이 선명한 흙 마당은 온기가 느껴진다. 누군가의 살뜰한 인정이 엿보여 마음이 푸근해진다. 꼭 나를 위한 조촐한 단장 같아 흐뭇해진다. 막돌 몇 개 굴러다닐지라도 말끔하게 쓸어낸 비질 흔적에 그대로 땅바닥에 앉아 쉬고 싶어진다. 발 디딘 순간 온몸으로 느껴지는 정갈한 분위기가 좋아 비질한 흙 마당을 동경하는지도 모른다. 산뜻한 흙 마당은 방황하는 내 발길을 차분하게 다독거려줄 것 같아 좋다.

— 「비질 시늉」 일부(서두)

모과의 빛깔은 참으로 고상했다. 금방 따 온 싱싱한 모과일지라도 적절히 고풍스런 분위기를 풍겼다. 농익기까지 극복해 낸 험한 여정을 고스란히 간직했다는 듯 여기저기 거뭇거뭇 잡티가 나 있었다. 잡티가 있다고 해서 결코 지저분한 것이 아니었다. 오히려 의연하게 견디어낸 참된 빛깔로 여겨졌다. 모과 껍질에는 갓 돋아난 새싹에서 느낄 수 있는 연둣빛이 살짝 감돌았다. 그래서 더욱 맑고 산뜻하게 다가왔다.

— 「모과」 일부(중간)

마지막에 인용한 '모과'를 통하여, 이연순은 〈아름다운 삶의 가치를 인도하는 맑은 영혼의 향기처럼〉 자신도 고아한 향기를 나누고자 합니다. 그는 〈더없이 아름다운 모과를 내 삶의 그림 속에 녹여내도록 애쓴다면 모과만큼 향기롭고 윤기 나며 빛깔 고운 삶 한 자락을 펼칠 수 있으리라〉 기대하며 자신을 추스릅니다.

이런 자세로 수필을 빚는다면, 앞으로 그의 수필은 더 큰 감동을 생성할 것이라 확신합니다. 이런 믿음으로 이연순 수필가의 첫 수필집 작품 감상을 맺습니다.

◇ 조태수 수필론 『충청예술문화』 5월호 평설. 2018.

지탑(紙塔), 운필서력(運筆書歷) 60년의 보람

1.

서예가 중산(重山) 조태수(趙泰洙) 선생은 초등학교에 입학하기 전에 조부로부터 천자문과 서예를 익혔다고 하니, 운필(運筆) 서력(書歷)은 60년이 넘습니다. 공자는 인생 60세를 이순(耳順)이라 하였는데, '천지만물의 이치에 통달하고, 듣는 대로 모두 이해할 수 있게 되었다.'는 경지를 일컫는 말입니다. 이를 서예의 입장에서 볼 때, 운필 서력 60년을 넘긴 중산(重山) 선생에게는 더 이상의 배움과 수련이 없어도 될 터인데, 선생의 서법 연구는 날이 갈수록 더욱 깊어 갑니다.

세 번째 개인전을 준비하면서 여러 해 갈고 닦는 모습, 도록을 편집하면서 쏟아 붓는 열정, 서체별로 만리(萬里)에 이르는 묵향, 이와 같은 진정성에 옷깃을 여미며, 물결처럼 밀려드는 감동을 공유합니다. 도록의 첫 작품은 행초서로 쓴 두보(杜甫)의 시구(詩句) '독서파

만권(讀書破萬卷) 하필여유신(下筆如有神)'입니다. 이는 '책 만 권을 읽으면 신들린 듯이 글을 쓸 수 있다.'는 의미로, 좋은 글을 능수능란하게 쓰기 위해선 많은 독서를 해야 한다는 문학적 해석입니다.

이를 서예에 견주면 철저마침(鐵杵磨針)과 통합니다. 쇠로 된 절굿공이를 갈아서 바늘이 될 정도로 연마하기를 권면하는 말입니다. 서력 60년이 넘었으면서도 중산(重山) 선생은 수준 높은 작품 창작을 위한 궁리(窮理)에 열중합니다. 붓을 들고 글씨를 쓸 때면, 팔이 아프고 어깨가 결릴 터입니다. 서서 운필을 하다보면, 다리도 아프고 허리에 통증이 일게 마련입니다. 이를 감내하면서 작품 창작에 집중합니다. 그래서 선생의 도록에 있는 170여 점의 작품 중에는 부지런히 연마하기를 권면하는 작품이 많습니다.

이는 자신을 향한 주문이기도 할 터입니다. '우공이산(愚公移山) 우보만리(牛步萬里) 수적석천(水滴石穿)'은 조급해 하지 말고, 원대한 뜻을 살려 꾸준히 연마하라는 의미를 담고 있습니다. 자강불식(自强不息) 무한불성(無汗不成) 절차탁마(切磋琢磨) 탁마치정(琢磨致精)은 쉬지 말고 꾸준히 수련하라는 뜻을 가진 말입니다. 또한 선생이 좋아하는 '정금백련출홍로(精金百鍊出紅爐)'는 줄여서 정금백련(精金百鍊)이라고도 하는데, 용광로라 불리는 감과(坩堝=도가니)에서 달구어진 쇠를 수없이 두드려 정금을 만든다는 의미입니다. 이처럼 중산(重山) 선생은 연년익수(延年益壽)할수록 정진하는 자세로 모범을 보이는 분입니다.

2.

중산(重山) 조태수(趙泰洙) 선생은 유년시절에 공부한 천자문과 명심보감의 내용을 평생의 좌우명으로 삼습니다. 동양의 철학과 학문이 집약되어 있는 명언(名言), 경구(警句), 잠언(箴言), 고사성어(故事成語) 등을 공부하면서 자연스럽게 내면화되었기 때문일 터입니다. 유년기에는 배우면서 흘려버렸을 수도 있지만, 다시금 서예에 몰입(沒入)하면서 그 뜻이 확연해졌을 터입니다. 특히 좋은 말을 찾아 '가훈 써주기'를 봉사하면서 스스로에게도 그 의미가 작용한 듯합니다. 그래서 선생의 작품에서 중후하고 단정한 품위가 발현되는 것 같습니다.

중산(重山) 선생과 오랜 기간 교유하면서, 평소 자주 쓰는 말씀들이 필자의 내면에도 아름다운 공감의 메아리를 일으킵니다. 맑은 샘물에 마음을 씻는다는 청천세심(淸泉洗心), 이를 따라 마음을 깨끗이 하여 고요함에 이르는 경지로서의 징심정려(澄心靜慮)가 새롭습니다. 이는 다시 마음을 비우는 허심정려(虛心靜慮)를 통하여, 신께서도 기뻐하는 고요한 경지로서의 신이심정(神怡心靜)에 이릅니다. 이는 '마음을 비우고 고요에 이른 상태'를 뜻하는 '허정(虛靜)'인 바, 인간이 다다를 수 있는 최고의 경지입니다.

중산(重山) 선생은 이를 지향하며, 그 실증(實證)으로 많은 분들에게 덕(德)을 베풉니다. 지인과 문하생은 물론, 서예와 연관되어 있는 분들, 나아가 다른 분야에서 만난 이들을 위하여 '재능나눔'이라는 봉사활동을 쉬지 않습니다. 그리하여 선생에게 있어 덕불고필유린(德不孤必有隣)은 내면화된 목표가 아니라 현실생활의 부분일 터입니다. 선생이 이르고자 하는 경지, 덕의 씨앗을 뿌려 널리 베푼다는 종덕시혜(種德施惠)는 경천애인(敬天愛人)을 실천하는 본보기에 다름 아닙니다.

선생이 실천하는 봉사는 헤아릴 수 없이 다양합니다. '가훈 써주기' '휘호 선물하기' '예술계의 시상식에서 휘호로 시상하기' '강연하기와 서예지도' 등 다양한 방법으로 봉사합니다. 그러나 서예가들이 바라보는 세상은 어지러운 방향으로 흘러가는 듯합니다. 최고의 덕목이었던 인의예지(仁義禮智)도 차츰 흐려지더니, 이제는 실종상태에 돌입하는 것 같습니다. 현세는 그야말로 난세(亂世)일 터이매, 아직 힘이 남아 있을 때 가르치고 깨우쳐야 합니다. 이를 앞장서서 실천하는 분이 중산(重山) 조태수(趙泰洙) 선생입니다.

3.

중산(重山) 조태수(趙泰洙) 선생은 '조용히 사태의 추이를 바라본다.'는 뜻을 지닌 '정관(靜觀)' 속에서 작품을 빚는 것 같습니다. 작품을 감상하는 사람들도 '무상한 현상계 속에 있는 불변의 본체적인 것을 심안(心眼)에 비추어 바라본다.'는 '정관'의 철학적 의미를 되새기는 것 같습니다. 그렇게 작품에 동화되어 소통하게 되는 것 같습니다.

사람마다 예술 작품에 대한 호(好) 불호(不好)가 갈리게 마련입니다. 중산(重山) 선생의 작품을 보면서 필자는 단정한 예서 작품에 매료된 바 있습니다. 거침없는 행초서에 방점을 찍는 분도 있지만, 전아(典雅)한 기품이 서린 예서 작품을 감상하며, 나도 모르는 사이에 공감의 메아리를 만납니다. 무릇 예술 작품은 한눈에 호기심이 일거나 좋은 감정이 우러나야 합니다. 재차 감상해도, 좋은 감정이 지속적으로 우러나거나 새로운 감동이 생성되는 작품은 역사에 남습니다. 예술가들이라면 누구나, 감동을 생성하는 작품, 그 감동이 여진(餘震)처럼 오래 남는 작품 창작에 전념하게 마련입니다.

서예가 중산(重山) 조태수(趙泰洙) 선생은 5체에 고루 능한 필력을 선보입니다. 내면의 그림처럼 단정한 해서(楷書), 자연의 특성과 미를 살린 전서(篆書), 이에 약간의 변화를 준 예서(隸書), 해서에 흘림을 갖춘 행서(行書), 이를 더 일필휘지(一筆揮之)한 초서(草書) 등의 작품 창작에 충실한 자세가 변함없습니다. 어느 서체 하나를 익히는 것도 어려운 일이고, 그 하나에 전념해도 깊이를 헤량할 수 없는 것이매, 평생을 연서할 수밖에 없을 것입니다. 따라서 기본 서체에 충실한 선생의 작품은 감동을 생성하는 마력이 있습니다.

중산(重山) 선생이 창작한 서예 작품을 감상하면서 그 동안 흘린 땀을 묵상합니다. 충청서도회 회장으로서 천여 명이 응모하여 500여 명을 시상하는 [충청서도대전], 400여 명의 초대작가를 초청하여 개최하는 [충청서도 초대작가전], 매년 1~2회 7~8명의 서예가들이 합심하여 개최하는 합동 개인전을 총괄하면서도, 자신의 작품 창작에 매진하는 자세가 고맙고 아름답습니다. 열정으로 이룬 지탑(紙塔)의 향연을 축하드리며, 박수로 응원합니다.

◇ 남상선 수필론 『발신인 없는 택배』 평설. 2019.

감동을 생성하는 진심의 오롯함

1.

2015년에 남상선 수필가의 작품 2편을 읽으면서 교육자의 순정한 영혼을 만났습니다. 크고 작은 내면의 갈등을 부단한 노력으로 극복한 인간 승리의 표본을 보았습니다. 진솔한 삶을 투영하는 작품에서 가슴 울리는 정서를 공유하였습니다. 「발신인 없는 택배」, 「사랑스런 갑(甲)의 횡포」에서 일상의 보람과 즐거움도 공유하였습니다. 아직도 그때의 감동이 가슴에 먹먹한 이미지로 남아 있습니다.

「발신인 없는 택배」는 삶의 희로애락이 압축되어 나타납니다. 정년퇴임을 앞두고 보람과 행복을 느낄 때쯤, 교통사고로 배우자를 잃고 심상(心傷)해 합니다. 그때 제자의 선물을 받음으로써 작은 위로를 받게 되고, 그로 인하여 일상으로 되돌아오게 되는 계기가 오롯하게 그려져 있습니다. 그는 고희(古稀)를 눈앞에 둔 당시에 〈나는 '발신인 없는 택배'의 힘으로 힘들게 세상을 버티며 살아가고 있다.〉고 고백합니다. 호사(好事)에 마(魔)가 '하나' 낀 것이지만, 그것은 혜량할 수 없는 아픔으로 작용하였을 터이기 때문입니다.

> 교직 말년에 나에게는 축복의 봇물이 터진 것 같았다. 행운 같은 좋은 일들이 연달아 일어났기 때문이다. 영세 직후 대전시교육청 추천 9박 10일 뉴질랜드 호주 해외여행, 12월의 모범공무원상 수상, 해를 이어 12월에는 제 10회 TJB교육 대상. 금상첨화를 실감케 했다. 전에 없었던 좋은 일들이 약속이라도 하고 몰려오는 듯한 느낌이었다.
>
> 세례 후의 일들이어서 은총으로 내려진 선물 같았다. 천주교에 입문한 것이 잘했다는 생각이 들기도 했다. 그러나 나에게는 마냥 인생의 화창한 봄만이 있는 것은 아니었다.
>
> 기축년 9월 27일, 나에게는 하늘도 무너지고 땅도 꺼지는 비운이 닥쳐오고야 말았다. 그림자처럼 곁에 있던 아내가 치받는 영업용 택시를 감당하지 못하고 천국행을 한 것이다. 아내와의 동행 산책길 1m 거리가 세상에서 가장 멀고서도 가까운 이승과 저승의 경계선을 만들고 만 것이다. 1m를 사이에 두고 운명의 길을 달리한 것이다.
>
> — 「발신인 없는 택배」 일부

삶의 굽이에 선 그에게는 하늘에서 빛나던 해와 달도 의미가 없었을 터입니다. 오로지 그리움으로 절규할 수밖에 없는 어둠의 벽이 있었을 터입니다. 그는 천붕지통(天崩之痛)보다 더한 아내의 죽음에 눈물로 세월을 보낼 뿐입니다. 식음을 전폐하듯이 하며 살아가던 때 발신인이 없는 '택배'를 받습니다. 선물로 '한방보약'을 받아놓고 발신인을 찾습니다. 약봉지에 쓰여 있는 전화번호를 확인하여, 30년 전에 가르친 대전여고 제자임을 확인합니다. 〈상처(喪妻)의 상심(傷

心)으로 삶의 의미를 잃고 걱정스럽게 산다는 나의 이야기를 들은 제자가 보내준〉 선물, 보낸 이의 인품과 마음에 감사하며, 절망의 나락에서 벗어나게 되는 감동적 스토리입니다.

이와는 달리 삶의 잔잔한 행복을 나누는 스토리텔링, 「사랑스런 갑(甲)의 횡포」에서 가볍고 따스한 감동을 공유합니다. 동창회 친구들 모임에서 나누었던 손주들에 대한 자랑을 듣고 부러워한 마음이 작품의 출발점입니다. 그는 〈한 가정에 새 생명이 태어나 두 눈 반짝이며 재롱떠는 모습을 본다는 것은 생애 또 다른 축복이 아닐 수 없다.〉며 부러움에 젖어 있을 때 외손주가 태어나고 자랍니다. 어린이날을 맞아 딸과 외손녀를 초대하여 옷과 장난감을 사주는 과정에서 느낀 삶의 향기를 형상화한 글입니다. 이와 같은 감동을 지닌 여러 작품들이 남상선 수필가의 1수필집에서 독자를 기다립니다.

2.

남상선 수필가는 공주사범대학 국어교육과를 졸업하고, 39년간 중등학교에서 봉직한 후 정년퇴임합니다. 현직에서 국어교사로 근무할 때에는 '실력 있는 선생님'으로 유명하였으며, 이로 인하여 저명한 고등학교의 국어교사로 '초대받아 근무하는 선생님'으로 인정받습니다. 오로지 제자들을 잘 가르치겠다는 의지, 교육 전문가인 교사로서의 완벽한 학습 준비, 노동자로서가 아니라 스승으로서 삶의 지표가 되려는 자세를 견지합니다.

그리하여 그의 교육자 39년은 개인의 자부심이며, 졸업시킨 제자들로부터 존경받는 기쁨과 보람의 세월이며, 삶의 눈부신 의미로 기능합니다. 그의 삶 자체가 교육자의 표상이었던 만큼, 삶의 진실을 투영하는 수필 작품에 자신의 본모습을 반영합니다. 여러 작품 중에서 「선생님을 가르치는 제자」는 콧날이 시큰할 정도로 감동을 생성하고 있습니다.

> 2년 전 제자가 예고 없이 방문을 했다. 때는 마침 겨울이었는데 난방비 많이 나온다고 보일러를 틀지 않고 전기장판에서 생활하고 있을 때였다. 그 때 제자가 거실에 들어와 차 한 잔 같이 하고 갔는데 아마도 실내 공기가 꽤나 냉랭했었던 것 같았다. 나는 습관 탓인지 별로 추운 것 같지 않았었는데 제자는 많이 추워서 떨고 간 것임에 틀림없었다. 가던 날이 장날이란 속담처럼 하필이면 제자가 왔던 그 날 보일러를 틀지 않은 것이 화근이었다.
>
> — 「선생님을 가르치는 제자」 일부

한파(寒波) 경보가 보도된 날에 제자가 전화를 합니다. 〈난방비 절약한다고 보일러도 틀지 않고 지내서는 안 된다는 주의를 환기〉하는 전화입니다. 〈연금 타는 거 저축하느라 춥게 지내서도 안 된다는 경고까지 덤으로 주는〉 전화입니다. 전화 통화만으로도 제자가 스승을 걱정하는 마음이 고맙습니다.

고등학교를 졸업한 지 30여 년이 흐른 뒤에도 '선생님'을 한결같이 챙기는 제자, 그 바탕에는 교육자로서 시시비비를 가리고 용기를 북돋운 생활지도가 자리합니다. 이어지는 스승과 제자의 에피소드(逸話)는 아름다운 세상의 본보기입니다. 제자는 〈제가 사는 대천에다 선생님 전원주택 한 채 지어드릴 테니 생각해보셨으면 합니다.〉라고 권합니다. 그러나 그는 〈고마운 뜻을 마음으로만 받을 테니 없던 얘기로 하자.〉고 정중하게 사양합니다. 그래도 충남고 출신 정지식 제자는 거듭 권합니다.

> 제가 선생님을 존경하고 좋아해서 대천에 모시고 같이 살고 싶은 생각에서 드린 말씀이지만 꼭 그것만은 아닙니다. 사적으로는 제가 형이 없는 사람이라 선생님을 형님으로 모시고 싶기도 하고, 사모님 돌아가시고 외롭게 지내시는 선생님 걱정이 돼서 드린 말씀이니 사양하지 마시고 받아주셨으면 합니다.
>
> — 「선생님을 가르치는 제자」 일부

제자들과의 모임을 마치고, 그는 교직 선후배들에게 '제자의 권유'를 밝히며 자문을 구합니다. 의견은 두 갈래로 모아지지만 다시 정중하게 사양합니다. 〈자네의 감사한 마음을 내 이미 다 받았네. 허나 나는 대전을 떠날 수 없네. 그 이유는 이러하네. 내가 39년 교직 생활 중에 30년이 넘는 세월을 대전서 살았고 지인들, 친구들이 대전에 다 있어 나는 대전을 떠날 수 없네.(중략) 호의 받아들이지 못해 미안하네. 자네 마음은 다 받은 것으로 하겠네. 고맙네.〉 이렇게 매듭을 지었지만, 제자의 후의는 다른 모습으로 계속됩니다.

> 이후 상황이 내 미안해서 어찌할 바를 모르겠다. 겨울 되면 김장해서 보내지. 1년 두 번 명절에, 내 생일까지 빼놓지 않고 챙기는데다 바리바리 싸인 반찬까지 보내어 날 울컥하게 하고 있으니 이를 어찌하면 좋단 말인가! 매년 가을 되면

농사지은 햅쌀까지 보내니 세상에 이런 제자가 어디 또 있단 말인가! 이런 따듯한 마음을 나한테만 주는 제자 부부가 아니라, 음지에서 허덕이는 사람에까지 베푸는 마음으로 살고 있으니, 하는 사업이 어찌 잘 되지 않을 수 있으랴!

— 「선생님을 가르치는 제자」 일부

제자는 스승의 은혜에 보답하면서, 한편으로는 힘들게 살아가는 사람들에 대한 따뜻한 정까지 나누고 있으니, 이는 보살행의 실천에 다름 아닙니다. 제자는 〈사업을 하면서도, 베푸는 보람으로, 자신보다 못한 사람에게 따듯한 손길을 주는 보람으로 살고 있다.〉면서 〈바로 이런 제자가 내 살아오는 동안 체득 못한 깨달음을, 실천하지 못한 것을 실천궁행으로 보여주고 있으니, 가르침을 받던 제자의 DNA가, 깨달음을 주는 스승의 DNA로 승화된 것〉으로 수용합니다.

그리하여 남상선 수필가는 이렇게 정리합니다. 〈나는 교과서적 이론지식을 가르쳤지만 제자는 교과서에도 없는, 따듯한 가슴에서 나오는 음수사원(飮水思源)하는 삶으로 날 깨우치고 있었다. 과거에는 내가 가르쳤지만 성인이 돼서는 제자가 날 깨우치고 있으니 이 어찌 청출어람(青出於藍)이 아니겠는가!〉 제자가 스승보다 훌륭함을 느꺼워하는 수필가의 내면이 작품에 용해되어 감동을 생성합니다. 이런 예는 「발신인 없는 택배」를 비롯하여 여러 작품에서 진솔하게 승화되어 나타납니다.

3.

제자의 보은(報恩)에 느꺼워하는 남상선 수필가 역시 은혜에 감읍

(感泣)하는 심성입니다. 여러 작품에서 찾아 볼 수 있을 터이지만, 가슴에 물무늬 같은 감동을 공유하게 하는 작품이 바로 「검정 콩 한 말과 장갑 한 켤레」 입니다. 누구나 아이를 낳아 기르다보면 크고 작은 질환을 만나게 되고, 그에 따라 동네 의원이나 큰 병원에 드나들게 마련입니다. 하늘이 무너질 듯한 걱정으로 병원을 찾았다가 기쁨으로 퇴원하기도 하지만, 때로는 눈물과 아픔으로 병원을 나서기도 합니다. 이런 과정을 수필로 빚어낸 그의 작품을 읽으며, 고개 숙여 눈물로 화답하게 합니다.

강재화 산부인과 분만실에서 나온 의사가 "공주님 출산입니다. 축하해요."라고 말합니다. 이어 산실로 안내받아 아내와 갓 태어난 아기를 상면하게 됩니다. 그때 자신의 마음을 글로 표현합니다.

> "당신 수고했어요, 정말 장하고 큰 일 잘 해냈어요." 하며 아내의 손을 꼬옥 잡아 주었다. 진통에 시달린 아내의 창백한 얼굴에 보일까 말까한 미소가 새어나왔다. 어렴풋한 그것은 단말마 같은 진통에서 벗어난 아내가 살아 있음을 알게 해주는 유일한 증표였다. 무에서 유를 창조한 이만이 보여줄 수 있는 희열의 표징이었다. 그것은 어쩌면 고통과 초조와 불안에서 벗어나게 하는 세상에서 제일가는 신이 내린 선물과 같은 것이었다. 아니, 어쩌면 세상에서 둘도 없는 평화 경 그 자체가 시작되는 것이었는지도 모를 일이었다.
>
> —「검정 콩 한 말과 장갑 한 켤레」 일부

그렇지만 기쁨과 걱정은 같은 길로 오는가 봅니다. 아내가 "우리 아긴 어때요?" 묻는 말에 아기를 바라봅니다. 그런데 〈생동감으로 충만해 있어야 할 아기가 가냘프고 불규칙한 숨소리를 내고 있는 것이 아닌가! 거기다 1시간이 지나도록 아기가 내는 울음소리〉를 들어보지 못한 것을 깨닫습니다. 아기 얼굴을 수시로 쳐다봅니다. 가슴에 불안한 기류가 똬리를 틉니다. 원장이 면담 요청을 합니다. 〈아기의 숨이 고르지 못하고 호흡 상태가 좋지 않아 인큐베이터 처방을 해야 하는데 저희 병원에는 그 시설이 없으니 다른 큰 병원에 빨리 데리고 가셔야 할 것 같습니다.〉 청천벽력과 같은 이야기입니다.

발길을 서둡니다. 냉정을 찾으려고 하지만 마음처럼 되지 않습니다. 그때 담임 반 학생의 학부형이 소아과 병원의사임을 떠올립니다. 시간을 지체했다가는 아기에게 어떤 위험이 닥칠지 모릅니다. 순간 체면이고 염치는 안중에 없습니다. 방소아과를 찾아 다급한 상황이어서 머뭇거림 없이 사정을 합니다. 원장은 걱정하지 말고 아기를 빨리 데리고 오라 합니다. 자비와 사랑이 묻어난 듯한 그 한 마디는 그야말로 구세주의 음성으로 들립니다.

> 아기를 데리고 병원에 빛의 속도로 찾아갔다. 아기는 인큐베이터 속에서 사흘 정도 되니 정상을 되찾았다. 퇴원해도 좋을 정도 호전됐다. 일주일만 더 있다가 안심할 수 있을 때 퇴원하라고 했다. 눈물이 나올 정도 고마웠다. 전례 없는 학부형 신세를 톡톡히 진 것이다. 아니, 평생 고마움을 안고 살아야 할 딸애 생명의 은인을 하늘에서 주신 것이다. 덕분에 딸아이는 잘 자라 주었다. 거기다 예쁘기까지 하고 머리가 총명하여 주변 사람들로부터 칭송을 달고 자랐다.
>
> — 「검정 콩 한 말과 장갑 한 켤레」 일부

그 딸이 최종 대학과정까지 마치고 시집갈 나이가 됩니다. 방소아과 덕분에 살아난 딸이 서른을 넘깁니다. 자기 생활이 바쁘다 보니 잊지 말아야 할 소중한 것을 잊은 채 살고 있음을 깨닫습니다. 〈다행스러운 것은 이따금씩 아내가 지난 세월을 상기시키는 얘기를 양념삼아 해주어 고마운 마음을 싸가지고〉 다닙니다. 그리하여 딸의 생명의 은인을 찾아뵙기로 합니다.

백방으로 수소문을 합니다. 1978년 '몸빼바지에 베레모'를 썼던 대전여고 학급의 반장이 방미경의 전화번호를 알려줍니다. 대전여고 30주년 행사 때 쓴 동창회 방명록에서 찾아낸 전화번호입니다. 방미경 학생도 어느덧 대학생의 엄마입니다. 방미경에게 부모님의 주소와 연락처를 물어 은인을 찾습니다. 대덕구 도룡동으로 가는 길은 까치소리만큼이나 기대감과 설렘으로 부풉니다. 운전하는 차 트렁크 속에는 바리바리 싼 검정콩 1말, 마늘 한 접, 참깨 한 되가 숨쉬고 있습니다.

> 한 알 한 알의 검정콩과 마늘 그리고 깨알 속에는 세상에서 가장 소중한 우리 부부의 마음이 담겨져 있었고, 털실 장갑 실 한 올 한 올에는 우주 공간에서 가장 아름다운 우리 보라의 마음이 숨 쉬고 있었다. 철에 맞지 않는 털실장갑이었지만 그 속에는 마냥 느꺼워하는 딸애 보라의 보은하는 마음이 똬릴 틀고 있었다.
>
> — 「검정 콩 한 말과 장갑 한 켤레」 일부

시골 처가에서 그와 가족이 먹으라고 주신 참깨 1되, 시골 숙모님께서 주신 검정콩 한 말과 마늘 한 접, 그리고 엄마 피를 받아 편물점

실을 사다가 틈틈이 뜨개질바늘로 손수 뜨개질한 장갑 한 켤레를 들고 은인을 찾습니다. 이 과정에서 남상선 수필가는 '음수사원(飮水思源)'을 떠올립니다. 무심코 마시는 한 방울의 물이라도 그 근원을 생각해 보고 마시라는 고사성어(故事成語)입니다.

동시에 〈세상에서 가장 아름다운 것은 눈으로 볼 수 있는 것도 아니요, 그렇다고 손으로 만져볼 수 있는 것도 아니며, 오로지 마음에 느낄 수 있는 것〉이란 생각을 합니다. 가장 아름다운 것은 가시적인 것이 아닌 마음으로 느낄 수 있는 사랑이라는 잠언(箴言)에 이릅니다. 이런 마음의 발현(發顯)이 바로 남상선 수필가의 작품이 주는 감동입니다. 낱낱의 에피소드에 삶의 철학을 담아내는 표현력, 그래서 수준 높은 작품이 탄생됩니다.

4.

남상선 수필가를 대할 때마다 긍정적 인생관에 대하여 묵상하게 됩니다. 그의 수필은 대부분 아름다운 이야기와 고마운 사람들이 중심을 이룹니다. 가끔 언짢은 에피소드를 담아내기도 하지만, 안타까운 정서를 표현할 때입니다. 그 중에서 아름다운 이야기 두 꼭지와 안타까운 이야기 한 꼭지를 감상하기로 합니다.

남상선 수필가는 새벽 운동을 하다가 쓰레기를 줍는 할머니를 만납니다. 그때마다 〈안녕하세요? 수고하십니다. 정말 훌륭하십니다. 장하십니다.〉 인사를 건넵니다. 검정 비닐봉투를 들고 거리의 휴지를 주운 지 15년이 넘은 할머니입니다. 비가 내리는 궂은 날씨를 제외하고는 전천후로 천사의 향기를 풍기며 새벽길의 천사 노릇을 하는 남기남 할머니입니다. 남에게 보이기 위한 행동이 아닌 솔선수범으로 실천하는 봉사, 특히 자발적인 미행(美行)이었으니, 아름답고 값진 모습이어서 당연히 기림을 받아야 한다고 생각합니다.

그래서 그는 관할 구청 홍보실로 전화를 합니다. 할머니의 미담 사례를 밝히고 '모범시민표창'을 건의합니다. 참고하겠다는 말을 들은 후로 오랜 기간이 지났는데도 어떤 반응도 보이지 않습니다. 그가 두 번, 세 번 구청에 확인하여 할머니는 구청장 표창장을 받습니다.

> 새벽길에서 천사 할머니를 만나 뵐 때마다 마중지봉(痲中之蓬)이란 단어가 떠오르곤 했다. 삼(대마초)처럼 사시는 남기남 할머니와 같은 분들이 여기저기서 많이 나와 세상이 온통 삼밭이 되었으면 좋겠다고 생각했다. 아니, 모든 쑥이 삼을 닮은 삼밭으로 바뀌었으면 좋겠다는 바람이 생겼다.
>
> — 「새벽길의 천사 할머니」 일부

마중지봉(痲中之蓬)이란 삼(대마초)밭 속의 쑥이라는 뜻으로, 키가 크고 곧은 삼밭 속에서 자란 쑥은 삼(대마초)을 닮아 키가 크고 곧게 자란다는 뜻입니다. 좋은(선한) 사람과 사귀면 그 감화를 받아 자연히 선해짐(좋게 동화됨)을 비유적으로 이르는 말입니다. 그의 소망은 〈천사가 따로 없는 할머니 삼밭 세상이었으면 우리 모두 얼마나 좋을까? 한라에서 백두까지 새벽길 천사 할머니의 마음으로 하나 되어 그 향기가 만기 시효를 모르고 사는 세상이었으면 좋겠다.〉 〈새벽길의 천사 할머니!〉 〈세상이 삭막하다지만 천사 할머니의 맥은 아직도 뛰고 있어 세상은 살 만하여라. 저밖에 모르는 거칠고 험한 세상에도 마중지봉(麻中之蓬)의 위력은 헛되지 않으리라.〉 소망하는 마음이 녹아 있습니다.

그러나 남기남 할머니와 같이 착한 분들만 살아가는 세상은 아닙니다. 오히려 착하게 살던 사람들이 세상의 돈맛에 물들면 더욱 영악하게 변하기도 합니다.

한 할머니에 대한 수필을 통하여 변해가는 사람살이를 만나게 됩니다. 이 할머니는 촌티가 나고 어수룩해 보입니다. 지명(知命, 50세)의 나이에 미망인이 돼 온갖 고생을 한 분입니다. 미망인이 된 후 조그만 밭뙈기에 농사짓는 재미로 살며, 거기에서 생산된 야채와 곡식을 팔아 생계를 꾸린 분입니다. 사정을 알게 된 인근 사람들이 농산물을 팔아줍니다. 손수 농사지은 무공해 농산물이라는 입소문 도움도 상당합니다.

> 촌티 나는 할머니의 소탈한 모습과 순박해 보이는 얼굴 모습은 아무라도 믿음이 갈 수밖에 없는 것 같았다. 거기다 신토불이 농산물이란 입소문까지 나돌고 있었으니 사람들이 꼬박 곧이듣는 것은 이상할 것이 없는 것이었다. 그래 그런지 할머니는 제법 적잖은 단골손님까지 확보가 되어 장사가 제법 잘 되는 것은 당연한 일이었다.
>
> — 「이건 우리 먹을 게 아닌 데요」 일부

돈맛을 알게 된 할머니는 직접 농사짓지 않은 것도 함께 팝니다. 때로는 농약을 많이 살포한 과수원 인근에서 돌미나리를 채취하여

팔기도 합니다. 과수원 주인이 〈과수원에 독한 농약을 엊그제까지 여러 번 했는데 거기는 과수원 턱밑이라, 농약이 많이 묻었을 겁니다. 그래, 그 돌미나리를 잡수시면 위험합니다.〉라며 채취를 말리자 할머니는 〈이건 우리 먹을 게 아닌 데요!〉라고 강변하며 돌미나리를 뜯습니다. 할머니가 농사지은 무공해 채소로 믿고 사는 단골손님에 대한 배신행위를 서슴지 않습니다. 나물을 채취하여 시장에 내다 파는 사람들 중에는 할머니와 같은 경우가 잦다고 합니다. 농약을 살포한 과수원 인근의 돌미나리나 쑥이 무성하고 싱싱하기 때문에 뜯어다 팝니다. 그러나 자신들은 그 나물을 먹지 않는다니, 일부 사람들의 마음가짐이지만 참으로 안타까울 뿐입니다.

이처럼 거짓된 정서를 목격한 남상선 수필가는 이와 같은 할머니보다는 오히려 신뢰를 형성하고 있는 '개'에게 시선이 멈춥니다. 시골 작은 마을에서 할아버지 할머니 양주(兩主)가 '한 마리의 개'를 자식 삼아 기릅니다. 할아버지는 산에서 나무를 하여 생계를 유지합니다. 그런데 할머니는 백내장으로 눈이 보이지 않습니다. 할아버지가 먼저 돌아가시자 그 '개'는 빈 밥그릇을 물고 동네를 다니면서 동냥합니다. 그 밥을 할머니에게 드려, 할머니가 드시고 남은 밥을 자신이 먹더라는 이야기입니다. 그 개의 효성(?)을 보면서 수필가는 물론 독자들도 어찌 살아가는 것이 바람직한 삶인가 각성해야 할 것 같습니다.

> 우리 주변에는 훌륭하고 좋은 사람도 많다. 부모님을 잘 챙기는 효로써 칭송 받는 향덕이로, 심청이 같은 맥이 뛰는

> 천연기념물로 사는 사람도 있다. 허나, 한편에는 부모님을 가슴 아프게, 눈물 나게 하는 위인들도 종종 있는 것이 솔직한 우리 현실이다.
>
> — 「세상에 이런 개도 있나」

남상선 수필가는 이 '개'의 뭉클한 실화를 접하면서 스스로 타산지석(他山之石)을 삼습니다. 충견(忠犬?) 또는 효견(孝犬?)의 감동설화에서 자신을 돌아봅니다. 그리하여 〈불현 듯 수십 년 전에 먼 길 가신 부모님이 떠오른다. 연결고리 꼬리가 있었는지 장모님, 장인어른까지 가세하여 마음을 얼룩지게 하고 있다. 제대로 효다운 효 한 번 해 드리지 못한 데에 대한 한 때문이었으리라.〉 옷깃을 여밉니다.

동시에 박효관의 시조를 음미합니다. 〈뉘라서 가마귀를 검고 흉타 하돗던고./ 반포보은(反哺報恩)이 긔 아니 아름다운가./ 사람이 저 새만 못함을 못내 슬허하노라.〉 그리하여 〈우리사람들이 반포보은(反哺報恩)하는 까마귀로 환생하여 살 수는 없는 것일까!〉 성찰하는 자세를 취합니다. 이러한 성찰이 삶을 아름답고 가치롭게 영위하는 바탕일 터입니다.

5.

남상선 수필가는 다양한 제재(題材)에 문학의 옷을 입혀 수필다운 수필을 빚습니다. 그러나 최근의 작품에서 독자들의 가슴을 울리는 중심에 아내와의 사별(死別)이 있습니다. 그는 아내와 같이 걷던 도솔산 오솔길을 걷습니다. 어느 날 중년으로 보이는 남녀가 정답게 걷고 있습니다. 부부인 듯한 그들, 여인이 산행가방을 메고 있습니다. 가방을 멘 여인의 모습과 사별한 아내 생전의 모습이 오버랩(overlap)됩니다.

> 한 쌍의 부부가 걷고 있는 산길은 바로 상수도 울타리 옆길! 아내가 벗어주던 책가방의 추억도 여기 상수도 울타리 옆길에 묻혀 있는 것이어서 눈시울을 뜨겁게 하고 있었다.
> "출근 가방 메고 걷다가 땀이 차면 수업 못해요. 당신 책가방은 내가 질게요."
> 하며 아내는 집에서부터 빼앗다시피 한 책가방을 여기까지 지고 와서 벗어주었다. 평생 선하게 살았던, 책가방을 진, 그 천사의 모습이 클로즈업되어 날 울리고 있었다.
>
> — 「당신 책가방은 내가 질게요」 일부

출근할 때면 아내는 늘 상수도 울타리 옆길까지 그의 책가방을 등에 진 채 따라옵니다. 가방을 넘긴 후 아내는 도솔산 정상으로 향합니다. 아내가 떠난 뒤, 비어 있는 아내의 자리를 찬바람이 채웁니다. 그럴 때마다 〈그리 급할 것도 없는데 서둘러 재촉하듯 가버렸단 말인가!〉 상처로 얼룩진 가슴에는 못 다한 사랑, 아쉬운 미련, 후회스러운 일들이 그림자처럼 좇습니다. 〈그 봐 있을 때 잘 하지.〉 비수 같은 독백 한 마디로 가슴 아파합니다.

특히 컴퓨터에 들어 있는 사진들을 보며 아내에게 미안한 마음이 깊어집니다. 〈내 집 갖기까지 31번의 이사, 매번 이삿짐 싸서 이사다닐 때, 혼자 고생하던 아내의 모습〉이 떠오릅니다. 그럴 때 〈아내는 100점짜리 나의 배터리로 살아, 내가 힘이 나게, 빛이 나게 해 주었는데, 나는 50점 주기도 아까운 배터리로 아내를 어렵게만 하였으니 어떡하면 좋단 말인가!〉 만시지탄(晩時之歎)으로 한숨을 쉽니다. 그는 〈당신 책가방은 내가 질게요.〉하며 모나리자의 미소를 짓던 아내 천사의 모습이 꽃으로 피어나는 환상에 젖습니다.

남상선 수필가는 고희(古稀)를 넘기면서, 아내에 대한 그리움만큼이나 자신을 돌아보는 일에도 익숙합니다. 결혼 전의 삶을 자신의 의지로 개척하였다면, 결혼 후의 삶은 아내의 사랑으로 이루어진 연리지(連理枝)와 같은 삶이었을 터입니다.

> 빈농의 아들로 태어나 고학으로 대학을 졸업했다. 대학생활 4년간 하루 3~4시간밖에 못 자는 생활로 하루에 4파트 아르바이트를 해야만 했다. 그래야 내 하숙비, 등록금, 용돈을 마련할 수가 있었고, 거기다 영등포고등학교 다니는 셋째 동생 하숙비와 등록금까지 감당할 수가 있었다. 이런 생활로 나는 수면 부족에 과로로 코피 흘리는 생활이 다반사였다. 힘들고 어렵고 지겨웠던 고생의 세월이었지만 그래도 지금은 그 시절이 그립기만 하다. 남들처럼 낭만을 즐기면서 공부는 못했어도 누추한 차림에 이리 뛰고 저리 뛰며 코피 흘리던 그 시절이 나를 그립게 하고 있다.
>
> — 「인생은 의지의 투쟁」 일부

이러한 역경(逆境)을 극복하였기에 교육자로서 한 평생을 보내었을 터, 또한 아내와의 행복한 보금자리도 꾸몄을 터, 이제 자녀들과 함께 손주들의 성장을 지켜보면서 행복한 시간을 영위하리라 믿습니다.

전체 수필에 흐르는 맥락은 '인간성 부활'이 최대공약수이며, 공통분모를 이루고 있습니다. 사람다운 정을 서로 나누며, 가슴 따뜻하게 살자는 작가의 지론이 작품으로 형상화되어 있습니다. 그리하여 독자들의 가슴에 감동의 물결로 출렁이는 훌륭한 수필 작품으로 승화하고 있습니다. 이러한 감동을 공유하며, 남상선 수필가의 1수필집 감상의 여로를 접습니다.

◇ 손경자 수필론 『그때는 그랬었지』 평설. 2019.

눈물로 쌓은 인간승리의 지탑

1.

손경자 수필가의 첫 수필집에 수록된 작품을 읽으며, 가슴에서부터 공감의 물결이 회오리바람처럼 솟구쳐 올랐습니다. 금세 콧등이 시큰해지더니, 눈물샘을 자극하였습니다. 작품을 끝까지 독서하며, 해방 후 우리 겨레가 겪어야 했던 가난, 그 신산(辛酸)했던 삶의 여정이 파노라마처럼 펼쳐졌습니다.

그가 겪은 시련이 태생적인 것은 아니었습니다. 중학교 2학년까지는 공무원으로 봉직(奉職)하는 아버지, 그리고 작은 사업을 하는 어머니 사이에서 단란하게 행복을 누렸을 터입니다. 그러나 그 행복은 아버지의 별세로 인해 갑작스러운 변화를 겪습니다. 이때부터 그의 시련이 시작되었으며, 주어진 운명을 수용하던 그에게, 체신부 공무원의 길이 열리고, 이를 계기로 자신의 운명을 스스로 개척합니다.

손경자 수필가는 고희(古稀)를 넘기며, 주도적이고 능동적인 자세로 일관한 자신의 삶을 돌아보기에 이르고, 겪은 일과 깨달음을 글로 표현하고자 합니다. 그가 쓴 글을 읽은 분이 추천하여 수필가로 등단하게 되고, 2019년에 첫 수필집을 발간하기에 이릅니다. 이 작품들을 정독하며, 그가 눈물로 쌓은 인간승리의 탑(塔)을 만나기로 합니다.

2.

수필가 손경자의 수필집에 수록한 작품을 읽기 전에,『문학사랑』의 신인작품상에 응모한 작품을 읽은 바 있습니다. 매우 짧은 글에서부터 '수기'로 표기된 긴 글까지 다양한 작품을 정독한 후, 그의 수필을 당선작으로 선정한 바 있습니다. 그 작품에 대한 심사평을 작성한 인연을 소중하게 생각하며, 그 전문을 소개합니다.

> 〈손경자는 수필집 1권 분량의 글을 응모하였습니다. 본격적인 수필도 있고, 자서전에 넣을 글도 있고, 일기와 같이 단편적인 글도 있습니다. 본인은 이와 같은 작품으로 수필집을 발간하는 것이 꿈이라고 합니다. 그러한 자세가 너무 진지하여 그의 작품을 정독하였습니다.
>
> 그의 작품에는 자신의 내면이 적나라하게 자리 잡고 있었습니다. 유명한 수필집에서 받은 감동보다는 좀 느슨한 그의 수필 작품에서 더 큰 감동을 받았다는 느낌입니다. 교언영색보다는 삶의 진정성에 박수를 보내는 소이연(所以然)입니다.
>
> 그가 인용한 〈얼마나 길게 살 것이라고/ 잠시나마 눈을 흘기며 살 수 있나// 얼마나 함께 있을 것이라고/ 아픈 것을

건드리며 살거나// 우리는 기쁘게 살아야 한다// 나 때문에 당신이/ 당신 때문에 내가/ 사랑을 회복하며/ 그렇게 기쁘게 살아야 한다.〉는 이동진 선생의 '시'를 인용하여 작품의 깊이를 더하고 있습니다.

진실이 확보된 작품 창작을 이미 마쳤으니, 앞으로 남은 일은 자신의 진면목이 담긴 수필집 발간일 터입니다. 많은 독자들의 가슴에 공감의 메아리가 넘치기를 기원하며, 당선 작품으로「삶의 지혜」와「까치의 노래」를 선정합니다.〉

신인작품상에 당선되어 수필가로 등단한 것은 문인의 길에 들어섰다는 의미입니다. 아마추어로서는 '완성'의 의미로 수용되지만, 프로의 길에서는 '출발'이므로, 앞으로 전문가답게 좋은 글을 써야 합니다. 작품의 구성도 치밀해야 하고, 표현에서도 남다른 독창성을 지니는 게 좋습니다. 손경자 수필가는 이와 같은 자질과 실력을 갖추고 있어 믿음직합니다.

3.

손경자 수필가는 중학교 2학년에서부터 영동우체국에 취업할 때까지를 '1기 삶'으로 볼 수 있습니다. 기간은 짧지만, 그의 삶에 끼친 영향은 심중(深重)하기 때문입니다. 중학교 2학년 때 맞은 부친의 별세로, 그는 1960~70년대에 흔히 볼 수 있었던 착한 딸이 되어, 학업보다 가사 노동에 휘말립니다.

당시의 빈궁한 처지를 그는 이렇게 서술합니다. 〈끼니도 못 먹고 감자 고구마 밀가루 반죽으로, 누른 국수와 수제비가 유일한 주식〉

이었으며, 밥을 지을 때도 〈쌀 한 주먹 씻어, 쌀은 보리쌀 가운데 놓고, 섞일세라 왕겨(벼 껍질)를 풍로로 불어가며〉 불을 때어 밥을 짓습니다. 이렇게 지은 밥이지만 가족 모두 공평하게 나누지 못합니다. 〈밥이 다 되면 쌀밥은 살짝 떠서 아버님만 퍼드리고, 꽁보리밥만 남은 것을 훌훌 섞어 큰 양푼에 퍼, 된장 고추장만 넣고 비벼, 상 가운데 놓고 온 가족이 둘러앉아 먹기 시작〉합니다.

누가 한 숟갈이라도 더 먹을까 봐 서둘러 먹어야 했습니다. 어머니가 숟갈을 놓고 나가시면, 그 역시 뒤를 따라 동생들에게 밥을 양보해야 했습니다. 이러한 광경은 필자의 어린 시절에도 볼 수 있었고, 직접 체험하였던 터라 그 모습이 파노라마처럼 펼쳐지며, 가슴이 먹먹해질 정도로 강렬한 정서를 공유할 수 있었습니다.

그는 중학교에 다닐 때부터 집안일을 도맡아 어머니를 돕습니다. 어머니가 운영하시는 여관의 여러 일을 대부분 혼자 해냅니다. 〈손님들의 밥상 11개 준비〉 〈손님들의 방 청소〉 〈일주일이 멀다 않고 하는 이불 빨래〉를 직접 해내면서, 학교에 지각하거나 결석을 하기도 합니다. 특히 겨울에 하는 빨래는 어린 소녀가 감당할 수 없는 극한 노동이었을 터입니다.

그의 시련은 여기에서 끝나지 않습니다. 고등학교에 진학하여야 하는데, 외할머니와 어머니의 묵계(默契)에 의해 부산에서 사는 이모님 댁의 '식모'로 가게 됩니다. 야간고등학교 진학을 도와준다는 약속이었지만, 그 약속이 이루어지지 않아 그는 '죽음을 각오할 정도'로 절망합니다. 어머니께 편지를 보내어 귀가한 후, 영동여고로 진학하였고, 학업 중에도 여관의 잡무(雜務)를 책임져야 했습니다.

이후에도 다시 광주광역시로 전근한 이모부를 따라 장기간 '가사 도우미'의 생활을 겪으며 눈물겨운 삶을 살아냅니다.

여고를 졸업한 이후에는 아예 여관 일에 전념합니다. 그러나 운명의 신이 그를 발견합니다. 여관의 손님이었던 영동우체국장의 눈에 뜨이어 우체국에 취업하게 되고, 후일에 정식 공무원이 되어 새로운 삶을 개척할 계기를 맞습니다. 우연히 찾아온 인연이지만, 그 인연을 소중히 가꾸는 근면성실(勤勉誠實)한 성품이어서 여러 난관을 극복하고, 스스로 '주체적인 삶'을 이룹니다.

4.

손경자 수필가의 '2기 삶'은 영동우체국에 취업한 후, 별정(사설) 우체국인 '용화우체국'을 인수하여, 40년 가까이 근무한 후, 정년퇴임할 때까지의 긴 기간입니다. 그는 고등학교 재학시절에 만난 인연으로 연하의 남편과 결혼을 합니다. 두 사람의 여건상 거의 불가능한 상황이었지만, 그는 훈련병 신분의 남편과 끝내 결혼하여 가정을 이룹니다.

대학을 졸업한 후 남편이 고시에 낙방하여 경제적으로 어려운 상황을 만납니다. 그리하여, 남편은 사설 우체국의 국장으로, 자신은 차석 직원으로 근무하면서 세상살이의 전범을 보여줍니다. 우체국에서 근무하는 한편, 지역 발전을 위한 봉사에도 앞장섭니다. 특히 부녀회의 총무와 회장을 맡아 '공동취사장'을 운영하여 농번기에 중요한 역할을 담당하며, 지역의 리더로 자리 잡습니다.

그는 대농(大農)의 맏며느리로서 책임을 다하기 위해 희생적으로 노력합니다. 공무원으로 근무하면서 시댁의 부모님 생신 챙기기, 명절제사 준비하기, 연중 여섯 번의 기제사 등을 직접 챙기느라 1인4역(一人四役) 그 이상의 노력을 해야 했습니다. 대농이면서도 시부모는 쌀 한 말 주지 않은 것 같습니다. 맏아들, 맏며느리, 장손을 비롯하여 여러 손주가 사는데도 의식주를 도와주는 일에 인색하였던가 봅니다. 글 속에서 시아버지가 '마늘 두 접'을 주시느라 시어머니와 다툴 정도였던가 봅니다. 그래도 그는 맏며느리의 책임과 의무에 충실하며 아내로서의 부덕(婦德)을 쌓습니다.

이 시기에 그는 자녀의 양육을 위해 맹모삼천(孟母三遷)에 버금가는 열정을 보입니다. 초등학생인 첫 딸을 서울로 전학시켰다가, 다시 대전의 초등학교로 전학시킵니다. 그 아래 자녀들도 대전에서 초등교육과 중등교육을 합니다. 우체국에 근무하면서, 외지(外地)의 학교에 다니는 자녀들을 양육하는 데에는 형언(形言)할 수 없는 고통과 경제적 부담이 있었을 터입니다. 이를 극복한 것만으로도 그는 인간승리의 전범(典範)이 되고도 남습니다.

그의 삶에서 가장 성공적인 일은 남편을 충북 영동군 '군의원'에 두 번 당선시킨 일입니다. 용화우체국을 인수했을 때 지역민들의 '텃세'는 극심하였습니다. 그러나 그의 뚝심과 의지로 이를 극복한 것은 물론, 세월이 흘러 그 텃세를 무력화시키고, 군의원에 두 번이나 당선한 것은 참으로 놀라운 일입니다. 그 과정의 어려움과 보람이 수필집 속에 오롯하게 들어 있습니다.

또한 장성한 자녀들의 뒷바라지에도 놀라운 집중력을 보입니다. 큰딸의 결혼생활과 관련한 여러 에피소드가 있었지만 모두 해결합니다. 둘째 딸의 결혼생활이 원만하지 못하였지만, 신앙에 의하여 극복하도록 돕습니다. 기독교를 맹신하는 둘째 딸의 요청을 수용하여, 스스로 불교에서 기독교로 리턴(Return)합니다. 이에 머무는 것이 아니라, 시어머니를 비롯하여 온 가족이 기독교에 귀의(歸依)하게 하는 신앙의 승리를 이룹니다.

5.

손경자 수필가의 '3기 삶'은 우체국에서 40여 년을 근무하고, 정년으로 퇴임한 후 자유인으로서 살아가는 노년기입니다. 60대를 지나 현재 70대의 삶을 살아내는 그에게, 이 시기는 새로운 충격으로 다가오는 동시에, 그 스스로 가장 보람 있고 행복한 시기로 기능합니다.

이 시기에 그는 남편과 함께 시댁인 영동군 상촌면에 정착합니다. 〈부모님이 남겨놓고 가신 땅에 포도나무를 심으면서 농업인으로 변하여, 7-8년을 해보지 않은, 또 다른 농업인의 전문 일로 유수같이 세월〉을 보냅니다. 그러다가 〈늦었지만 이제라도 집에 있지 말고 취미생활로 시간을 보내자는 마음이 들어, 생전 처음으로 영동신문 광고를 보고 노인복지관 평생교육관〉을 찾습니다. 그는 〈영동 토박이면서도 노인복지시설이 이렇게 잘 되어 있는 것〉을 모르고, 살았던 자신을 반성합니다. 오랜만에 친구를 만나 정을 나누기도 합니다. 그러다가 시 창작을 수강하면서, 글쓰기에 도전하게 되고, 다양한 경험을 바탕으로 집필한 작품에 '그만의 감동'을 담습니다. 그리하여 세상의 독자들이 놀랄 만한 족적(足跡)을 남깁니다.

일부 미완(未完)의 요소들이 산견(散見) 되기도 합니다. 그렇지만 지나온 삶을 조명(照明)하려는 '글쓰기' 자세가 오롯합니다. 손경자 수필가의 삶이 평범하지 않다는 것은 희로애락(喜怒哀樂)의 정서가 풍성하다는 것이고, 이를 작품으로 형상화하면, 많은 사람과 더 큰 감동을 공유할 수 있을 터입니다. 이러한 기대로 손경자 수필가의 첫 수필집 감상을 맺습니다.

3부

이성적 논리와 정서적 감동

◇ 고영덕 수필론 『구름이 아름답게 보이던 날』 평설. 2020.

이성적 논리와 정서적 감동

1.

고영덕 수필가를 만난 지 그리 오래되지는 않았지만, 인연이 깊었던지 낯설지 않은 느낌이었습니다. 만난 자리에 동석하였던 분들의 영향이었을까, 오랜 기간 사귀었던 것처럼 문우(文友)로서의 막역한 동질감이 환기되어 놀라워한 바 있습니다.

그는 100여 편의 창작 수필을 보여주었는데, 겸손한 언사(言辭)에도 불구하고 품격 있는 작품들이었습니다. 한 작품씩 읽으면서 작품 속에 빠져드는 묘한 마력을 체감하였습니다. 주제에 따른 소재의 선택, 작품의 구성, 또한 작품을 끌고 가는 필력과 표현력, 그리고 작품에 담긴 인간미 등으로 작가의 내면을 자연스럽게 그려내고 있었습니다.

작가의 정서와 생각을 공유하던 차에, 그가 이 작품들로 『문학사랑』의 신인작품상에 응모하고 싶다는 견해를 밝혔고, 이에 따라 작품을 재독(再讀)한 바 있습니다. 그는 공기업에서 명예 퇴직할 만큼 오랜 기간 회사원 생활을 하였고, 다시금 제2의 인생 설계에 따라 아파트 관리소장으로 봉사하고 있습니다. 이렇듯이 그는 문학과 관련이 없어 보이는 직종에 근무하였는데도, 응모한 대부분의 작품은 수필다운 작품이었습니다. 그리하여 그의 수필 작품을 당선작으로 선정하고, 심사평을 작성한 바 있습니다.

그가 응모한 100여 편을 읽은 후, 그의 모든 작품들이 일정한 수준에 올라 있기 때문에, '제목 가나다 순'으로 정리된 수필의 앞자리에 있는 두 작품을 선정하였습니다. 그리해도 될 만큼 그는 고른 작품을 창작하고 있었습니다. 〈길에서 무수하게 많은 사람들을 만나 함께 호흡하고 생각하며 보고 느끼고 행동하였던 사람들 중 나와 인연을 맺었던 많은 사람들은 다양한 모습과 느낌으로 왔다 간 사람이 있는가 하면, 어떤 사람은 나의 길이 되어 주셨던 분도 계셨었다.〉(「길이 되어 주는 사람들」)에서 그의 긍정적 세계관을 확인하였습니다.

수필 「구름이 아름답게 보이던 날」에서도, 그는 일상생활을 하면서 세상을 아름답게 긍정하는 내면을 작품에 투영하고 있었습니다. 〈바람이 적고 햇빛이 좋던 날이어서 구름은 한곳에 오래 머물러 있었다. 멀리서 아름답게 보였던 구름이 이제는 내 눈앞에, 조금 더 가서는 내 머리 위에 있게 되었다.〉 등을 읽으며, 산문의 기본인 묘사와 서술이 적절하고 조화로운 글에 박수를 보낸 바 있습니다.

고영덕 수필가는 이런 수준의 글로 첫 번째 수필집 『구름이 아름답게 보이던 날』을 발간하기로 하였고, 이 수필집에 수록된 60여 작품을 독자들보다 먼저 감상한 후, 고영덕 수필 작품의 문학적 특징을 간략하게 정리하고자 합니다.

2.

고영덕 수필가는 소설이나 동화, 그리고 희곡이나 시나리오에서 중요하게 여기는 '상상력'이 풍부한 작가임을 작품으로 입증하고 있습니다. 그는 은행 앞에 좌판을 펼치고 땅콩을 팔고 있는 65~70세 사이의 노인을 보면서 다양한 상상력을 발휘합니다. 이러한 상상력은 간단한 질문만으로도 해결될 일이었지만, 그는 묻는 것을 뒤로 미룬 채 자신의 상상에 의하여 작품을 이끌어 나갑니다. 〈얼핏 보았지, 관심을 가지고 주변에서 서성거리며 얼마나 잘 팔리는지 보지는 않았다.〉고 하면서도 노인에 대한 상상은 멈추지 않습니다.

첫 번째 상상은 상술(商術)에 대한 관점입니다. 그 노점상은 〈서 있기보다는 앉아서 인파를 주시하고 팔아 달라는 말은 하지 않고 황소의 눈과 같이 눈만 깜빡거릴 뿐〉이라고 묘사합니다. 노인은 군중들에게 땅콩을 몇 개씩 주어가며 판촉 활동을 할 법도 한데 우직하게 감나무에서 감이 떨어지기만을 바라는 식이라고 추정합니다. 그러면서 그의 상술을 여러 갈래로 상상합니다.

ㄱ. 최대한 측은하게 보여 사람들의 동정심을 유도한다.
ㄴ. 맛과 품질을 앞세워 승부를 건다.
ㄷ. 가격으로 승부를 한다.
ㄹ. 1+2+3의 여러 가지를 혼합한 방법
ㅁ. 아무 전략도 없이 나와서 판다.

두 번째 상상, 그 노점상은 땅콩을 한 바가지에만 담아놓고 손님을 기다립니다. 이에 대하여 〈왜 한 바가지만 있을까?〉라는 의문입니다. 이에 대한 그의 상상이 재미있습니다.

첫째는 이제 다 팔리고 한 바가지만 남아 있네. 라는 느낌을 주기 위해서 그럴 수 있다.이 걸 사주면 떨고 있지 않고 집에 빨리 갈 수 있겠지 라는 동정심을 유도할 수 있을 성도 싶다.
둘째는 다 팔고 한 바가지만 남아 있어 떨이를 하고 갈 것이니 싸게 줄 것 같다는 고객들의 심리를 이용한 판매 방식도 있을 수 있다.
셋째는 땅콩이 맛이 있어 다 팔리고 이것밖에 안 남았네. 라는 인식을 줄 수도 있다.

그러나 딱 한 바가지를 담아놓고 파는 상술은 우리의 전통과 맞지 않는다는 자신의 견해도 밝히고 있습니다. 〈한 바가지는 더 줄 수 없는 규정된 양으로 후한 인심과는 거리가 먼 판매 방식인데, 덤을 중요시하는 우리나라 전통시장 문화에서 보았을 때에는 구매자들에게 구미가 당기지 않는 방식이라고 할 수 있다.〉는 자신의 생각에

잠깁니다. 그러면서 〈그럼에도 그가 큰 그릇에 오직 한 바가지만을 고집하는 이유는 도대체 무엇일까?〉 의문을 씻지 못합니다.

그리하여 고영덕은 〈땅콩아저씨와 관련된 상상은 내 머리에서 온갖 추측이 난무하였다. 그렇지만 사실은 오직 하나다. 속 시원하게 그의 숨겨진 이야기를 듣기 위하여 그와 대화를 나누어 보아야 한다. 미심쩍거나 궁금하면 진상을 파악하고 그러기 위해서는 당사자한테 확인하는 절차가 필요하다. 억측과 상상은 자칫 의혹과 오해를 불러일으킬 수 있고 픽션을 만들어 낼 수도 있으니까.〉라며 만나서 확인하기로 합니다.

이런 바탕에서 그는 머지않아 노점상과 만나리라는 가능성을 열어놓은 채 작품을 맺습니다. 이렇게 상상력을 발휘하여 작품을 빚는 것도 다양성을 확보하는 길입니다.

3.

고영덕 수필가의 수필에는 생활에서 보고 듣고 행하면서 찾은 생활수필도 여러 편이지만, 이성을 바탕으로 한 글, 내면의 반향을 통하여 감동을 생성하는 작품이 중심을 이루고 있습니다. 주장이 강한 작품도 있지만, 보여주기만 해도 주장을 느끼게 하는 작품도 있습니다. 그러한 흐름을 한 번 만나보기로 합니다.

설명문처럼 간략하게 정리하여 보여주는 작품인데도 그의 주장을 내면화하는 양상에서 독자들은 더 큰 감동을 공유하는 것 같습니다.

자신에게 길이 되어 주는 사람에 대한 글에서 그는 〈물길이 막혀 간절하게 도움을 요청할 때만 물꼬를 터주는 역할〉을 하는 인연에 대하여 서산대사의 오도송을 인용합니다. "답설야중거 불수호란행, 금일아행적 수작후인정(오늘 내가 걸어간 발자취는 뒷사람의 길이 될 것이므로 눈 덮인 들판을 걸어갈 때 어지러이 함부로 가지 말라.)"는 말씀을 인용하여 '길이 되어 주는 분'들의 특성을 다음과 같이 정리합니다.

> 첫째는 삶의 한순간도 허투루 살지 않는다는 것이다. 짜임새 있게 살려고 노력을 많이 하시는 모습이다.
> 둘째는 근면하시고 부지런하시다는 점이다. 재력이 있어 사회적 지위에 걸맞게 꾸미고 다니실 만도 한데, 항상 소탈하고 사치스럽지 않지만 빛이 난다는 점이다.
> 셋째는 자기의 능력을 십분 발휘하고 남을 위해 봉사하신다는 점이다.
> 넷째는 지금 이 순간을 알차게 살아가고 있는 사람이다.

그는 이와 같은 분들을 통하여 삶의 아름다움을 작품에 투영합니다. 〈내가 다른 사람의 길이 되어 주는 사람이 되느냐는 그 사람의 치열한 노력 여부에 따라 달린 것이다. 다만 내가 다른 사람으로부터 거저 받았으니 나 또한 다른 사람에게 거저 줄 수 있는 사람으로 거듭 나야 한다는 것이 인류가 발전하는 원동력의 한 축〉임을 깨달은 그의 지성(知性)이 긍정적 자세로 기능합니다.

이러한 내면화는 자신이 살아가야 할 목표로 작동하기도 합니다. 〈그 길은 분명 어둠 속에서 한 줄기 빛과 같았고, 힘과 용기를 주기에 충분하였다. 나태와 포기, 지지부진 등의 늪에서 다시 붙잡고 일어설 수 있는 탄탄대로와 같았고, 편안하게 기댈 수 있는 양지바른 언덕과도 같았다. 나 또한 길이 되어 주신 분들의 고마운 마음처럼 길이 되어 주는 사람이 되도록 열심히 배우며 살 것〉을 다짐합니다. 이런 자세에 독자들도 박수로 응원할 터입니다.

4.

수필집을 발간하고자 하는 고영덕 수필가는 오랜 기간 '책'을 통하여 공부하였고, 그 영향으로 자신의 길을 오롯이 걸을 수 있었던 것 같습니다. 〈책은 나와 끈질긴 운명체와 같은 것이었다고 생각이 들 때가 많았다.〉 〈'책속에 길이 있다'라는 굳은 믿음이 책을 가깝게 하고 평생 책을 공기처럼 대하고 있으니 이 또한 행복이 아닐까 한다.〉면서 그는 독서의 순기능을 다음과 같이 밝힙니다.

> 책이 있어 외롭지 않았고
> 책이 있어 나의 부족한 면을 채울 수 있었고
> 책이 인생길의 나침판의 역할을 해 주었으며
> 책이 나를 성장시켜 주는 역할을 하였다.

그는 중학교 2학년 때부터 학급대표로 선정되어 '독후감 발표회'에 참석한 일을 기억하고 있습니다. 한때 전국의 중고등학생들의 교양을 배양하기 위하여 전국적으로 독후감 대회, 책을 읽은 내용 경시대회 등이 진행되었는데, 그 역시 권선징악을 주제로 한 '동양 고전'을 공부하였던 것 같습니다. 그 이후에 다시 책과 맺은 인연은 KT의 중앙 연수원 교수로 봉직할 때로 기억하고 있습니다. 분야별 전공책과 시중에서 인기리에 판매되었던 베스트셀러 중심으로 독서하여 효과적인 교수법을 개발하였다고 회상합니다.

그는 독서의 영향은 한두 권의 책이 아니라, 그 사람이 읽어온 한 권 한권이 쌓이고 쌓인 '독서의 총량'에서 우러나는 힘이라고 말합니다. 이러한 '독서의 힘'이 오늘날 그를 수필가로 등단하게 하고, 수필집의 저자가 되는데 기여했으리라 추정됩니다. 그리하여 그는 책이 자신에게 가져다 준 영향을 다음과 같이 정리합니다.

ㄱ. 일반분야이든 전문분야이든 지식과 교양, 상식이 넓힐 수 있는 기회
ㄴ. 성장하는 자녀들에게 책과 가까이 하는 아버지로서 본이 되었다고 생각
ㄷ. 책 속의 주인공이 되어 보는 행복감 등 희로애락을 오롯이 맛보는 경험
ㄹ. 책 속의 간접경험이 나의 무의식 속에 들어와 경험의 일부분으로 자리 잡다
ㅁ. 책은 풍부한 상상력, 결정력, 설득력, 인내심 향상에 큰 영향을 주었다.
ㅂ. 책이 문제 해결의 도구였으며 지식의 샘이었고 삶의 자양분이 되었다.

ㅅ. 책을 읽음으로써 성취감과 자신(존)감이 향상되는 느낌을 받았다.

이렇게 생각을 정리할 수 있는 착상도 놀라운 것이며, 이를 통하여 자신을 돌아보는 자세도 뜻깊습니다. 그리하여 〈책은 나에게 '사람'을 이어주었다. 온 · 오프라인을 초월했고, 정말 다양한 관점들을, 생각들을, 마음들을, 바람이 나에게 닿듯 불기 전에는 몰랐을 삶을 보게 해줬고 세계를 보게 해 주었다.〉고 정리합니다. 보고 즐기는 문화가 만연하는 현대인들에게 고영덕의 수필은 그만의 조금쯤 색다른 길이지만, 삶의 보람을 찾을 수 있는 길로서의 독서를 권장하는데 부족함이 없습니다.

5.

고영덕 수필가는 자신의 구체적이고 주관적일 수 있는 체험을 일반화하고자 합니다. 자신의 '주관적 생각'이나 '자신만의 기준'일 수 있는 일들을 논거(論據)로 제시하면서 독자들에게 주장을 펩니다. 대부분 사람들이 알고 있을 법한 제재(題材)지만, 메모에 대한 관점은 자신의 체험과 소견을 논거로 밝히게 합니다.

그 빌미는 이렇게 시작됩니다. 〈기억과 망각의 상호작용 속에서 우리는 살고 있으며, 이 모두가 우리 인간의 본능적 자연적 기능이기도 하다.〉 이 때문에 아무리 왕성한 기억력 소유자라 하더라도 망각이 잠재적으로 작용하고 있어 기억한 것을 잊지 않고 그것을 어떤 목적에 사용하려고 할 때 생각이 잘 나지 않아 낭패를 보거나 그것을 기억해내려고 고생을 한 적이 많이 있을 것이다. 잠시 떠올랐던 생각을 메모라는 수단을 통하여 기억의 한계를 극복하는 것이 중요하다고 주장합니다.

메모하는 습관에 대한 주장은 다산 정약용 선생의 글을 논거로 인용하여 일반화합니다. 〈"기억을 믿지 말고 손을 믿어 부지런히 메모하라. 메모는 생각의 실마리, 메모가 있어야 기억이 복원된다. 습관처럼 적고 메모하라."〉는 권유 말씀을 인용합니다. 이어서 발명가 에디슨, 베토벤, 레오나르도 다빈치, 빌 게이츠도 등이 모두 메모광이었다는 사실을 예로 들어, 이런 발명가 또는 천재들에게도 메모는 목적을 이루기 위한 기본적인 습관의 결과라는 일반화에 이릅니다. 그러면서 다시 〈메모는 왜 할까?〉 의문형으로 자문자답(自問自答)하기에 이릅니다.

> 첫째는 결정적인 순간 메모가 나를 도울 수 있고
> 둘째는 신의 은총과 같이 스쳐가는 생각을 기회로 만들어 현실이 되게 할 수도 있다.
> 셋째는 메모의 일상화 된 습관이 시간의 사용을 효율적으로 만들게 한다.

그러면서 〈메모는 단순히 기억의 보조도구로 기록하는 것이 목적이 아니라, 바로 '생각 정리'를 위한 첫 단계이기 때문에 중요한 것이다.〉 메모를 해서 모은 자료를 분류, 정리하면서 생각을 정리하고,

생각정리를 통해 자기만의 '판단'을 내리는 것, 이것을 위해 메모가 필요하다고 자신의 견해를 밝힙니다. 동시에 메모를 잘 하기 위한 방법을 제시합니다.

> 첫째는 항상 메모할 수 있는 환경을 만들어야 하며
> 둘째는 나만의 방식으로 메모를 정리하여야 한다.
> 셋째는 되도록 손으로 쓰는 것이 좋으며
> 넷째는 하루 중 기록(메모)하는 시간을 따로 마련하라는 것이다.

고영덕의 수필집에 수록된 수필 작품도 메모 습관의 영향을 받아 다작되었을 터입니다. 메모는 모든 층위(層位)의 사람에게 필요한 것이지만, 특히 글을 쓰는 문인들 입장에서는, 메모가 좋은 작품을 창작하기 위한 바탕으로 기능할 터입니다. 이러한 자세를 지속적으로 견지하는 한, 고영덕의 수필은 이성적 논리로 설득하고, 정서적 표현으로 감동을 생성하리라 기대됩니다. 독자들 역시 그의 다양한 작품을 완독(玩讀)하면서, 그가 생성한 감동을 공유하리라 믿습니다. 이런 믿음으로 그가 발간하는 수필집의 작품 감상을 간략하게 정리합니다.

◇ 남상선 수필론2,『행복 한 짐에 묻어온 아픔 한 조각』평설.2020,

감동을 생성하는 진심과 사랑

1. 드는 말

2019년에 남상선 수필가의 1수필집『발신인 없는 택배』를 읽고 군자(君子)에게 부여된 삼락(三樂)의 보람을 공유하며 가슴 벅찼던 기억이 있습니다. 군자에게는 삼락이 있는데, 첫째는 부모와 관련된 즐거움이며, 둘째는 부끄러운 일을 행하지 않고 살아가는 즐거움입니다. 셋째는 득천하영재이교육지(得天下英才而教育之, 천하의 영재를 얻어 가르치는 즐거움)인데, 남상선 수필가는 세 번째 즐거움으로 여생을 보내고 있기 때문입니다.

수필「선생님을 가르치는 제자」에서 그는 〈고등학교 졸업한 지 35년이란 세월이 흘렀는데도 선생님을 끔찍하게 챙기는 제자, 아니, 많은 깨우침과 고마움을 느끼게 하는 제자〉를 만난 보람을 수필에 담은 바 있습니다. 그 제자는 〈고3 때 내가 담임했던 그 시절엔, 공부로 두각을 나타내지는 못했지만 의리가 있고 따듯한 가슴을 가진

학생으로 내 머릿속엔 각인〉이 되어 있었다고 회상합니다. 제자의 마음 씀씀이에 감탄하고 있는 글인데, 이 글을 읽는 내내 '존경과 사랑'이라는 명제에 뜨거운 감동을 받은 바 있습니다.

그의 2수필집 『행복 한 짐에 묻어온 아픔 한 조각』에서는 제자와 관련한 후속 에피소드가 다시금 가슴을 먹먹하게 합니다. 남상선 수필가의 첫 수필집 출판기념회가 열리는 날입니다. 지인들의 극성(?)에 의해 열린 출판기념회는 평소에 고맙던 분들만을 모시고 은혜를 갚는 자리로 훈훈한 정을 나눕니다. 소찬이지만 〈평생 잊을 수 없는 고마운 분들께 드리는 점심 한 끼〉를 대접하는 자리로 만들어야겠다고 생각합니다. 〈초청 대상은 평생 보은으로도 안 될 것 같은 분〉들만 모시기로 했으며, 고마움으로 사무치는 분들 명단을 작성하여 문자를 띄웁니다. 전화로 참석 여부까지 확인하면서 준비한 출판기념회는 '감사와 사양'의 덕담으로 진행됩니다.

이 중에서 주목 받는 사람은 첫 수필집의 제목 '발신인 없는 택배'의 주인공 정길순 제자였는데, 겸손한 자세로 일관합니다. 그 다음에 마이크를 잡은 사람은 '선생님을 가르치는 제자'의 주인공 정지석 제자였습니다. 〈제가 그냥 올 수 없어서 대천에서 대하(큰 새우) 몇 박스 가져왔으니, 가실 때 한 박스씩 가져가시기 바랍니다.〉라고 말하여 박수를 받습니다. 실제로는 몇 박스가 아니고, 참석자 전원이 받아가고도 남을 분량이었으며, 스승을 대신하여 오신 분들에게 선물하였으니 다시금 감탄할 일입니다.

그래서 남상선 수필가는 '보은의 오찬에 제자가 달아 준 훈장'이라는 글을 빚습니다. 이 글에서 〈증서도, 상패도 없이, 달아준 훈장〉이라고 하며, 지인들 앞에서 자신을 빛내준 고마움을 작품에 담습니다. 그는 〈이보다 더한 청출어람(靑出於藍)의 기쁨이 어디 있겠는가!〉 감동하며, 고마운 내면을 작품에 풀어놓습니다. 이러한 기쁨이 진정한 '삼락(三樂)'일 터입니다.

2. 남상선의 수필 작품 다시 보기

2.1「삼천 번을 넘어졌다 일어났는데」

불교 격언 중에 〈향을 싼 종이에서는 향내가 나고, 생선을 묶은 끈에서는 비린내가 난다.〉는 말이 있습니다. 남상선 수필가의 글에서는 맑은 향내가 나는데, 아름답고 감동적인 이야기들이 중심을 이루기 때문입니다. 앞의 격언에서처럼 그의 본바탕이 곱고 향기롭기 때문입니다. 자신이 직접 경험한 일에서도 소재를 찾아내지만, 항간에 흘러 다니는 이야기, 혹은 TV나 신문에서 보고들은 이야기 중, 그의 내면에 물비늘과 같은 반향(反響)을 일으킨 에피소드를 선택하여 수필로 빚습니다. 그의 2수필집에 첫 번째로 수록된「3천 번을 넘어졌다 일어났는데」는 삶의 고통과 시련 때문에 절망하는 사람들에게 위로가 되는 글입니다.

〈세상에 갓 태어난 아기가 제대로 걷게 되기까지엔 3천 번을 넘어져야 한다고 한다. 이 3천 번이 틀에 박힌 숫자는 아니겠지만, 우리는 누구 할 것 없이 3천 번이란 많은 횟수를 넘어졌다 일어난 사람들임에 틀림없다. 우리는 살아오는 삶에서도 많이 넘어졌지만, 앞으로의 삶에도 많이 넘어지고 깨어져야 한다. 하지만, 우리는 넘어졌다 다시 일어나는 칠전팔기(七顚八起)의 정신으로 살아야 한다.

우리는 사기꾼한테 당해서 넘어지기도 하고, 때로는 사업 실패로, 입학시험 · 취직시험 낙방으로 넘어지고 살 때도 있다. 어떤 경우엔 하는 일에 운이 따르지 않아 넘어지기도 하고, 마음을 다 빼앗겼던 연인한테 실연당하는 사랑의 실패로 넘어지기도 한다. 또 복싱 선수는 상대방의 강한 펀치에 넘어지기도 하고. 축구선수는 상대방의 강한 슈팅 골에 넘어지는 고배를 마셔야 할 때도 있다.〉

— 「3천 번을 넘어졌다 일어났는데」 서두 부분

좀 길게 인용한 것은 우리들 삶의 보편성을 반영하는 글이기 때문입니다. 누구나 넘어지면 일어서고, 다시 넘어지면 다시 일어서면서 살아야 하는 게 삶의 올바른 자세이기 때문입니다. 몇몇 예를 들면서 그는 이기고 지는 것, 실패하면서 다시 재기하는 삶이 상존(常存)함을 환기시킵니다.

중심인물인 '세진'이는 태어날 때부터 한쪽 손과 두 다리가 없는 장애자였습니다. 그러나 그를 입양한 양모(養母) '양정숙 여사'는 그를 혹독할 정도로 심하게 양육하여 스스로 일어서서 걷게 하고 뛰게 합니다. 절망할 수밖에 없는 장애인이었지만 그는 국가대표로 성공합니다. 절망을 극복한 인간 승리의 모범을 보여준 예증(例證)이지만, 세상 모든 일이 세진이처럼 다 이루어지는 것은 아닐 터입니다.

〈넘어졌다 일어나는 세진이를 넘어뜨리고 또 넘어뜨리고, 이렇게 눈물겨운 교육을 한 양정숙 여사의 지극정성이 세진이를 걷게 했다. 3870m 로키산맥을 오르게 했다. 10㎞ 마라톤을 완주까지 하게 했다. 대한민국 장애인국가대표 로봇다리 수영선수로서 금메달을 총 120개나 획득하게 했다. 실로 인간 승리가 아닐 수 없다. 위대한 세진이 뒤에는 그를 마음으로 낳고, 극진히 사랑한, 멋지고도 훌륭한 양정숙 양모가 자리하고 있었다. 세진이는 초등학교 검정교과서에도 소개돼 있고, 2009년 한국스카우트연맹 '대한민국을 이끌 4명의 청소년 영웅'으로도 선정되었다.〉

남상선 수필가는 칠전팔기(七顚八起)나 백절불굴(百折不屈)이란 단어가 어떤 특정인의 것이 아니라는 것을 수필 작품으로 웅변하고 있습니다. 누구든 마음먹은 자의 몫이라고 말합니다. 어차피 인생은 의지의 투쟁이니, 그것은 인내와 끈기로 갈고닦는 자의 몫이라고 역설합니다. 이런 성공적인 에피소드를 통하여, 오늘날 현실적으로 압박받고 있는 '코로나19(Covid19)'와 같은 전염병도 극복할 수 있다고 주장합니다. 아니 극복해야 한다고 말합니다. 이와 함께 구약성서에 나오는 솔로몬 왕의 지혜에서 비롯된 바 〈이 또한 지나가리라〉라는 잠언을 통하여 시련 극복의 메시지를 전합니다.

2.2 「이봐, 나잇값 좀 하세요」

남상선 수필가는 어른이 되어서도 나잇값을 못하는 사람들의 외양과 내면을 적나라하게 표현합니다. 나잇값을 못 하는 사람에는 세 부류가 있다고 분석합니다. 첫째는 나이가 많다고 막무가내로 고집만 피우고 대우를 받으려 하는 것이라고 합니다. 둘째는 과거에 높은 직위에 있었거나 거물급 인사를 지냈다는 이유로 목에 힘을 주어 유세하며 대우 받으려는 경우라고 합니다. 셋째는 정상인으로 나이는 들었지만 사람 사는 도리나 상도(常道)에 어두워서 자기본위의 언행을 보이는 것이라고 합니다. 그러면서 시내버스에서 목격한 에피소드를 소개하며, 사람답게 사는 방법을 적시(摘示)합니다.

〈어수룩한 할아버지 한 분이 올라오시는 거였다. 허겁지겁 버스에 오른 할아버지는, 버스요금을 계산해야 할 텐데, 호주머니를 뒤지더니 지갑이 없는 표정이었다. 머뭇거리고 있는 어르신께 운전기사가 하는 말이, "할아버지 요금 내셔야 하지요!" 하니까, 할아버지는 〈지갑을 집에 놓고 왔다.〉며 전전긍긍하는 표정을 짓고 있었다. 기사가 〈그럼 내리셔야죠.〉하니까 할아버지는 사정사정을 하며 내리지 않는 거였다. 그 일로 차가 출발하지 못하자, 승객들의 시선이 할아버지한테 집중되며 〈어르신 빨리 내리셔야 이 차가 가죠!〉 했다.〉

어른들이 여러 명 있었지만, 그들은 '할아버지'로 인해 지체되는 시간만 아까워했던 것 같습니다. 이때 초등학교 3학년쯤으로 보이는 학생이 메고 있던 책가방을 부랴부랴 열어젖히더니 고깃고깃한 5천 원짜리 한 장을 기사한테 내밀더라는 것입니다. "할아버지 요금 여기 있어요. 나머지 거스름돈은 나중에 할아버지 같은 분 태워 주세요."라고 말하는 것입니다. 그 바람에 차 안은 조용해졌고, 조금 전까지 왈가왈부 시끄러웠던 어른들은 숙연해집니다. 이와 같은 어린 학생의 선심선행(善心善行)을 목격한 어른들은 부끄러운 마음으로 자성(自省)하는 계기가 되었을 터입니다. 영국의 윌리암 워즈워드 시인이 '아이는 어른의 아버지'라고 말한 것처럼, 어린이의 '순수'와 '용기'는 놀랍습니다. 그러나 어른으로 성장하면서 그 순수가 엷어지기도 하고, 때 묻은 욕심에 흐려지기도 하는가 봅니다.

〈기관장 사모님을 비롯한 직원 부인들 모임이 있었는데, 거기에선 기관장 부인이 남편을 대신한 기관장처럼 직원 부인들을 하수인처럼 다루고 있었다. 남편이 기관장이면 그 부인도 남편의 직무대행을 하는 것 같았다. 하는 짓 자체가 꼴불견 가관이었다. 기관장은 퇴임 후에도 모임은 계속됐는데, 퇴임 전 직위를 내려놓을 줄 모르고 있었다. 퇴임 후에도 그는 기관장 시절처럼 군림하는 자세로 일관하고 있었다.〉

그때 그 모습을 바라보던 부하 직원이 '나, 그 000새끼, 모임에 계속 나오면 (그 모임에) 안 나가겠다.'고 말하더라는 겁니다. 기관장을 지냈던 사람과 그 부인이 나잇값을 제대로 못한 까닭입니다. 자기 분수도 모르는 상황에, 자기 체면과 추억을 내려놓을 줄 모르는 데에서 비롯된 망신살입니다.

이렇듯 서로 다른 에피소드를 소개한 남상선 수필가는 자신을 돌아보기에 이르러 기도하는 마음이 됩니다. 〈제발 영혼이 맑은 눈을 뜰 수 있게 해 주시어, 지구촌 모든 사람들이 나잇값 좀 하고 살게 하소서. 나잇값 못하는 어두운 눈으로, 장님으로, 살지 않게 하소서.〉

그는 기도하는 마음으로 자성하며 삶의 자세를 가다듬기에 주위로부터 칭찬 릴레이가 이어지는 것 같습니다.

2.3「계족산 황톳길의 위력」

남상선 수필가는 삶의 언저리에서 만나는 사물과 인정에 감읍하며 살아가는 다정다감한 성정을 지닌 분답습니다. 대전에서 소주회사를 경영하는 분이 계족산 '둘레길'에 황토를 깔아 맨발로 걷게 하여 외국의 대통령도 다녀간 일이 있습니다. 수필가는 그 곳을 걸으며 받은 고마움과 서정을 수필로 빚습니다. 외지에서 찾아오겠다는 친지와 함께 걷기로 한 계족산 황토 삼림욕장을 답사하는 중에 느낀 정서를 글로 표현합니다.

> 〈황톳길을 밟는 이들의 모습도 다양했다. 바지를 걷어붙인 맨발에 마냥 담소로 어렵지 않게 황토의 감촉을 즐기는 선남선녀들, 정담으로 꽃을 피우며 희희낙락하는 남녀노소들이 눈을 즐겁게 해 주고 있었다.
>
> 꽃보다 아름다운 추억을 황톳길 흙발로 수놓는 또 다른 오작교의 견우직녀들, 우정과 젊음을 과시하는 청년들의 부러운 모습도 보였다. 황토 묻은 발에 장난까지 치는 꼬마들, 아빠 어깨 위에서 싱글벙글하는 귀염둥이들, 목마 탄 아기의 힘든 체중까지 즐거움이 되는 아빠의 표정, 그 어느 것도 그림이 아닌 게 없었다.〉

이곳은 연간 100만 명 이상이 다녀간다는 '한국관광 100선'에 들어가는 명소여서 황톳길 흙을 밟는 이들과 산행으로 산림욕을 즐기는 사람들이 많이 찾는 곳입니다. 여행 전문기자들이 뽑은 '다시 찾고 싶은 여행지 33선'에서도 빼놓을 수 없는 곳이라, 낯선 이국인들의 모습도 종종 눈에 띄더라고 말합니다. 그는 황톳길을 걸으며 '인간 평등' 사상까지 도출해 내는데, 지성인의 내면을 오롯하게 드러냅니다.

〈계족산 황톳길 그 산자락에는 온갖 자비와 사랑이 똬리 틀고 있는 자리였다. 사해형제(四海兄弟)의 그 포근하고 따듯한 가슴이 함께 하여 열띤 경연을 준비하는 자리였다.

계족산 황톳길의 위력! 권력자, 힘없는 자 가리지 않고, 부자 빈자, 선・악인 할 것 없이, 모두 오는 자리였다. 강자 약자 불문하고 그 누구라도 와서 즐기는 자리였다. 이것은 천하를 호령하던 진시황의 권세로도 안 되는 위대함이었으리라. 계족산 황톳길 산행은 웃음도, 건강도, 즐거움도, 모두 챙길 수 있는 자리였다. 아니, 천상천하의 온갖 자비와 사랑이 숨 쉬고 있는 종합백화점이었다.〉

그 길을 걸으며 그는 황토의 장점을 일목요연하게 정리합니다. 〈황토는 ㉠숨을 쉰다.(공기가 잘 통한다) ㉡습도조절 능력이 우수하다. ㉢항균 효과가 크다. ㉣곰팡이가 피지 않는다. ㉤냄새를 없애는 효능이 뛰어나다. ㉥적조방지 능력이 우수하다. ㉦방열효과가 좋다. ㉧높은 온도를 오랫동안 지속한다. ㉨원적외선 방사량이 많다.〉 등입니다. 또한 이러한 환경을 조성하고, 음악축제를 여는 등 수고를 아끼지 않는 맥키스컴퍼니 조웅래 회장의 선견지명에 고마움을 표합니다. 무심하게 산책을 할 수도 있지만, 그의 섬세한 정서와 따듯한 마음이 빚은 작품이라 하겠습니다.

3. 나는 말

남상선 수필가의 작품이 감동을 생성하는 것은 진심어린 내용이면서 표현의 멋과 맛이 융합되었기 때문입니다. 무릇 문학이란 '무엇을 쓰는가'도 중요하지만, '어떻게 쓰는가'도 그에 못지않게 중요하기 때문입니다. 같은 재료로 음식을 만들어도 사람마다 가지각색일 터이고, 방법에 따라 맛과 향이 달라질 것이기 때문입니다. 이렇듯이 문학작품은 내용도 중요하지만, 예술성을 담보하는 표현의 역할 또한 중요합니다.

> 〈자세히 보아야 예쁘다./오래 보아야 사랑스럽다./ 너도 그렇다.〉(나태주 시인의 풀꽃)는 시인의 말대로 관심과 사랑으로 자세히 보고 오래 쳐다보니 초롱초롱한 눈망울들이 그렇게 예쁘고 사랑스러울 수가 없었다.〉
> 〈따가운 햇살 세례도 아랑곳하지 않고 따라 나오며 아쉬움의 표정으로 손을 흔들어주던 초롱초롱한 눈망울들과 그 고사리 같은 손들은 지금 이 순간도 지울 수 없다. 친절과 배려가 상용화된, 웅비의 꿈을 키우는 대전교촌초등학교! 초롱초롱한 눈망울 하나하나는 이 나라의 초석과 대들보가 되리라.〉
>
> — 「신발장에 내 이름이」 일부

교직에서 퇴임한 후, 효문화지도사로 봉사하기 위해 어느 초등학교를 방문했을 때 가졌던 감회를 형상화한 수필의 일부입니다. 남상선 수필가는 자신의 이름 석 자 챙겨 주는 것이 사소하고 하찮은 일 같지만, 어떤 권력이나 지위, 고가의 돈으로도 해낼 수 없는 기쁨과 환희를 주는 것이라고 생각합니다. 관심과 배려는 작은 것이라도 상대방의 마음을 사로잡는 힘이 있다는 것을 다시금 깨달았다고 밝힙니다. 이러한 깨달음은 삶의 자세로 확장되어, 하나의 사물에서 인식의 다양성까지 탐구합니다.

〈걸림돌도 디딤돌도 어디에 놓이느냐에 따라 기능이 달라진다. 등산하는 사람을 넘어지게 하는 돌부리는 걸림돌이 되지만 그것도 냇물 속의 군데군데 있는 돌무더기가 되어, 사람이 밟고 건널 수 있게 해 준다면 디딤돌이 되는 것이다.
 같은 돌무더기지만 냇물을 건너는 사람한테는 디딤돌이 되고, 산을 오르는 사람한테는 걸림돌이 되는 것이다. 동일한 돌이지만 마음먹기 여부에 따라 걸림돌도 될 수 있고, 디딤돌도 될 수 있는 것이다.〉

— 「걸림돌 디딤돌, 내 삶은 어느 쪽인가?」 일부

남상선 수필가는 '걸림돌'도 경우에 따라선 기적 같이 좋은 '디딤돌'로 기능할 수 있다고 주장합니다. 선한 의지와 악한 의지가 투쟁을 벌이기 때문이며, 사람들이 갖고 있는 선한 의지에 의하여 삶 자체가 변화할 수 있다고 밝힙니다. 그것은 정신과 육체가 쉬지 않고 절차탁마하는 가운데 비롯되는 것으로 인식합니다. 그는 선한 의지의 투쟁으로 악조건의 걸림돌을 깨부수고, 기적을 창출하는 사람이 되기를 바랍니다. 또한 이와 같은 삶의 자세가 중요함을 역설합니다. 특히 하늘이 감동할 만큼 최선을 다하는 자세가 중요하며, 한 순간도 게을리 하는 일 없이 열심히 뛰어야 함을 작품을 통하여 강조합니다.

남상선 수필가의 2수필집에 수록된 작품을 독자들보다 먼저 읽으면서, 혜량(惠諒)할 수 없는 그의 신실함에 매료되었음을 고백합니다. 그러나 다양하고 오롯한 심상(心狀)의 작은 부분만을 공유하였으매, 독자들께는 그의 전 작품을 정독(精讀)하시기 바랍니다. 그리하여 그의 철학과 정서가 생성하는 새로운 감동을 함께 나누시기 바랍니다.

◇ 박종국 수필론 『그리움은 사랑이다』 평설. 2020.

예지로 가꾼 수필의 감동 리서치

1. 작품 감상에 들어가며

박종국 수필가는 시집 19권, 동시집 6권, 수필집 14권을 발간하고, 15권째 수필집을 발간하기 위해 편집중인 분입니다. 1990년대에 등단한 그는 시로 출발하여 수필과 아동문학 분야에서도 등단 과정을 밟은 분입니다. 어느 한 장르에 머물지 않고 다양한 장르에서 열정적으로 창작 활동을 영위하는 분입니다.

이런 바탕에서, 등단 20여 년 만에 15번째 수필집을 발간하면 '개인 저서 40권 발간'이라는 놀라운 금자탑을 세운 주인공이 됩니다. 그는 충청남도 아산시 송악면 외암리에서 출생하고 성장합니다. 이곳은 '민속촌' '민속마을'로 분류되는 전형적인 농촌마을이며, 현재도 고향의 농토를 가꾸는 분입니다. 학업을 마친 후 직장을 따라, 대전광역시에 둥지를 틀고 살면서도 고향에 대한 사랑이 남다른 분입니다. 성장기에서부터 형성된 정서가 그를 시인, 수필가, 아동문학가로서 다양한 작품을 창작하게 한 원천으로 보입니다.

그가 수필에 담아내는 제재(題材)는 살아온 세월만큼이나 다양합니다. 수필집 15권에 자신이 보고 들은 일, 직접 체험한 일, 정서적 충격을 받은 일, 일상을 기록하기 위하여 쓴 글 등 그야말로 다양합니다. 그러기에 짧은 평설로 그의 작품세계를 답사하는 것은 거의 불가능한 일일 터이매, 독자로서 그의 작품을 감상하면서, 공감대를 형성하는 작품 중심으로 간략하게 분석하고 정리하기로 합니다.

2. 초기 수필 감상하기

시(詩)로 등단하여 첫 시집을 발간한 박종국 시인, 일찍이 그의 시집에 수록된 작품을 감상하며 정서적 충격을 공유한 바 있습니다. 몇 년 후, 1999년에 그의 수필 2편을 감상하며 시에서 느끼지 못하였던 삶의 진실을 나눈 바 있습니다. 자연에서 삶의 이치를 터득해 가는 예지, 이와 함께 자신을 성찰하는 자세에 공감한 바 있습니다.

> 〈나는 모과의 그윽한 향기를 무척이나 좋아한다. 그래서 좁은 정원이지만 모과나무를 두고 가을이면, 정말로 결실의 참된 의미를 다시 느끼곤 한다. 그런데 향기 가득한 열매를 보며 가끔은 미안한 감정을 지울 수 없을 때가 있다.〉
>
> — 「향기」 일부

인용한 글은 세 문장으로 이루어진 서술 성향의 글입니다. 그러나 모과에게 미안한 감정을 지녀서일까, 해명하는 글은 그의 수필에서 보기 드문 만연체 문장의 전범(典範)을 보입니다. 그의 수필은 대체로 단문이거나, 단문이 이어진 정도의 중문(重文) 양상을 보이는데, 해명한 부분은 쉼표를 활용하여 긴 문장을 이룹니다.

〈왜냐하면, 이른 봄날 새싹이 돋고, 새싹 사이사이로 연분홍빛 수줍게 피어나는 모과꽃은 대개의 과일꽃처럼 별로 볼품이 없기 때문에 때맞춰 피어나는 다른 꽃들의 자태에 묻혀버리니, 제대로 눈길 한 번 못 받고, 풋열매마저 신통치 못하다 보니 같은 집안에 살고 있어도, 가문다고 물 한 바가지 선뜻 뿌려주거나 거름 한 줌을 나눠주는 일 없는데다, 벌레 한 마리 제대로 쫓아주지 못하고 까맣게 잊고 있다가, 제 풀에 흐르는 세월 따라 열매를 훌륭하게 키워, 어느 가을날 홀연히 황금빛을 띠고 은은한 향기를 흘려 발길을 끌어안고 눈빛을 부시게 하는 것이다.〉

— 「향기」 일부

수필 「향기」를 감상하던 중, 두 예문의 특성을 발견하고 그의 수필에 관심을 기울인 바 있습니다. 수필의 내용이나 구성도 중요한 요소이지만, 문장과 문장을 통하여 드러나는 표현의 특징도 이에 못지않게 중요한 요소이기 때문입니다. 이러한 요소들의 유기적 결합이 빚어내는 감동의 생성(生成)이 공감대 형성의 핵(核)으로 기능합니다. 특히 마무리에서 그는 〈과연 내 향기는 무엇일까? 나 자신을 묵묵히 들여다보지만, 선뜻 대답이 나올 것 같지는 않다.〉면서 자신을 성찰하는 자세를 보입니다.

같은 시기에 그의 수필 「천관산(天冠山)을 다녀와서」를 감상하며, 앞으로 기행 수필의 영지(領地)에서 무한한 가능성을 직감한 바 있습니다. 기행문은 대체로 여정 중심 안내서 수준의 글, 혹은 마주한 사물에 대한 관광 가이드 정도의 인용과 설명에 머물기 마련인데, 그는 자신의 느낌과 생각을 개성적으로 표현하고 있기 때문입니다.

〈뒤를 돌아다보니 방금 올라오던 길도 완전히 안개에 휩싸여 보이질 않고, 우리는 꼼짝없이 안개 속에 빠졌다. 바람은 신바람 나게 왼쪽 계곡의 안개를 오른쪽 계곡으로 퍼 넘겼다. 행여나, 속세에서 절고 절어 묻은 때를 지우지 못하고 불경스런 마음으로 산에 오르는 것을 거부하는 것은 아닐는지.〉

— 「천관산(天冠山)을 다녀와서」 일부

인용한 부분에서 〈바람은 신바람 나게 왼쪽 계곡의 안개를 오른쪽 계곡으로 퍼 넘겼다.〉라는 묘사와 비유는 기행문학의 중심을 이루는 요소이며 그 본보기여서 찬탄하게 합니다. 또한 〈속세에서 절고 절어 묻은 때를 지우지 못하고 불경스런 마음으로 산에 오르는 것을 거부하는 것은 아닐는지.〉에서 보이는 내면의 순수를 만나 새로운 감동을 공유합니다. 이와 같이 그의 작품을 독서하면서, 그의 작품에 대한 신뢰가 깊어진 바 있습니다.

3. 기행 수필의 독창성

박종국 수필가의 기행 수필은 15권의 수필집에 고르게 분포합니다. 때로는 기행 수필만으로 구성하기도 하였는데 5수필집 『백두대간』, 8수필집 『뉴질랜드에서 호주 시드니』, 10수필집 『그곳에 내가 있었다』, 13수필집 『코타키나발루에서 올란바토르』가 그러합니다. 여러 권의 수필집에 들어 있는 기행수필 중에서, 그가 삶의 터전으로 인식하고 있는 '금강'에 대한 작품들은 상세한 기록물이면서 자신의 지향을 집약하고 있습니다.

> 〈금강은 전북 장수군의 신무산 뜬봉샘에서 발원하여 하구둑까지 397.8km를 굽이굽이 휘돌아 군산과 장항 앞바다 서해로 흘러든다. 낙동강과 한강에 이어 3번째 큰 강으로 충청과 전북을 적시는 천리 생명의 젖줄이다. 금강유역환경청에서 시민을 상대로 시행하는 '비단물결 금강천리 트레킹'에 참여하여 무주의 앞섬과 뒷섬 및 금산의 방우리에서 자갈밭을 걷고 여울을 건너는 환경체험 및 변화하는 금강의 모습을 체험하게 되었다.〉
>
> — 「비단물결 금강천리」 일부

금강 천릿길의 여정에 따라 그의 시선은 잠시 멈추어 수필을 빚습니다. 트레킹 도중에 직접 자연보호 활동도 펼치면서 의미를 찾습니다. 걷다가 습지를 만나기도 합니다. 습지는 퇴적물이 많이 쌓여 다양한 종류의 생명체가 살아가는 생태계의 보고입니다. 그 곳에 외래종 식물이 들어와서 제 세상을 만듭니다. 〈환삼덩굴은 갈대를 뒤덮어버리며 엎치락뒤치락 아주 치열한 한 판 승부〉를 펼치는데, 더 강한 '가시박'이 생태계를 혼란스럽고 몸서리치게 함을 깨닫습니다.

〈얼핏 채소밭 같은 가시박은 무비자로 들어와 불법 체류하는 못된 외래종 식물이다. 생태계를 급속히 파괴시키며 심각한 위기를 초래하고 있어 빨리 추방하거나 처단하여야 토종식물이 편히 살아남을 수 있다. 근절시키기가 쉽지 않아 작심하고 서둘러야 한다. 우리 일행도 목장갑을 끼고 조금이나마 제거작업에 동참하여 자긍심을 가졌다.〉

— 「습지와 둠벙과 여울」 일부

이와 같은 트레킹은 금강 상류에서부터 하구까지 진행됩니다. 「금강의 벼룻길」에서는 〈계절에 걸맞은 풍경을 강물 속에 옮겨 그려놓는다. 산자락에 여러 종류의 꽃이 피어나 새잎이 수줍음을 벗고 있다.〉는 멋진 표현을 찾아냅니다. 「금강의 마실길」에서도 〈화려한 꽃이 지고나면 뾰족뾰족 올라오는 새싹이 신비롭게 마음에 꽂힌다. 겨울을 밀어내고 곰실거리듯 움직임이 느껴지며 다가선다. 산자락 아래서 위쪽으로 꼼지락꼼지락 올라가며 온 산을 초록으로 색칠하고 있다.〉는 묘사에 감탄합니다.

「백마강과 낙화암」에서는 〈죽은 자는 말이 없다. 역사는 산 자의 것이고, 그 역사는 승자인 정복자가 기록한다. 점령을 합법화화고 패망자의 민심을 다독거려 수습하고 화합하다 보면 없는 죄도 입맛대로 만들어 덮어씌울 수밖에 없을 것이다.〉라면서 패망한 백제의 서러움을 되살립니다. 「영동의 양산팔경」에서는 〈강물은 여울소리와 함께 기온 차이가 심해서인가 거품을 버들잎처럼 띄우고 산자락은 참나무가 붉어지며 잎이 툭툭 떨어져 바닥에 수를 놓으면서 새들은 입을 다물었다.〉고 표현의 맛을 살려냅니다.

또한 「구수천 천년옛길」 「성당포구에서 금강하구」 「금강유역은 삶의 터전이다」 「금강을 사랑하는 마음」 「금강이라는 깃발」 등에서 삶의 터전에 대한 사랑과 현실적 우려를 드러내고 있습니다. 박종국 수필가와 같은 지역에서 살아가는 독자들은 금강에 대한 그의 사랑과 현실적 우려를 공유하리라 믿습니다. 여러 기행수필에서 독자들은 그의 '빛나는 표현' '오롯한 서정' '내면의 지향' 등을 공감하기 십상입니다.

4. 삶의 의미와 지향

박종국의 수필은 삶의 궤적에 대한 발자국이기 때문에 수필가로서의 진면목을 만날 수 있습니다. 자연스러운 필치로 대상에 대한 묘사와 비유가 뛰어나며, 그 안에서 인간다움을 찾아내어 작품으로 승화시키는데, 그만의 개성이 담긴 문학작품을 빚습니다. 읽으면서 쉽게 이해할 수 있으며, 점점 깊이 빠져드는 마력을 갖춥니다. 그 마력의 자기장에서 헤량할 수 없는 감동을 공유하게 됩니다.

그의 수필은 그의 그림자라고 할 정도로 절묘한 교집합(交集合)을 이루고 있습니다. 그의 14 수필집 '작가의 말'에서 작품 창작의 경향을 확인할 수 있습니다. 『꽃 피니 나무가 보인다』라는 수필집의 제목이 내포하고 있는 의미는, 특정 부분이 뛰어나면 그 일이 훌륭해 보이며, 그 일에 따라 그 사람의 인격도 훌륭하다는 의미를 띤 비유입니다. '작가의 말'에서 그는 〈평소에는 그렇게 나무가 많아도 나무에는 그다지 관심〉이 없었는데, 어떤 계기에 의해 나무를 관찰하게 되고, 나무의 꽃이 아름다움에 의해, 나무가 새롭게 보였다고 말합니다.

〈생전 처음 보는 꽃도 아닌데 지나는 사람마다 환호를 한다. 여기 저기 그렇게 벚나무가 많은 줄 몰랐다. 저토록 고운 꽃을 피우니 나무도 그럴 것 같아 새삼 위대하기까지 하였다. 그런데 꽃이 지면서 나무는 볼품없고 눈길은 매정하게 다른 꽃으로 옮겨갔다. 일 년을 기다려야 제 모습을 다시 찾을 수 있을 것이다. 비록 나무는 보잘 것 없었는지 몰라도 꽃이 아름다워 나무가 새롭게 보였던 것이다. 꽃 덕분에 나무의 이름이 되살아난 것이다. 어디 벚나무만 그러랴. 아이러니하게도 꽃이 피니 나무가 보인 것이다.〉

— 『꽃 피니 나무가 보인다』 '작가의 말' 일부

이와 같은 깨달음을 통해 그가 찾아낸 세상 이치를 공유합니다. 또한 나무를 통해서도 같은 이치를 깨닫게 됩니다. 보는 사람에게만 보이고, 깨달은 사람에게만 그 이치가 귀하다는 옛말과 닿아 있습니다. 이렇게 박종국 수필가는 자신의 수필에 자신의 〈감각과 지성의 더듬이〉에 의해 포착되는 사물을 수필로 빚어 감동을 생성합니다. 때로는 묵상(默想)하면서 삶의 진리를 터득하기도 합니다.

〈우리는 벽에 갇혀 산다. 벽에 갇혀 있어야 아늑하니 편안하다. 너와 나의 경계를 보다 분명하게 한다. 그만큼 벽에 아주 익숙해졌다. 벽이 있어야 비로소 자유롭게 편안히 눕고 잠이 잘 오고 눈치 보지 않고 먹는다. 음식점에 가도 칸막이가 있는 곳을 좋아하고 벽면에 기대기도 한다. 넓은 홀 한 가운데 혼자 앉았으면 서먹하니 누군가가 자꾸 쳐다보는 것 같은 느낌에 좀은 계면스러울 때도 있다. 가리고 싶다. 벽을 둘러치고 싶다.〉

— 「오늘도 벽을 만들고 허문다」 일부

15수필집에 실린 수필입니다. 자신의 경험을 되살려, 현대인들의 은둔성향을 밝히면서, 부분적 정체성과 익명성을 풀어낸 글입니다. 이 글의 '벽'은 눈에 보이는 가림막으로서의 벽만을 의미하는 것은 아닙니다. 〈벽은 보이는 곳에만 있는 것이 아니다. 나만 있는 것이 아니고, 너만 있는 것이 아니다. 살아가면서 수많은 벽을 만들어 가기도 한다. 아예 서로 담을 쌓으면서 살아간다고도 한다.〉는 데에 이르러 사회적 벽, 심리적 벽을 우리가 뛰어넘어야 할 '장벽'이라고 주장합니다.

5. 수필 감상에서 나오며

박종국 수필가는 수필 창작을 통하여 자신의 서정과 지향을 밝힙니다. 많은 사람들은 말을 하고 싶은 게 있어도 밝힐 방도를 몰라 냉가슴을 앓게 마련인데 비해, 박종국 수필가는 시, 수필, 아동문학을 통하여 내면에서 분출하는 영감(靈感)과 지성(智性)을 작품화할 수 있는 특권을 누리고 있습니다. 이런 달란트가 문인에게 주어진 권리이자 의무입니다.

〈그리움도 깊어지다 보면 어느 날 문득 원망이 될 수 있다. 그 끝이 보이지 않으면 지치고 망가져 원망을 하게 된다. 적당한 선에서 해결되거나 내려놓아야 한다. 처음부터 이룰 수 없는 것이 있고 그냥 살짝 마음에 담아 그려보는 것으로 족할 때도 있다. 그런데 금방 손에 잡힐 듯 아롱아롱하다 묘연하게 맥없이 사라져버린다. 시간이 흐르며 자연스럽게 여과장치를 거치는 것처럼 걸러진다.〉

— 「그리움은 사랑이다」 일부

그는 원망에 해당하는 그리움을 거르는 장치로 세월을 제시합니다. 〈세월에는 눈물자국도 고스란히 남아 있고, 웃음이 꽃을 피우며 땀에 절고 아픔도 묻어 있다.〉고 합니다. 〈세월은 그 자체로 아픔이고 기쁨이고 서러움이고 고통일 수 없다.〉고 말합니다. 누구나 자신의 몫이라는 결론에 이르러 〈어느 삶이 가치 있는 삶인지는 나름대로 혼신〉을 다해야 한다고 강조합니다. 이와 같은 예지(叡智)를 수필 작품에 반영하여, 새로운 감동을 생성하는 박종국 수필가, 그의 등단 20여 년 동안 저서 40권 발간을 진심으로 축하합니다.

◇ 박천규 수필론2 『선풍기야 고맙다』 평설. 2020.

박천규 수필의 미적 감수성

1. 표현의 효과적 방법

언어를 '사상과 감정을 표현하는 도구'라고 합니다. 글쓴이의 사상과 감정은 언어 속에서 열매 맺기 때문에, 글을 잘 쓰는 것은 사상과 감정을 명확하고 깊이 있게 표현하는 일입니다. 이렇게 표현하는 법을 수사법(修辭法)이라고 해왔으며, 좋은 글을 완성하기 위한 방편으로 수용해 왔습니다.

백천 박천규 선생은 수사법 등에 대하여 배운 바도 없으며, 이러한 기법을 염두에 두고 글을 쓰지 않았다고 생전에 밝힌 바 있습니다. 그럼에도 여러 수사(修辭) 기법이 자연스럽게 융합되어 나타나는 선생의 글을 감상하면서, 글에 삶의 진실이 녹아 있기 때문이라고 생각하고 있습니다. 줄거리 중심의 서사(narration), 보이는 것을 자연스럽게 그려내는 묘사(description), 이해를 돕기 위해 상세하게 알리는 설명(exposition), 자신의 생각을 일목요연하게 정리하는 설득(persuasion)과 논증(argument) 등이 조금도 어색하지 않게 작동하는 글에 감탄하게 됩니다.

이런 특성을 지닌 박천규 선생의 수필을 재차 감상하면서 미적 감흥을 공유하는 것은 당연한 귀결(歸結)이라 하겠습니다. 특히 묘사 중심으로 이루어진 작품에서 놀라운 감동을 공유하게 되는데, 이는 사물과 사건에 대한 '진실한 시각' '섬세한 관찰력' '세심한 묘사' '따스한 정서' 등이 융합되어 나타나는 현상이라 하겠습니다.

2.우정의 결이 곱습니다

〈친구야, 네가 본향에 안기던 날에는 그렇게 짙던 안개가 걷히며, 네가 그렇게 좋아하던 햇빛이 찬연히 빛나고 있었단다. 친구야 그 빛을 따라 가거라!〉

짧은 단락 속에서 백천 선생의 진실한 우정을 만날 수 있습니다. 「친구가 본향에 안기던 날」에서 친구를 떠나보내는 선생의 따사로운 마음결을 읽어낼 수 있습니다. 그 친구는 성장기를 함께 보낸 친구여서 더 없이 가까운 벗이었을 터입니다. 가을로 넘어가기 직전의 여름철, 포도가 막 익을 무렵이면, 친구네 포도밭을 지킨다면서 두 사람은 첫물 포도를 실컷 따먹은 기억을 되살립니다. 겨울철에도 친구네 집을 찾아가 신탄진의 동치미와 밤고구마를 먹으면서 우정을 나누었던 추억을 오롯이 새깁니다.

자기네 밭 이웃에 있는 〈누님의 밭에서 자라는 채소를 어머님이 씨 뿌리고 키우신 것〉이라며, 무공해로 가꾸셔서 〈어느 것보다 깨끗하고 맛이 있다.〉고 자랑하던 친구입니다. 그런 채소를 손에 들려주면서 우정을 나누던 친구입니다. 〈자신도 나이 먹어 자유로운 시간이 생기면 땅을 가꾸며, 고향 땅에서 살고 싶다.〉던 친구입니다. 그 친구는 자신의 소망을 이루지 못한 채 먼 나라로 떠납니다.

백천 선생은 자신이 중환자면서도 친구의 병실을 찾아 위로합니다. 걱정하는 친구의 아내를 안심시키며 쾌유를 기원하는 마음결이 곱습니다. 친지의 결혼식에 참석하였다가 그 친구의 아내로부터 근황을 듣고 가슴 아파한 선생입니다. 4년여 사경(死境)을 헤매는 남편을 간병하고 있는 부인으로부터 〈병상의 남편은 다시 중환자실로 옮겨졌다.〉며 〈일반 병실로라도 다시 옮겨지기 바란다.〉며 눈시울을 적시는 정황을 들은 지 사흘째 되는 날에 친구의 별세 소식을 다시 듣습니다.

그 친구가 갑자기 병을 얻어 다른 세상으로 떠난 것입니다. 빈소를 찾아 조문하고, 친구를 영결하던 순간에, 밝은 햇살이 보이고, 친구가 그 햇살을 타고 하늘나라로 떠나기를 기원하는 글입니다. 친구를 떠나보내며 쓴 작품을 감상하며, 우리는 진실한 우정 앞에서 손을 모읍니다. 동시에 선생이 겪었을 비통한 정서를 공유합니다. 이러한 감동 역시 표현의 여러 요소들이 작동하여 생성되었음을 확인할 수 있습니다.

3. 표현의 결이 정겹습니다

〈완만한 내리막길을 걸어가면 물가에 닿게 된다. 물가에 서니 왼쪽으로 고향 뒷동산, 강 건너 앞으로 좌우의 산이 병풍처럼 이어지고 있다. 물가에 찰싹찰싹 부딪히는 물소리가 너무나 맑고 아름답다. 물가에 서서 얼마간 햇살로 마음을 씻어 보았다.〉

네 문장으로 이루어진 단락에 많은 이야기를 담고 있습니다. 「봄국 맛이 나지요」에서 백천 선생은 서술과 묘사를 통하여, 느낌과 의지 등을 간결하게 담아내고 있습니다. 선생은 어느 날 수몰(水沒)된 고향 '대청호'의 언저리를 찾습니다. 고향은 저만치 물속에 있고, 선생은 완만한 내리막길을 걸어 물가까지 내려가 주위를 둘러보며 아름답던 고향을 반추합니다. 예나 지금이나 고향 산천은 아름답고 물소리는 맑습니다. 그 맑은 물소리와 환한 햇살에 선생은 세속에서 찌든 마음을 깨끗이 씻었다는 내면의 염결성(廉潔性)이 아름답습니다.

선생은 일행과 함께 대청호를 시원하게 내다볼 수 있는 식당에서 식사를 합니다. 〈오징어 덮밥으로 점심을 들고 커피를 대청호와 함께 마시며 시간을 맛있게 즐겼다. 대청호 위에 은빛처럼 빛나는 햇살의 손짓을 따라 대청호 물가로 나섰다.〉에서 '커피를 대청호와 함께 마시며' '시간을 맛있게 즐겼다'는 표현과 '은빛처럼 빛나는 햇살의 손짓'을 따라 물가로 나섰다는 문장에서 선생의 미적 감수성을 대면합니다.

식당 뒤로 돌아서니 쑥이 무더기로 자라 쑥밭을 이루고 있습니다. 맑은 호수의 바람, 따스한 봄의 햇살을 받으며 '예쁘게 잘도 컸구나'라며 대견하게 생각합니다. 그 쑥밭에 앉아 얼마간 쑥 향기를 즐깁니다. 그러다가 쑥을 뜯기 시작합니다. 쉬다가 다시 또 뜯습니다. 그릇에 가득한 쑥을 보며, 저녁 밥상에 오를 '쑥 향기 은은한 된장국'을 생각하며 입맛을 다십니다. 입안에서 우러나는 쑥 향기, 그것이 바로 고향의 향기라고 생각합니다. 〈대청호 변에서 자란 쑥이 먹고 자란 물은 우리도 함께 먹고 자란 것이다. 쑥도 고향은 내 고향과 같다.〉고 동일시(同一視)합니다.

그러기에 선생은 그 쑥이 더 정다웠으리라고 생각합니다. 고향의 맛 중 봄철에 가장 제 맛이 있는 고향 맛은 바로 '쑥맛'이라고 생각합니다. 그래서 선생은 봄을 기다립니다. 봄이 오면 대청호로 달려가 새봄을 가장 먼저 품고 자란 쑥을 만나고 싶다고 말합니다. "아침 쑥국 맛, 봄국 맛이 나지요?" 그 날 아침 밥상에서 나누던 소리가 귀에서 되살아나, 추억의 울림으로 남아 있습니다. 이런 정서를 구체화한 표현이 정겹습니다.

4. 지성의 결이 오롯합니다

〈황목근이란 5월에 노란 꽃을 피운다 하여 황씨 성을, 근본이 있는 나무라하여 목근이라 하였다는 것이다. 수령 500년을 추정하는 이 팽나무 아래에는 많은 열매가 떨어져 있고 자목(子木) 몇 그루는 부모 나무를 바라보며 자라고 있었다.〉

500살이 넘는 팽나무를 설명한 글입니다. 「가을 나들이 하루」의 일부인데, '설명'을 통하여 지식과 의미를 찾아가는 표현이 간결하고 정확합니다. 누구나 알고 있음직한 사물이나 이치를 장황하게 설명하는 것은 지루할 터이고, 독자들로부터 존중받지 못할 뿐더러, 글의 가장 큰 목적인 공감대 형성에 실패할 터입니다. 그러나 서술, 묘사, 설명 등이 적절하게 융합되면 독자로부터 박수를 받게 마련입니다. 박천규 선생의 글에서 이러한 특징을 찾아내게 됩니다.

> 〈회룡포란 용이 비룡산을 다시 350도 돌아가서 물을 휘감아 돌아 흐르는 것 같다하여 붙여진 이름, 전망대에 오르며 내리는 길 옆 곱게 피어 꽃 머리 흔드는 구절초에게 손을 흔들어 인사했다.〉

설명이 문장의 길을 열면, 묘사가 정서적 감칠맛을 치장합니다. 이 글 역시 기행 수필 「가을 나들이 하루」의 일부입니다. 선생은 묘사를 통한 표현의 멋을 절묘하게 찾아내어 작품의 감칠맛과 정서적 충격을 공유하게 합니다. 〈햇살이 화창하게 퍼지는 길옆에 자란 억새는 은발 물결을 이루고 있었다. 억새가 잠시 자랑을 멈춘 곳에는 무성한 갈대밭이 박자를 멈추고 있었다. 황갈색으로 물든 단풍은 바람이 좀 세차게 불면 차창을 때리며 날아들었다.〉 등에서 현장에서 직접 본 것과 같은 공감대를 형성하고 있습니다.

> ① 〈주변의 지형을 둘러 본 원효대사가 했다는 예언이 새로이 떠올랐다. "이 부근에 장차 세 개의 호수가 생길 것이

며 이곳이 임금이 머무는 나라의 중(中)이 될 것이라."고 한 말. 천하 명당이라는 청남대 가까이에 옥새를 닮았다는 옥새봉, 9마리의 용이 승천했다는 용굴이 있고, 임금 왕(王)자 모습을 이루었다는 능선도 있다.〉

② 〈본관을 향하는 길 양옆에는 반송과 아직도 곱게 물든 단풍을 자랑하는 단풍나무들이 잘 정비돼 서 있었다. 붉게 노랗게 물든 단풍잎이 떨어져 늘 푸른 반송 솔잎 위에 내려 앉아 있는 모습은 반송이 피운 꽃처럼 너무나 아름다웠다.〉

두 단락 모두 「뒤늦게 들어가 본 청남대」의 일부입니다. ①의 글은 표현의 도구 중에서 '설명' 중심으로 이루어져 있고, ②의 글은 묘사 중심으로 표현되어 있습니다. 이와 같이 하나의 글을 완성하기 위하여 다양한 표현법을 활용합니다. 글은 바로 몇몇 요소를 융합하여 완성되는 유기체임을 확인하게 됩니다.

5. 백천 선생의 개성적 표현

① 〈어떤 나무는 하늘을 향하여, 또 다른 어떤 나무는 땅을 향하여, 봄맞이 몸짓이라도 하는 모습이었다. 뽀얀 안개 회색 구름이 걷히며 햇살이 퍼지더니 다시 안개 막을 피우기 시작했다. 안개 막은 한 터널을 지나며 경계를 친 듯 다시 햇살을 폈다.〉

—「찾아가 본 봄」 일부

② 〈봄 햇살이 반짝이며 춤추는 대청호가 내려다보이는

한 찻집에 앉아 함께 한 일행과 진달래 꽃 이야기로 잠시 가슴을 붉게 물들였다. 찻집 아래 호수 모래밭에는 햇살을 누리며 거니는 젊은이들의 즐거운 모습이 눈길을 더욱 시원하게 했다. 호수 건너 앞산에는 산머리까지 진달래가 붉게 피어오르고 있었다.〉

—「산에는 진달래 꽃밭이」 일부

③ 〈나는 다 쓴 노트를 그 해 8월 15일 영명축일을 맞아 아내 마리아에게 축일 선물로 주었다. 마리아는 찾아오는 신자만 보면 우리 집 가보 제1호라며 아름다운 보자기에 싼 성서 쓰기를 한 노트 7권을 보여주며 기뻐했다. 이 선물이 가장 큰 선물이라며 이때가 가장 기쁘다며 노트를 사랑했다.〉

—「성서 쓰기는 마라톤」 일부

④ 〈식물원은 '향토식물자원 보전과 자연생태관광, 자연학습과 학술 연구를 함께 할 수 있도록 꾸며진 산림 문화공간'이라고 소개했다. 단풍나무 300여 종, 비비추 300여 종, 장미 200여 종, 무궁화 220여 종, 작약, 모란 500여 종, 붓꽃 220여 종 등의 대표 수종을 포함하여 6,000여 종이 수집 전시되어 있었다.〉

—「한 식물원에서」 일부

네 편의 예문은 백천 선생의 수필에서 발췌한 것입니다. ①과 ②는 묘사와 서술 중심으로 쓴 글입니다. 글쓴이의 시각(視覺)과 느낌, 그리고 유려한 필체가 빛납니다. 대부분 이러한 표현을 문학적 표현, 미적 구조, 예술성 높은 작품 등으로 수용합니다. 그러나 글은 미려한 필체만으로 완성되는 것은 아닙니다.

③과 ④는 서술과 설명 중심으로 쓴 글입니다. 정서적 충격을 받을 수는 없지만, 사실에 바탕한 구체성을 담보하고 있어 진실에 근접하게 됩니다. 이와 같은 '표현의 요소'들이 유기적으로 작동하는 구조체가 좋은 글입니다.

백천 선생은 본능적으로, 혹은 생득적(生得的)으로 표현의 여러 요소들을 융합 및 원용하는 자질을 타고난 듯합니다. 특별히 배우지 않고, 연습하지 않았다고 밝힌 선생의 발언에 근거하면, 그렇게 인식할 수밖에 없습니다. 문학적으로 완성미를 갖춘 백천 선생의 수필 작품을 감상하며, 선생이 쓴 '글의 맛'과 '사고(思考)의 깊이'로 인하여 형성된 '미적 감수성'을 공유합니다. 그리하여 선생의 수필집을 독서하는 일이 기쁨이자 보람이었음을 밝히며, 작품 감상의 여로를 접습니다.

◇ 육명길 수필론 『이 사람을 아시나요』 평설. 2020.

말씀을 증거하는 목자의 신실한 자세

1.

〈너희는 온 천하에 다니며 만민에게 복음을 전파하라 (막16:15)〉는 성경 말씀을 연상하게 하는 분이 육명길 시인입니다. 어느 시인의 소개로 처음 만나 악수를 나눌 때, 그는 "하나님의 말씀을 전하는 육명길 목사입니다."라고 자신을 밝힌 분입니다. 누구를 만나더라도, 이처럼 자신을 간단명료하게 소개하는 모습이 진실하고 소탈해 보여, 특별한 유대감을 느낍니다.

은퇴한 시인 육명길 원로 목사님은 설교를 통하여 하나님과 신자를 소통하게 하는 목자 역할에 충실한 분입니다. 하나님의 말씀을 신자들에게 전하는 효과적인 길이 '설교'이고, 이방인들을 교회 안으로 이끌 수 있는 효과적인 길이 '전교'임을 실천하는 분입니다. 이를 성취하기 위해, '설교시(詩)'를 빚어 11권의 '설교시집'을 발간한 분입니다.

2.

1944년에 출생한 시인은 2020년에 희수(喜壽, 77세)를 맞습니다. 이에 맞추어 11번째 설교시집을 발간합니다. 또한 예수님 말씀을 증거하며 살아온 생애를 '자서전'에 담습니다. 이 자서전의 내용을 독자들보다 먼저 읽으며 인간 승리의 표본을 만나는 숙연함에 젖습니다. 신앙의 승리자를 만나서 저절로 존경심이 생성되는 느낌입니다.

형언(形言)할 수 없이 신산(辛酸)한 생활 속에서도 신앙에 대한 '인연의 끈'을 놓지 않은 오롯한 자세에 옷깃을 여미었습니다. 〈농경사회이기에 논이 있고 밭이 있어야 했지만 타관객지에 겉보리 3말이 전 재산이었다.〉고 그는 초등학교 시절을 회상합니다. 그는 〈너무나도 배가 고파 뒷동산에 가서 진달래꽃을 따 먹고 소나무 껍질을 벗겨 먹다가 주인한테 발각되어 도망치다가〉 고무신마저 찢어지게 되어, 어머니에게 꾸중 듣던 에피소드를 전합니다.

시인이 하나님과 인연을 맺은 것은 공주사범학교 병설중학교에 진학한 후였습니다. 교회(敎會)와 성당(聖堂)을 다니는 친구들이 권유하기도 하였고, 가끔 선교사들이 전해주는 우유를 얻어먹기 위한 방편이기도 하였습니다. 그러나 사범학교에 진학하여 초등학교 선생님이 되려던 그의 꿈이 좌절되고, 기독교 감리교회 재단에서 설립한 공주영명고등학교에 진학한 것이 하나님의 말씀을 전하기 위한 바탕이 되었습니다.

그는 세례를 받으면서 신앙에 집중하는 자세를 보입니다. 〈교회에서 맡기는 일이라면 거의 다 수용을 하였고, 지방회에서 하는 교사 강습회, 사경회, 연합부흥회, 수련회 등〉은 〈빠지지 않고 거의 참석하여 신앙훈련을 받았다.〉고 지난 세월을 회상합니다.

그러나 극빈한 가정 사정, 신앙생활을 핍박하는 어머니를 비롯한 일부 가족들, 이와 관련한 여러 상황에 의해 그는 방황하는 청춘 시절을 보내게 됩니다. 이런 일, 저런 일, 여러 직업을 전전하면서 살아내야 했습니다. 때로는 스스로 목숨까지 끊으려고 할 정도로 절박하였지만, 하나님의 섭리로 살아남아 목회자의 길을 걷게 됩니다.

그는 전도인(傳導人)에서 전도사(傳道師)로, 전도사에서 목사(牧師)로, 직분(職分)을 새로 맡으며 말씀의 증거에 최선을 다합니다. 가장 먼저 한 일이 '월정헌금(月定獻金)' 폐지입니다. 벽에 붙어있는 신자들의 '월정헌금', 그러나 농촌에서 살고 있는 가난한 신자들이 매월 완납하기는 불가능한 일이고, 이 헌금이 밀리면 교회를 떠나기 때문에 신자들의 부담감을 덜어준 것입니다. 이렇듯이 교회 안에서 목회자와 신자 사이에 소통하여, 혹시 일어날 수도 있는 갈등을 미연에 예방하는 결단을 내리기도 합니다.

육명길 목사님은 처음에 충청권에서 교회를 개척하였지만, 서울에서 새로운 교회를 개척하였으며, 인연에 따라 경기도 지역의 교회에서 시무하게 됩니다. 교회에서 말씀을 증거하면서 극복하기 어려운 여러 상황에 부닥칩니다.

그리하여, 때로는 40일 작정 금식 기도를 하며, 〈일사각오(一死覺悟)〉로 〈내가 살아온다면, 내가 담임자로 목회를 할 것이고, 만약 죽는다면 전도사님이 담임을 하라〉고 절박한 상황에서 산상기도에 나섭니다. 39일 기도를 하고 하산하여 다시금 목회자로서 교회와 성도를 섬깁니다.

예수님이 광야에서 40일 금식기도를 하였기 때문에, 예수님보다 하루 적은 기간을 기도하는 겸손한 자세를 유지합니다. 이후 담임목사, 부흥강사로 명망 높은 위치에 오른 뒤, 고희(古稀, 70세)를 맞아 교회 일선에서 은퇴합니다.

3.

은퇴한 후, 남은 생을 바쳐 봉사할 곳을 찾아 고심에 찬 궁리를 하며 기도하던 중, 갑자기 엄습하는 묵시(默示)와 사모(師母, 전도사)의 권유가 일치하여 전라남도 광양시에 새로운 둥지를 개척합니다.

가진 고난을 극복하고 교회 설립을 이룹니다. 여기에서 더 나아가 그가 설립한 '다은교회'를 '민족성전'으로 확장하려는 원대한 계획을 수립하고 기도하며 차츰 이루어 가고 있습니다. 또한 원로 목사로서, 아름답고 진실하자는 의미를 지닌 '가진아선교회'를 결성하여, 말씀 증거의 길에서 고단해 하는 목회자를 돕는 일에 앞장섭니다.

70세에 은퇴하고, 가진아선교회에서 현역으로 기도하는 육명길 원로 목사님을 뵐 때 구약 성경의 한 말씀이 떠오릅니다. 〈내가 비로소 시온에 이르기를 너희는 보라 그들을 보라 하였노라 내가 기쁜 소식 전할 자를 예루살렘에 주리라(이사야 41:27)〉에 나오는 말씀처럼, 예루살렘에 '기쁜 소식을 전할 자'이셨던 예수님을 숙명처럼 따르고 있기 때문입니다.

이제 다시 그는 '복음'을 전하는 영원한 현역으로서 방언(方言)과 통성기도(通聲祈禱)를 통하여, 부흥사로서의 사역과 가진아선교회의 담임목사로서의 사명을 다하리라 믿으며, 희수를 진심으로 축하드립니다.

◇ 김남식 수필론3 『사랑을 노래하며 영혼을 아름답게』 평설. 2021.

사랑, 봉사, 행복을 위한 헌사(獻辭)

1.

김남식 수필가는 1942년에 충청남도 연기군에서 출생하고 성장하였으니 산수에 이른 분입니다. 그의 부친께서는 일제강점기에 가족들을 위해 만주와 일본 등지를 돌아다니셨다고 회고합니다. 그러나 경제적 보탬을 주지 않은 것으로 보아 일본의 압제에서 벗어나기 위한 일을 하시다가 별세한 것으로 추정됩니다.

홀로 남으신 어머니의 사랑과 희생으로 어린 시절을 보내어야 했으니, 그의 유년기는 신산한 세월이었을 터입니다. 그의 수필을 감상하다 보면, 어머니께서는 행상을 비롯하여 여러 고생을 자청하여 자녀 양육에 힘쓰신 분입니다. 아버지 없이 자라는 아들이 주위 사람들로부터 손가락질을 받지 않도록 더 엄격하게 지도하였다고 그는 추억합니다.

연기군의 달성초등학교를 졸업하고, 인근 도시로 나가 천안중학교를 졸업합니다. 당시 수재여야 입학할 수 있었다는 공주사범학교에 진학함으로써 그는 초등학교 교사, 교감, 장학사, 교육연구사, 장학관, 초등학교 교장, 교육장 등 교육계의 여러 직책을 맡으며 교육자로서 최선을 다합니다.

그 과정에 '귀신 잡는 해병'에 지원하여 국방의 의무를 다합니다. 가난한 생활로 몸이 튼튼하지 못하고, 또한 마음마저 모질지 못함을 스스로 인식하고 있었기 때문에, 자신을 단련하기 위하여 해병대에 자원입대하였음을 밝히고 있습니다. 현재의 신병 교육도 힘들겠지만, 그 당시는 더욱 엄격하게 교육받았을 터입니다. 이와 같이 스스로 단련하였기 때문에 교육계에 봉직하면서도, 적극적이고 진취적인 인격이 형성되었을 터입니다.

교육계에서 정념퇴임을 한 후에 몇몇 대학교에 외래교수로 봉사하였으며, 이 시기에 세칭 인생 이모작을 대비하기 위하여, 그는 작은 농장도 운영하면서, 수필창작과 아코디언 연수, 그리고 사회봉사에 나섭니다.

때마침 원로 수필가로 존경을 받는 원종린 선생께서 공주교육대학교 교수를 정년퇴임하고, 대전에서 수필 창작 활동을 하고 계셨으며, 원 선생은 그의 은사이었기 때문에 찾아뵙고 수필 창작을 지도받습니다. 선생의 지도에 따라 열심히 창작하여 2007년에《문학사랑》의 신인작품상을, 2008년에《수필문학》의 신인상을, 2009년에《월간문학》의 신인작품상을 받아 수필가로 등단합니다.

정년퇴임에 맞추어 문집『사랑으로 쓰는 편지』1권과 2권을 발간하여 교육계의 동지, 친지, 제자들과 삶의 기록을 공유합니다. 수필가로 등단한 후에는 더욱 열심히 창작하여 수필집『빨간 동그라미』,

『바람과 소리』, 『49년의 고백』, 『마음이 흔들린다』를 발간한 후, 2021년 산수를 맞아 5수필집 『사랑을 노래하며 영혼을 아름답게』를 발간합니다.

문학관련 수상은 2012년에 '원종린수필문학 작품상'을 받았고, 2013년에 '아름다운 문화예술인상'을 받았으며, 2016년에 '문학사랑 우수작품상'을 수상하며 좋은 수필 쓰기에 전력을 다하는 분입니다.

2.

김남식 수필가는 사랑이란 주제가 담긴 노래는 따뜻한 울림을 준다고 말합니다. 달콤한 사랑의 마음을 담아 준다면 힘찬 날개를 펴고 하늘 높이 날 수 있으리라 강조합니다. 우리는 사랑을 받거나 혹은 사랑을 못 받았다고 하더라도 스스로 인식하는 것이 중요합니다. 그 사랑을 실천하는 것이 더 중요하고 아름답습니다.

사랑을 주고, 또 사랑을 받는 시스템은 '표현'입니다. 아무리 사랑한다고 해도 그 대상에게 사랑한다고 말하지 않으면 사랑을 확인할 수 없다고 합니다. 사랑이 넘치면 하늘 냄새가 나는 사람처럼 미쁘다고 밝힙니다. 굶주리고 헐벗으며 잘 곳 없는 사람을 먹여주고 입혀 주며 재워주는 일이 정말 고마운 사랑의 실천이라고 말합니다. 그리하여 김남식 수필가는 기독교의 사랑 안에서 봉사를 실천하고 있습니다. 봉사를 실천하면서 독자들에게도 동참을 권유합니다.

> 사랑이 많은 사람 하면, 정겨운 표정으로 보듬어 주는 모습이 떠오른다. 참된 사랑을 몸소 실천하니까 그렇다. 진실

이 담겨있어야지 사랑하는 척만 해서는 마음을 움직일 수 없다. 비를 맞으면 우산을 받쳐주기보다 함께 맞아주고, 서러워하면 얼싸안고 어깨를 두드려 줘야 한다. 서러워 통곡하면 땅을 치며 함께 울어주고, 눈물을 닦아 줄 수 있어야 참된 사랑이다. 타오르는 태양처럼 사랑으로 열광하면 너와 내가 아름다움을 누릴 수 있지 않겠는가.

— 「사랑을 노래하며」 일부

김남식 수필가는 사랑할 수 있는 한, 사랑을 많이 하라고 권면합니다. 가족과 이웃, 사회와 국가, 인류와 자연까지 포괄하여 사랑을 나누는 것이 거룩하며, 신실한 믿음으로 살아간다면 영혼까지 맑아지리라고 예견합니다.

그 근거로 수진 폴리스가 부른 '사랑의 노래'로 예증합니다. 〈나의 몸은 사랑의 저녁노을 속에 타오르는 불덩이입니다. 천둥 번개와 지진이라도, 당신에 대한 나의 열정보다는 뜨겁지 못합니다. 나의 심장은 우리의 사랑을 향한 불덩이입니다. 푸른 하늘과 무지개, 그리고, 꽃들도 당신에 대한 나의 사랑만큼 아름답지 못합니다.〉라는 가사를 인용합니다.

그러기에 그는 산수를 맞아서도 교회에 나가 찬송하며, 이웃 친지들과 함께 봉사를 실천합니다. 글을 쓸 수 있는 능력을 주신 분께 감사하며, 무거운 아코디언을 들고 연주함으로써 하나님께 찬양드릴 수 있음을 감사합니다. 그리하여 그가 사랑하며 봉사하는 자세가 오롯이 아름답습니다.

3.

김남식 수필에는 사랑과 보람의 에피소드가 중심을 이룹니다. 그 가운데 정년퇴임이 가까워올 때의 에피소드는 그를 다시 우러르게 합니다. 어느 날 매서운 강추위를 녹이려는 듯이 정이 넘쳐나는 전화를 받습니다. 〈교장 선생님, 새해 복 많이 받으세요. 이름 석 자만 생각해도 푸근해져요. 걱정해 주시던 저의 딸은 기적처럼 회복되었어요. 아들 녀석도 선생님 보고 싶다네요. 시간 좀 내셔서 사모님과 함께 내려오세요. 맛있는 것 사드릴게요.〉 제자의 어머니 전화를 받고 당시를 회상합니다.

> 현직에서 근무하던 학교 제자의 어머니이다. 그 아이는 교장실 옆 교실에서 공부했다. 치료하기 어렵다는 질병에 시달려서 볼 때마다 안쓰러웠다. 늘 어두운 표정이고 행동이 불편하여 외롭게 지내는 모습이 애처로웠다. 살그머니 불러 머리를 쓰다듬어 주며 특별히 관심을 가졌다. 처음에는 어색하게 대하더니 차차 스스럼없는 사이가 되었다. 나중에는 속내를 털어놓을 정도로 가까워졌다.
>
> ― 「사랑 때문에 살 맛 난다」 일부

가족처럼 사랑한 제자가 기적처럼 건강해져서 사회인으로 살아가는 이야기는 눈물겹습니다. 그러나 자신이 그와 같은 정을 돌려받기에 이릅니다. 그는 큰 수술을 받고 뼈를 깎는 아픔 속에서 어둠의 터널을 헤매고 있었다고 합니다. 교장실에 침대를 갖다 놓고 근무할 정도로 기동이 어려웠던가 봅니다. 그러던 어느 날 교장실 옆 교실에서 공부하던 녀석이 살그머니 문을 열고 들어와 손을 잡고 흐느끼는 데에서 따스한 사랑을 절감합니다.

또한 운동을 하는 것이 수술 후 회복에 도움이 된다는 의사의 권유에 따라 지팡이를 짚고 걷는 연습을 하였다고 합니다. 몹시 추운 날 운동장 귀퉁이에서 행여 넘어질까 봐, 소경이 얼음판 걷듯 더듬거리고 있는데, 뒤에서 허리를 꼭 껴앉는 손을 느낍니다. 안타까운 표정으로 빤히 올려보던 녀석이 눈물을 펑펑 흘립니다. 그리하여 둘이 손을 맞잡고 운동장 귀퉁이에서 흐느끼던 장면을 되살립니다.

그의 수필 「시골 등굣길」은 최근에 스승과 제자가 세월의 여울을 건너 이룬 놀라운 성과일 터입니다. 제자가 지은 짧은 산문을 스승이 동시처럼 행과 연을 나눈 다음, 작곡가에게 의뢰하여 아름다운 동요로 거듭났기 때문입니다. 000원작, 김남식 동시, 오선율 작곡으로 빛을 본 「시골 등굣길」의 가사는 다음과 같습니다.

엄마가 재촉하여 학교 가는 길
메뚜기도 개구리도 반갑습니다.
논두렁 고개 넘어 외나무다리
서둘러 걷다 보니 숨이 찹니다.
땀 젖은 고무신에 마른 흙 묻어
풀잎에 씻으면서 서두릅니다.(1절)
아이 참 큰일났네, 지각하겠어,
젖 먹던 힘 다해도 늦을 것 같아
언니가 선물로 준 양철필통
새 친구 너도 나랑 함께 뛰어라.
빨리 오라 선생님의 손짓을 보고

달릴수록 커지는 딸그랑 소리(2절)
입학서 졸업까지 함께 다녀서
사랑이 미움보다 훨씬 더 크네
어여쁜 우리 아가 밝게 웃으니
손톱 달 추억에도 눈물집니다.(후렴)

— 동시 「시골 등굣길」 전문

김남식 수필가는 평생 초등학교 교육에 봉직하면서 사제동행을 실천한 분입니다. 교실에서 가르치고 배우거나, 생활에서 모범을 보이거나, 학교를 떠난 후에도 추수지도하는 자세는 천상 교육자의 모습으로 상찬받아 마땅할 터입니다.

4.

김남식 수필가의 글에 나타난 또 다른 눈물은 말이나 글로 표현하기 어려운 참척의 아픔과 눈물입니다. 그에게는 우리나라 일류대학교 법학과를 졸업한 아들이 있었습니다. 스물아홉 살에 그 아들이 세상을 떠납니다. 이 일은 그가 밖으로 표현하고 싶지 않았을 터인데, 산수 기념으로 발간하는 수필집이어서 애절한 심사를 눈물겹게 표현합니다.

해병대 정신으로 무장한 그는 세상의 어떤 어려움도 극복하였을 터이지만, 이 일에서만은 애이불비의 평정심을 유지하기 어려웠을 터입니다. 그리하여 수필 「아픈 사랑아」의 서두에서 그는 〈사랑은 가을이 되면 떠난다고 했던가. 나의 아픈 사랑도 가을에 떠나갔다.〉고 애상적 감정을 여과 없이 서술합니다. 그리하여 〈이맘때면 돌아오지 않는 사랑 때문에 가슴이 아려온다. 나무와 새들도 나의 마음을 짐작하나 보다. 알록달록 단풍은 사그라드는 잎새를 비벼대며 울부짖는다. 짝을 잃은 멧새는 말라버린 나뭇가지에 앉아 애처롭게 울음을 토한다.〉면서 절통한 내면을 감추지 않습니다.

> 너와 헤어진 세월이 벌써 스물네 해나 지났구나. 너를 보내고 엄마와 아빠는 얼마나 울부짖고 있는지 알기나 하니. 눈에 넣어도 아프지 않은 나의 사랑아, 너무나 보고 싶다. 궂은비가 내리는 날이면 너를 찾으려 들판을 헤맨다. 얼마나 가슴이 쓰라린지 너는 알고 있지?
>
> 뼈를 깎는 눈물을 흘리며 울어 보지 않은 사람은 알지 못한다. 사랑한다는 건 아름다운 일인데, 왜 이렇게도 아프단 말이냐. 볼에 흘러내리는 눈물을 주체할 수 없구나. 이런 때 시린 내 가슴을 포근하게 덮어 줄 함박눈이라도 쏟아졌으면 좋으련마는….
>
> —「아픈 사랑아」 일부

그 아들은 용돈을 보내준다고 해도 "더는 필요 없어요. 새벽에 도서관에 가서 책 읽고 기숙사에서 아침 식사해요. 온종일 학교에서 공부만 하는데 무슨 돈이 많이 필요해요. 동생이 셋이나 고생하는데." 사양한 아들입니다. 일부러 환한 미소를 보이려 애쓰며 사법고시 준비를 하다가 집 걱정 때문에 은행에 취직한 아들입니다. 그 아들이 세상을 떠납니다. 부모님이 돌아가시면 땅에 묻고, 자녀가 세상을 뜨면 가슴에 묻는다는 옛말처럼, 김남식 수필가는 이 글을 쓰기까지 24년의 세월을 가슴앓이로 살았을 터입니다.

머지않아 그 아들과 하늘나라에서 상봉할 날을 기다리며 애절한 심사를 전합니다. 〈아픈 사랑아, 너는 지금 아름다운 나라에서 이 아비를 기다리고 있겠지. 지금까지도 주위 사람들은 네가 준수하고 착하고 슬기로웠다며 아깝다고들 한다. 하나님께서 큰일을 위해 쓰려고 일찍 부르셨다며 나를 달래기도 하고. 하늘나라에서 사랑을 받고 있을 너를 생각하면 마음이 놓인다. 더는 울지 않겠다고 다짐하지만 흐르는 눈물을 주체할 수 없구나. 네가 적어 놓은 영혼의 노래에 위로를 받는다.〉 김남식 수필가의 이러한 마음을 읽어내며 독자들은 어버이의 애통한 눈물을 공유하리라 봅니다.

5.

김남식 수필가는 자성하는 자세로 긍정적 인생관을 수필에 담아내는 분입니다. 「사랑하며 감사하자」에서 〈나는 불평을 많이 하면서 자랐다. 아침에는 꽁보리밥, 점심에는 고구마나 감자, 그것도 부족하면 건너뛰고, 저녁마다 칼국수다. 왜 이리 궁핍한 가정에 태어났느냐며 원망했다.〉고 고백합니다. 아버지의 부재로 인하여 삶에 힘겨워하시는 어머니 마음을 헤아리지 못하고 꾸중하시는 것만 야속했을 터입니다. 어머니가 혼낼 때 덩달아 나무라는 누나의 참견도 싫었을 터입니다.

그러나 이러한 심리적 갈증은 그를 남자답게 단련하였을 터입니다. 사범학교를 졸업하면서 대학에 가지 못한 아쉬움이 가슴에 남았을 터, 그리하여 그는 해병대에 자원입대하기에 이르렀고, 이 과정에서 더욱 단단하게 여물었을 터입니다. 그는 〈소년교육장이란 말을 들을 정도로 고속승진을 했는데도 더 오르지 못해 안달이었다.〉며 남들보다 빠른 승진에도 더 속도를 올리고 싶었던가 봅니다. 이러한 욕구는 그의 삶에 긍정적 요소로 기능합니다.

> 불평과 감사는 마음먹기에 달렸다. 불만이 가득할수록 불평은 산더미처럼 쌓인다. 긍정의 힘이 넘치면 감사하다는 말을 터득하지 못했기 때문이리라. 고맙게 여겨야 감사하는 마음이 생기고 행동에 옮기면 더욱 보람차다. 천하장사라도 갑자기 낯선 상황이 닥치면 어렵다. 곰곰이 따져봐서 마음이 내키는 대로 방향을 돌리면 해결되는데도 말이다. 가슴 깊은 곳에 따스한 마음이 담기면 감사할 줄 알게 될 텐데. 자기 정체성을 파악하게 되면 희망이 보일 거다. 차분하게 실생활에 옮긴다면 불평하지 말고 감사함으로 바뀌리라.
>
> — 「사랑하며 감사하자」 일부

그리하여 바라보는 시각을 긍정적으로 변화시키자고 제언합니다. 작은 것에 고마워하고, 하찮은 일에 감사하자는 이야기에서 잔잔한 감동을 받습니다. 때로는 인식의 전환이 필요하다고 주장합니다. 자녀가 반항하면 방황하지 않고 집에 잘 있다는 것, 세금을 내야 한다면 나에게 돈을 번 능력이 있다는 것임을 밝힙니다. 손님 치르고 정리할 게 있다면 즐겁게 시간을 보냈다는 증거이고, 집안에 청소할 것이 많이 있다면 내가 살아갈 주택이 넓다는 뜻이라고 해석합니다. 빨래거리가 많다면 옷을 넉넉하게 입었다는 것이고, 바쁘게 남을 도와야 한다면 내가 행복해지기를 원하는 일이 많음이라고 상황을 바꾸어 인식합니다.

특히 고통 때문에 힘들다면 그를 통하여 자신의 마음을 단련할 수 있는 것이고, 남이 가슴 아파할 때 실컷 울어보라고 내 어깨를 내어줄 수 있다면, 이는 아름다운 행복의 길로 나아가게 된다는 증표라고 확언합니다.

이렇듯이 성장기에 온갖 어려움과 결핍을 극복하며 살아온 김남식 수필가, 무엇이든지 최선을 다하는 그의 생활신조, 역지사지하며 이루어낸 산교육의 공감형성, 신앙심과 자신의 달란트를 통하여 봉사하는 자세, 그리하여 함께 살아가는 사람들과 사랑을 나누며 행복하게 살아가기를 기원하는 그의 자세에 박수를 보냅니다. 특히 눈물로 보내었을 참척의 비통함을 가슴에 새기며, 어느 분야에서나 선두에 선 그의 인간승리에 찬사를 보낸다.

◇ 김해선 수필론『붓 끝에 우주를 담다』평설. 2021.

자연과의 대화법, 예술창작과 봉사정신

1.

혜강 김해선 선생과의 만남은 한국화 모임의 전시장에서였습니다. 지인의 초대를 받아 참석하였는데, 혜강 선생은 그 모임의 지도교수였습니다. 입장하면서 처음으로 악수를 나눈 분이 선생이었고, 환하게 맞이하는 선생은 한복 차림이었습니다. 선생의 한복은 화려한 듯하면서도 단아한 기품(氣稟)을 느낄 수 있었습니다. 행사를 진행하는 열정 사이에서 고상한 격조(格調)를 느끼며, 잠시 역설적 쾌감에 젖었던 기억이 새삼스럽습니다.

자연을 소재로 한 선생의 작품은 정밀묘사를 한 사실화였는데, 부분과 부분이 전경(全景)을 뒷받침하고 있어, 고유한 아름다움을 생성하고 있었습니다. 이렇게 선생의 작품에 매료되어 있을 때, 초대한 지인의 안내를 받았습니다. 혜강 선생은 서예로 시작하였으며, 홍익대학교 대학원에서 한국화를 전공한 분이고, 대전에서 가장 열정적으로 작품을 하시는 분이며, 제자를 양성하기에 심혈을 기울이는 분으로, 자신도 혜강 선생의 제자라고 하였습니다.

2.

신문과 잡지를 통하여 혜강 선생의 그림과 글을 자주 감상하던 중, 2003년에 문학전문지 계간『문학사랑』에 수록된「배우며 살아가기」와「우리 것이 소중하다」를 읽으며, 선생의 오롯한 내면을 공유할 수 있었습니다.

> 〈세 아이들이 모두 초등학교에 다니고 있을 무렵, 생의 중심점인 내 생활에서 무료함과 허무함, 무엇인가에 짓눌리는 듯한 삶의 무게로 힘들어 하고 있을 때, 찾은 돌파구가 붓을 잡는 일이었다./ 묵향에 취하여 어설픈 붓놀림을 하며 즐거워하고, 내 삶의 풍요로움을 찾고, 내 자신의 발전과 새로운 생활을 창조하고자 열심히 붓을 놀렸다. 또한 시작 무렵, 젊음이 있었기에 하고자 하는 의욕과 열정은 그 붓놀림을 더욱 재미있고 신나게 하는 것이었다.〉
>
> —「배우며 살아가기」 일부

> 〈국보가 강탈당하는 초유의 사건이 발생해 국민들을 실망시키고 있다. 대부분의 국민들은 조상의 숨결이 살아 있는 귀중한 문화재가 혹시 외국으로 밀반출되지 않을까 하는 우려 때문에 이번 사건 기사에 관심을 기울였다./ 다행히 국보 247호 공주의 금동보살입상이 강탈 11일 만에 국민의 품으로 돌아왔고, 청자상감 국화문고배형기, 분청사기 인화문접

시 등도 회수됐다고 하니, 안도의 한숨이 나온다. 하지만 정부는 이번 국립공주박물관 문화재 강탈 사건을 통해, 문화재 관리가 너무 주먹구구식이라는 점을 반성하고, 특단의 조치를 취해야 한다.〉

— 「우리것이 소중하다」 일부

첫 작품 「배우며 살아가기」에는 하나의 주제에, 네 개의 제재가 자리하고 있는데 서예와 한국화 창작에 관한 글입니다. 가정 주부로 바쁘게 살아오던 선생이 서예에 입문하여 열중하는 자세, 서예를 연마하던 중 그림까지 겸하게 된 이야기, 화우들과 함께 스케치 여행에 대한 삽화, 아름다운 우리 강산을 작품화하겠다는 소망입니다.

둘째 작품 「우리 것이 소중하다」에도 네 개의 제재가 들어 있습니다. 공주박물관에서 강탈당한 국보급 문화재의 회수, 한복의 아름다움, 우리나라를 상징하는 수공예품 전시 관람 소감, 한국의 미를 담고 있는 공예와 우리의 정서가 응축된 사물놀이, 이를 통한 자연 보호까지 작품에 담아내고 있습니다.

두 작품 모두 독립된 삽화 네 컷으로 하나의 주제를 살려내고 있습니다. 또한 두 작품은 문학사랑 신인작품상을 수상한 공통점이 있으며, 이로 인하여 혜강 선생은 서예가, 화가, 수필가라는 교집합(交集合)을 이루었으며, 폭 넓은 예술 활동으로 다양한 감동을 생성하기에 이릅니다.

전시회에서 만난 인연, 그리고 필자가 발행하고 있는 문학지의 신인작품상을 수상한 선생과의 인연에 힘입어, 50~100명의 시인이 참여하는 대전문인협회 시화전(詩畫展) 작품을 제작할 때, '쓰고 그리는 일'을 부탁드릴 수 있었고, 선생은 쾌히 재능나눔에 동참하였습니다. 시인의 작품을 모으는 일도 어려운 일이지만, 그 작품에 어울리는 서예와 그림으로 앙상블을 이루는 일 역시 중요합니다. 선생의 작품으로 단아한 글씨, 맞춤형 그림으로 품격 있는 시화전을 개최할 수 있었습니다. 주관자로서의 걱정을 떨쳐버리게 도와주신 분이 혜강 선생이었고, 첫 번째 수필집에 감상문을 집필하게 된 소이연(所以然)입니다.

3.

혜강 김해선 선생은 성경 66권 전편을 서예작품으로 필사한 분으로 유명합니다. 이는 신체적으로 강건한 축복을 받은 것이요, 기독교 신앙인으로서 충만한 은사(恩賜)를 받은 것입니다. 이와 함께 결심하면 반드시 이루고야 마는 집념의 결실이자, 작품 창작의 고통을 보람과 기쁨으로 승화시킨 예술가로서의 오롯한 자세의 결과물입니다.

선생은 예술가의 길, 즉 서예창작에 나서던 첫걸음을 그려낸 수필 「붓과 함께한 세월」에서 여러 추억을 풀어놓습니다. 〈아이 셋을 키우면서 무엇을 해야겠다.〉는 생각으로 충청남도 여성회관의 '서예교실'을 찾습니다. 당시는 대전광역시(대전시)와 세종특별자치시(연기군)가 충청남도에 속해 있었기에 '충청남도 여성회관'이 대전의 은행동에 있을 때입니다. 이 서예교실에서 만당 임영순 선생이 서예지도를 하였고, 〈조용하시고 깔끔하신 선생님〉과 인연을 맺어 열심히 공부합니다.

> 〈그 시대에는 자전거 타고 다니는 때라, 운동화에 모자 쓰고 자전거 손잡이에 가방을 걸고 은행동 여성회관에 갔다.〉〈임영순(만당) 선생님과의 첫 만남이었다.〉〈보기에는 열심히 할 것 같지 않아 보이는데, 누구보다도 열심히 한다고 말씀하시곤 하셨다.〉〈선생님께서 난(蘭)을 화선지에 체본해 주시면서 열심히 해보라고 하셨다.〉〈열심히 해서 여러 장을 가지고 선생님께 보여드리니 잘못한 점을 지적해 주시며 칭찬을 아끼지 않으셨다. 선생님 칭찬에 더 힘이 나서 열심히 했다.〉〈 '혜강(惠岡)'이라는 호를 받았다. 첫 작품으로 난을 해서 그렇게 지어주신 것 같았다. 지금도 오로지 만당 선생님께서 지어주신 호만 쓰고 있다.〉〈선생님께서는 양성서도회 회장을 맡고 계셨다. 우리 선생님을 비롯하여 글씨 쓰시는 분들의 모임이었다. 여러 직장에 계신 저명한 분들(경찰서장, 군수, 시장, 부시장님)께서 서예 하시는 모임이었다.〉

수필 「붓과 함께한 세월」의 몇몇 부분을 발췌해 보았습니다. 사제의 인연을 소중하게 가꾼 혜강 선생, 그리고 훌륭한 선생 밑에서 기초를 닦은 경험, 스승으로부터 받은 아호(雅號)만을 평생 쓰고 있다는 데에서 오는 선생의 곧은 성품까지 확인하게 됩니다. 만당 선생은 서예와 문인화, 그리고 사서삼경(四書三經)을 가르쳐서 한문공부를 겸하게 됩니다. 이렇게 서예의 기틀을 다진 후, 선생은 한국화 창작에 도전합니다.

혜강 김해선 선생은 대전 시내에 있던 유네스코회관의 '문인화 강좌'에서 한국화의 기초를 닦습니다. 계절적 강좌여서 지속적인 공부가 되지 않아 걱정을 하던 중, 서울의 홍익대학교 대학원(미술원)의 한국화 강좌에 입학합니다. 아이 셋을 양육하는 가정주부로서 감당하기 힘든 도전이었을 터이지만, 10여 년 동안 열정적으로 한국화 수업에 집중합니다. 새벽 6시에 집에서 출발, 대전역에서 열차로 서울역 도착, 다시 버스나 택시로 등교, 수업 후 다시 버스나 택시로 서울역 도착, 열차로 대전역 도착, 그리고 집에 도착하는 되풀이, 누구도 감내하기 힘든 일정을 결석도 지각도 하지 않으려 노력합니다. 그 결과, 대전미술대전에서 대상이라는 놀라운 결과를 낳습니다.

〈유난히도 전화벨이 크게 들린다. 치통이 심해 약을 먹고 누워있던 중이라 전화를 안 받고 누워있을 때 남편이 전화를 받고 '신문사라네' 하면서 전화를 건네주었다.〉〈"김해선 씨 대전미술대전에 대상입니다. 축하합니다!"〉〈귀를 의심할 만한 소리가 들렸다.〉〈순간 믿어지지 않아 멍하게 있으려니 눈물이 나왔다.〉〈참으로 많은 시간 아프고 고통스러웠던 작품준비의 시간들…. 며칠을 밤새우며 작업하던 일, 이가 아파도 병원에 갈 시간을 아끼기 위해 진통제를 씹어 먹어가며 참고 견디어 낸 일, 화창한 봄날의 유혹도 물리치며 무슨 일이든지 작품 끝낸 후에 하기로 하자며 스스로 달

래며 하던 일〉〈모두 자기와의 싸움이었다.〉

수필「희망이 보인다」중 발췌한 부분 부분입니다. 물론 수상(受賞)의 영예(榮譽)만이 노력에 상응하는 보답은 아닐 터이지만, 수상을 통하여 작가들은 기쁨과 보람을 얻게 됩니다. 성취감을 바탕으로 새로운 힘을 비축하여 더 멀리 나아갈 수 있는 계기가 됩니다. 이것이 수상의 힘입니다. 그러나 영예의 수상은 거저 얻어지는 것이 아닙니다. 수강하려고 홍익대학교 교문에 도착했을 때, 데모대에 밀려 부상을 입었던 추억, 대학 의무실에서 임시로 응급처치를 하고, 얼굴과 온몸과 옷이 엉망이었지만, 그 상태 그대로 귀가하여 가족을 혼비백산(魂飛魄散)하게 하는 일을 겪으며 열심히 공부한 결실입니다. 그리하여 한밭대학교 평생교육원 한국화반 주임교수로 '초연회'를 이끄는 계기가 되었고, '지도자 자격증 반'까지 운영하며 처음으로 '한국화 문제은행 100항'을 출제할 정도로 뜨겁게 봉사합니다.

4.

혜강 김해선 선생은 서예가, 한국화가, 수필가, 교수, 가정주부 등 '1인5역'을 감당하는 초인적인 능력을 선보여 왔습니다. 최근에 새로운 직업을 추가하여, '1인6역'이랄까, 어떻든 한 사람이 여러 역할을 완벽하고 멋있게 감당하는 능력에 감탄하게 됩니다. 어느 한 분야에서도 '대충'이라는 말은 없습니다. 치밀하고 성실하게 이루어내어야 직성이 반쯤 풀리는 성격의 소유자입니다. 본인은 사양하며 말을 아끼지만, 지인들은 선생의 놀라운 능력에 긍정할 수밖에 없습니다.

특히 선생은 국제 존타클럽의 지도자로서, 국제 휴먼클럽의 임원으로서 사회봉사에 앞장서 왔습니다.

국제 휴먼클럽은 인간 존중을 모토로 하여, 러시아 일본 캄보디아 스리랑카 등 여러 나라의 소외계층을 위해 다양한 복지사업으로 도움을 주고 있습니다. 이 단체는 〈국제사회뿐만 아니라 우리 주변의 어려운 환경에 있는 소외계층을 위해, 한마음 회생 정신으로 다양한 사회복지를 실현하는 순수한 봉사단체〉입니다. 그 중에서 러시아를 비롯하여, 우리 교포들이 사는 곳을 찾아 문화행사와 선물 증정으로 겨레 정신을 앙양한 것은 널리 알려진 일입니다. 또한 국제 존타클럽에서도 어려운 이웃을 돕거나 문화 소외지역의 어르신들에 대한 위문공연을 열어 행복한 세상을 실현하고자 합니다. 선생은 이들 단체의 지도자로서 봉사정신을 실천해 왔고, 지금도 실천하고 있습니다. 이와 같은 봉사정신은 단체뿐만 아니라 개인에 대해서도 발현됩니다.

> 〈아름답게 늙도록 노력하리라. 나의 자녀, 나의 손자, 그리고 이웃 누구에게나 우러러 보는 늙은이로 살도록 힘쓰리라. 멍청하면 안 된다. 그러기 위해서는 두뇌도 세척하고 멋진 삶을 살아야 하리라. 무엇인가 한 가지 취미를 가져서 즐겁고 보람된 시간을 가지리라./ 늙어서는 잘난 체하지 말고 조용히 살아가리라. 남에게는 칭찬을 아끼지 말고, 젊은이들에게는 꽃을 안겨주며, 한걸음 물러서서 양보하리라. 언제나 감사함을 잊지 않고, 욕심을 버리고 항상 살아있는 동

안 많이 봉사하며, 산더미 같은 덕을 쌓으며 살도록 힘쓰리라.〉

―「아름답게 늙는 지혜」 일부

혜강 선생은 아름답게 늙으며 살아가겠다는 다짐을 되새깁니다. 그러기에 만면에 미소를 띨 수 있을 터입니다. 어느 누구를 만나도 반갑게 인사를 할 수 있을 터이며, 작은 도움이라도 서슴지 않고 앞장설 터입니다. 〈예전에 앞산으로 아침 운동하러 가는 길에 담이 나지막한 집을 지나는데, 담 너머로 얼굴에 주름이 푹 패인 할머니께서 얼굴을 분첩으로 두드리며 단장하고 계셨다.〉고 회상합니다. 그 모습을 보며 선생은 〈여자는 나이가 들어도 누구나 아름다워지고 싶은 마음〉임을 깨닫습니다. 그리하여 〈세월이 얼마나 빠른지 어느 사이 할머니〉가 된 자신을 돌아보며, 외양과 함께 내면의 아름다운 성숙을 다짐합니다.

이러한 자세는 수필「대리 장모?」에서 드러납니다. 〈어느 날 전시장에서 작품을 관람하는데 모 신문기자를 만나 작품에 대한 이야기를 나누었다.〉 〈갑자기 기자에게서 전화를 받았다.〉 〈장모님께서 갑자기 교통사고가 나서 많이 다치시고 깁스를 하고 병원에 계셔서 참석을 못하게 되었으니, 대리로 장모님을 해 달라는 부탁〉을 하였습니다. 여러 번 사양하였지만, 자신의 간절한 바람만을 전하고 기자는 전화를 끊습니다. 그리하여 선생은 〈가족도 아닌 내가 가족사진도 찍고 신부와 신랑 양가 가족과도 찍었으니, 그 사진을 보고 누구냐고 묻고 이야기〉할 것으로 유추하면서도, 너그러운 심성으로 일관합니다. 이 일은 남을 위해 무거운 짐을 지고자 하는 신앙심과 사회생활을 통하여 다져진 봉사정신의 결정체라고 해도 좋습니다.

혜강 선생은 앞으로, 부군의 너그러운 이해심에 화답을 하며, 자녀에 대한 사랑을 더욱 크게 나누고, 손주와 며느리에 대한 애틋한 관심을 실천하는 가운데 더욱 행복하게 살아갈 일만 남은 것 같습니다. 이제 산수(傘壽, 80세)를 향한 여정에서도 연년익수(延年益壽)하시며, 가족에 대한 사랑, 이웃에 대한 봉사, 예술에 대한 열정과 함께, 선생의 강건을 기원드리며, 귀한 저서 첫 번째 수필집 감상을 맺습니다.

◇ 주종순 수필론 『바라문의 깨달음』 평설. 2021.

선한 의지가 이룬 인간 승리

1.

주종순 수필가와의 인연은 극작가이자 수필가인 김용복 칼럼이스트의 소개로 비롯되었습니다. 중학교 재학 시에 MBC에서 개최한 전국웅변대회에서 국무총리상을 받은 수재였다는 점, 현재 자신에게서 수필 창작 지도를 받고 있는데 작품 수준이 일취월장하고 있다는 칭찬이었습니다. 제자의 수필 작품을 인터넷 공간인 〈문학사랑 글짱들〉에 발표하고 있으니, 개인 서재를 열어달라고 부탁하여 '주종순 수필 창작세상'이라는 방을 제공한 바 있습니다.

간헐적으로 이곳에 발표하는 작품들을 감상하면서, 그의 아름다운 내면에 감동하던 차, 그가 신인작품상에 응모한 여러 작품을 정독하였습니다. '제자리에 떨어지는 낙숫물'은 55세라는 이른 나이에 치매를 맞은 언니를 10년 넘게 간병하는 체험담입니다. 〈내가 돌보고 있는 65세 치매환자인 언니〉는 〈55세 때쯤부터 치매를 앓고 있었는데 '경도인지장애' 판정을 받은 것은 57세였다.〉고 밝히며 간병에 최선을 다하는 생활을 작품화하고 있습니다.

언니 본인은 절대 그러리라고는 생각지도 않았던 너무도 깔끔했던 그런 사람이었다. 그랬던 언니가 지금은 '싸배기' 라고 불러도 웃으면서 받아들인다. 난 그런 언니를 아무리 자주 싸서 힘들지만 좋아하고 사랑한다. 전에는 나를 많이 사랑해주던 지적인 매력을 가지고 있던 깔끔한 언니였으니까.

그 언니와 어려서부터 지금까지 같이 지내온 세월이 42년, 아무도 느껴보지 못한 수많은 일상 속의 세월 동안 나에게 애틋하고 아프게 느껴지는 고운 정이 많이 쌓여서인지 나는 그 언니가 불쌍하게 보이면서도 무조건 좋은 것이다. 그리고 내 손으로 언니를 보살필 수 있다는 것을 신의 축복으로 여기고 있는 것이다.

— 「제자리에 떨어지는 낙숫물」 일부

간병에 그치는 것이 아니라, 그와 관련한 가족의 내력도 밝히는데, 이는 제목 '제자리에 떨어지는 낙숫물'과 일치합니다. 비가 오면 낙숫물이 같은 곳에 떨어지듯이, 대를 이어 가족 건사를 잘 하는 것이 집안의 내력임을 밝힙니다. 〈우리집 '싸배기 언니'에 이어 부모님 두 분도 차례로 '싸배기'로 변해 갈 것이다. 그래도 부모님을 양노원에 보내지 않고 딸이 모신다는 것. 그 자체로도 행복한 것이다.〉라는 결말에 이르러 감동하지 않을 수 없습니다.

또 다른 작품 '평생 죄인'은 집안의 장손이었던 남동생의 죽음과 관련한 스토리입니다. 이 스토리는 그의 수필집에서 '평생 죄책감을 느끼며'로 제목이 수정되었고, '말이 씨가 되는 아픔'에도 부분적으로 들어 있습니다. 사업 자금을 마련하기 위해 동분서주하던 동생이 뜻을 이루지 못한 채 사망합니다. 그 사망 원인이 '심근경색'으로 판명되었지만, 도움을 주지 못하여 동생이 사망한 것이라는 자책의 굴레에서 벗어나지 못하고, 가족에 대한 사랑을 되새기는 내면의 아름다움을 만나게 하는 작품이어서 신인작품상 수상자로 선정한 바 있습니다.

수필에서 받은 인간적 감동이 가시기도 전에 그는 40여 편의 수필작품으로 생애 첫 수필집 『바라문의 깨달음』을 발간합니다. 이 수필집에 수록된 작품들을 감상하며, 다시금 감동의 회오리에 휩싸이게 되었고, 그 감동을 독자들과 공유하고자 합니다.

2.

주종순 수필가는 열정과 성실로 성공한 사업가입니다. 그러기에 치매로 고생하시는 부모님을 모시고, 가족을 돌보며 살아갈 수 있는 재력을 모았을 터입니다. 그렇지만, 사업 파트너였던 '유님이' 언니가 치매에 걸리자 과감하게 사업을 정리하고, 10여 년간 외국 여행을 함께하면서 우애를 나누는 그의 가슴에는 따스한 인간미가 순환하고 있는 것 같습니다.

이러한 그의 자세는 이익 실현에만 몰두하는 '장사꾼'이라기보다, 사람에 대한 예의와 연민의 정(情)을 실천하는 보살의 이미지와 오버랩(overlap)됩니다. 물론 상업에 종사하는 입장에서는 현실의 욕망 실현도 중요한 명제였을 터이며, 때로는 푼돈에도 민감하였을 터이지만, 자신의 주관이 뚜렷하고, 세상을 바라보는 시선이 맑습니다.

> 그 시절은 라면 싫어하면 한국사람 아닐 만큼 전국은 라면 열풍이었다. 나도 라면을 엄청 좋아하지만 그래도 직원에게 너무 쉽게 길들이기 위해 그러는 것 같아 자존심을 세우기 위해서라도 안 먹었고, 그래도 그곳에 나를 취직시킨 언니에 대한 보답을 해야 하겠다는 생각에 매일 내 생각대로 일을 열심히 했다.
>
> 매장에 쌓인 먼지도 손님 없을 때마다 놀지 않고 닦아 내고 틈만 나면 정리하고 워낙 부지런한 손놀림을 하니 주인은 칭찬을 많이 하였고, 매장에 오는 단골손님들도 "어디서 이렇게 예쁘고 부지런한 직원을 데려 왔냐."고 칭찬들이 자자했다.
>
> — 「세상 사람 모두 내 가족처럼」 일부

이렇게 열심히 일을 하던 그였지만, 사업주의 부당한 요구 앞에서는 과감하게 사직하는 과단성을 보입니다. 사장이 다급하였는지 그를 붙잡으며, 매장에서 신던 신발주머니까지 빼앗으며 말리었지만, 그가 그만두는 이유며, 뒤에 오는 직원에게도 직원으로서의 예우를 받으며 생활이 가능하도록, 그중에 꼭 해야 될 말을 남깁니다.

"사람은 평등하니 사회인끼리는 서로의 입장을 배려하고, 사장과 직원이 아무리 가깝다고 해도, 일 구분은 있어야 되고, 약자를 배려하며 역지사지(易地思之)로 생각을 해보시라고. 누구든 귀하지 않은 사람 어디 있으며, 어느 집이든 아들딸 다 귀한 건 같다."고 또박또박 애기할 정도로 자의식이 강합니다. 그러나 남을 배려하는 마음이 세상을 밝게 만든다면서 맹자의 사단설(四端說)을 인용합니다.

> 불쌍히 여기는 마음이 없는 것은 사람이 아니고, 부끄러운 마음이 없으면 사람이 아니며, 사양하는 마음이 없으면 사람이 아니며, 옳고 그름을 아는 마음이 없으면 사람이 아니다. 불쌍히 여기는 마음은 어짊의 극치이고, 부끄러움을 아는 마음은 옳음의 극치이고, 사양하는 마음은 예절의 극치이고, 옳고 그름을 아는 마음은 지혜의 극치이다(無惻隱之心 非人也 無羞惡之心 非人也 無辭讓之心 非人也 無是非之心 非人也. 惻隱之心 仁之端也 羞惡之心 義之端也 辭讓之心 禮之端也 是非之心 智之端也).
>
> — 「남을 배려하는 마음」 일부

사업에 열중한 그는 어느 정도 성공을 거둡니다. 그러나 일에 몰두하느라 세상의 사치와는 먼 생활을 합니다. 이러한 자아 형성은 주시경 선생의 말씀에 연유하는가 싶습니다. 〈검소한 사람은 자신을 위해 쓰는 것을 절약하기 때문에 항상 여유가 있어서 남을 도울 수 있고, 사치와 낭비를 일삼는 사람은 자신을 위해 쓰는 것이 후하기 때문에 항상 부족하다는 생각에 남한테는 인색할 수밖에 없다.〉라는 말씀에 공감한 듯합니다.

그리하여 그는 〈예의와 배려를 굳이 배운 적은 없다. 사회질서를 유지하기 위해선 규칙이나 규범이 꼭 있다. 우리는 규범을 지켜야 사회가 평화롭고 약자를 배려할수록 어울려 사는 것이 행복할 수 있다.〉고 자신에게 주문하면서 실천하는 것 같습니다.

3.

주종순 수필가의 글에는 세상을 향한 그의 시각이 오롯하게 투영되어 나타납니다. 2019년에 강북 삼성병원 정신건강의학과 임세원 교수가 위기상황에서 피할 수 있는 공간이 있었음에도 피하지 않고 환자의 흉기에 사망한 사건이 있었습니다. 그 의사는 마지막으로 〈이것이 나의 일이다.〉라는 말을 남기고, 또한 '나는 그분들과 함께 삶을 배웠고, 치유의 여정을 함께 한다.'고 메모해 놓고 먼 길을 떠납니다.

이 스토리를 접한 주종순 수필가는 〈우리의 인생도 정서적인 문제가 있는 환자이고, 흉기를 들이대는 어리석은 환자라 해도, 인간의 존엄성을 숭고하게 받아줄 수 있는 사랑의 심정으로, 세상의 어두운 구석에 한 자루의 촛불로 버텨준다면 얼마나 아름다운 세상이 될까!〉 자신의 생각을 밝힙니다. 그리하여 누구에게 사랑을 요구하기 이전에, 내가 먼저 환자에게, 그리고 노약자들에게 값진 마음을 선물하자고 권면합니다. 그러면서 부처님의 말씀을 통하여 이를 일반화합니다.

> 부처님께서도 병자를 보거든 반드시 자비심으로 돌보라고 하셨다. 부처님 말씀에도 병자를 간호하는 공덕은 부처님을 시봉하는 공덕 다음으로 크다고 하실 정도로 강조하셨다. 사실 병으로 고통 받을 때 환자의 마음은 육체적인 고통과 함께 더불어 세상에서 오직 홀로 된 듯한 마음의 고통이 함께 수반하기 마련이다.
>
> 병자를 보고 귀찮다고 생각하는 순간 병을 앓는 환자에게

> 큰 상처를 안겨줄 수 있게 되고, 반대로 공덕을 쌓을 수 있는 기회라고 생각하는 순간 자신에게는 큰 축복과 행복이 따르는 것이라고 부처님께서 말씀하셨다.
>
> — 「환자, 내 소중한 가족」 일부

그리하여 주종순 수필가는 환자와 함께 동거하면서 '환자, 그는 내 소중한 가족과 이웃이다.'라는 깨달음을 얻습니다. 동시에 그가 돌보아야 하는 사람들에게는 특별한 관심을 보입니다.

> 눈에 보이고 들리는 음성이라도 사랑의 체취를 품고 있는 사람의 손길 덕분에 오늘도 살고 있다. 내가 배부르고 등 따스할 땐, 배고프고 추운 사람에 관심 덜 가는 것처럼, 또는 내가 원치 않아도 병마로 인해 아플 수밖에 없는 것처럼, 누구든 불가항력(不可抗力)의 순간이 나를 덮칠 수 있다는 사실을 인정해야 한다. 우리는 진실로 마음을 주는 사랑을 해야 한다. (그렇게 하면) 우리는 평범하지만 위대한 스승의 자리로 옮길 수가 있다.
>
> — 「환자, 내 소중한 가족」 일부

주종순 수필가는 세상을 향하여, 긍정적인 마인드를 제시합니다. 자신이 암 환자이면서도 치매 가족을 돌보고 있습니다. 부모님 두 분이 치매로 고생하시기 때문에 요양보호사의 도움을 받아 효도를 실천합니다. 〈환자에게 맛난 음식과 따스한 이불보다 더 중요한 것은 사랑이다. 지나간 일과 미래에 다가올 시련도 그 어느 것도 가늠할 수 없는 환자가 있다. 그러나 환자 본인은 정작 지금에 산다.〉면서 그들은 행복도 시련도 성공의 신화도 희망도 필요 없는 삶이기 때문에, 더욱 섬세한 사랑의 손길이 필요하다고 역설합니다.

4.

주종순 수필가는 부모님께는 효녀이고, 스승에게는 고마운 제자입니다. 어느 한쪽의 실천도 쉬운 일이 없지만, 한쪽에 충실한 사람은 다른 한 쪽에도 성실하게 마련입니다. 그는 어려서 부모님 보호하에 물심양면 의지하면서 성장하고, 인생의 방향을 잡고 가정을 이루면, 연로하신 부모님의 울타리가 되어 빚(?)을 갚으며 자식의 도리를 다하겠다고 다짐합니다.

그럼에도 불구하고, 그는 이순(耳順)에 이르도록 결혼하지 않았지만, 그에게는 부모님을 잘 모셔야 된다는 이 말씀이 평생 가슴에 남아 있습니다. 그리하여 지금도 부모님과 의견이 상충하는 일이 생기면, 이 말씀을 되새기며 부모님을 정성껏 모시고 있다고 말합니다. 그는 '너의 부모님께 효도하라'는 성경말씀을 묵상하며 살아가고 있음도 밝힙니다.

> 아들들아 아비의 훈계를 들으며 명철을 얻기에 주의하라. 내가 선한 도리를 너희에게 전하노니 내 법을 떠나지 말라. 나도 내 아버지에게 아들이었으며, 내 어머니 보기에 유약한 외아들이었노라. 아버지가 내게 가르쳐 이르기를 내 말을 네 마음에 두라. 내 명령을 지키라. 그리하면 살리라.(잠언 4:1~4)
>
> — 「부모님의 울타리가 되어」 일부

이와 함께 조선조 재상이었던 송강 정철 선생의 시조 〈어버이 살아실 제 섬기기란 다하여라./ 지나간 후면 애닯다 어이하리/ 평생에 고쳐 못할 일은 이 뿐인가 하노라.〉를 암기하며 생활합니다. 평생 자식을 위해 사신 부모님을 위해 무슨 일인들 못할까만, 아버지 어머니께서 건강하시고 오래 사시길 기원하는 마음은 자녀들의 공통된 생각일 터입니다.

이렇듯이 부모에 대한 효성이 지극하면, 그 정신이 존경하는 스승으로 전이되어 나타납니다. 주종순 수필가는 중학교 시절의 은사인 김용복 선생에 대한 감사한 마음이 학창시절부터 이순(耳順)에 이르도록 여일(如一)하여 놀라운 감동을 생성합니다.

> 사랑하는 제자가 암 환자라 바쁘신 가운데도 강한 애정과 정성으로 돌봐 주시는 고마움을 지울 수 없습니다. 선생님은, 사모님 돌아가시고 잠시나마 엄청 초췌하게 힘들어 보이시며 불면증 때문에 고민 하시더니, 이 세상에 많은 스승님들 중 유독 제자관리(?)를 잘하신 덕에 보약이며 불면증에 좋은 약이며 신경 써 주는 제자들과 주변 지인들 덕분에 지금은 안색이 좋아지셔서 다행스럽게 생각합니다. 〈중략〉
>
> 선생님은 지금도 저에게 시간이 있을 때마다 글쓰기를 가르치십니다. 어릴 땐 공부를 가르쳐 주셨고, 지금은 인생도 가르쳐 주십니다. 선생님께서 최근에 자주 하시는 말씀이 "세상에서 가장 훌륭한 사람은 본인의 가족에게 존경받고 인정받는 인생을 살고 있는 사람이다."라고 말씀하셨습니다. 저 또한 그렇게 생각하며 살고 있습니다.
>
> — 「스승님 감사합니다」 일부

중학교 졸업 후 47년 만에 대청호에서 조우(遭遇)한 스승과 제자는 서로를 보살핍니다. 스승은 암에 걸린 제자에게 용기를 주면서, 암을 잊으라는 의미에서 숙제를 냅니다. 그 숙제가 수필을 쓰라는 것이며, 망설이는 제자에게 '잘 쓸 수 있다'는 용기를 북돋습니다. 제자는 스승의 건강을 위하여, 자신이 다니는 한의원에 모시고 가서 진찰을 한 후 한약을 선물합니다. 이는 곧 사제동행(師弟同行)의 본보기이자, 물질문명에 의해 무너지고 있는 도덕의 둑을 튼튼하게 쌓는 역할이라 할 터입니다.

5.

주종순 수필가는 암환자입니다. 2018년에 "2개월 정도 살겠네요."라는 의사의 진단을 받습니다. 그야말로 사형선고와 같은 의사의 진단에 따라 그는 양방과 한방을 오가며 치료를 받습니다. 항암과 면역을 위해 음식과의 싸움도 시작합니다. 건강하던 평상시에 그는 〈살기 위해 먹는가? 먹기 위해 사는가?〉 웃으며 자문자답(自問自答)하던 그에게 청천벽력과도 같은 날벼락이 떨어진 것입니다. 그 당시의 가족 상황이 수필 작품에 진솔하게 정리되어 있습니다.

> 우리 집엔 구순(九旬)을 바라보는 치매 부모님과 중증치매인 사촌언니가 있고 항암중인 내가 있다. 한 집안에 모두 대단한 환자들 네 명이 서로 의지하며 살아가는 것이다. 그동안 부모님 두 분의 삶을 위해 아파트로 모시며 뒤늦은 후회를 하지 않으려고 따스한 밥과 맛있는 반찬에 성의를 다하려 냉장고를 부티나게 채우고, 거실에는 언제나 흘러간 노

래나 민요를 항상 흐르게 했다.

— 「살겠다는 집념」 일부

여생(餘生)이 2개월이라는 진단을 받고도 그는 부모님과 언니를 위한 일에 최선을 다합니다. 이렇게 살아가는 그를 아는 분들은 걱정이 태산 같습니다. 본인이 살아있어야 부모님도 돌볼 수 있고, 치매 언니도 돌볼 수 있으며, 이것이 세상 살아가는 순서라고 말합니다. 먼저 세 분을 요양병원에 모시고, 그의 건강을 찾는데 집중하라고 권합니다. 그렇지만 그는 '들은 체 만 체' 하며, 부모님과 언니가 맛있게 먹고, 건강할 수 있도록 매 끼니마다 잔칫상을 차리듯 성심을 다합니다.

이런 세월이 3년째 들어갑니다. '반룡인수 한의원 한태영 박사'의 치료를 받아 점차 종양이 줄어들더니, 어느새 사라져 보이지 않습니다. 이는 의학의 효과이기도 하겠지만, 선한 의지로 살고 있는 그에게 내린 하늘의 축복일 터입니다. 이렇게 죽음 직전에서 생환(生還)한 주종순 수필가는 더욱 달관하는 자세로 봉사하고자 합니다. 이와 같은 의지를 견지하는 한, 그는 건강 안에서 훌륭한 수필을 창작하여 독자들과 감동을 공유할 터입니다. 이런 기대와 믿음으로 주종순의 첫 수필집에 수록된 작품 감상을 맺습니다.

충청권 수필의 숨결

리헌석 수필평론집

발 행 일 | 2021년 12월 15일
편 저 자 | 리헌석
발 행 처 | 오늘의문학사
출판등록 | 제55호(1993년 6월 23일)
주 소 | 대전광역시 동구 대전로 867번길 52(한밭오피스텔 401호)
전화번호 | (042)624-2980
팩시밀리 | (042)628-2983
전자우편 | hs2980@hanmail.net
카 페 | http://cafe.daum.net/gljang (문학사랑 글짱들)
편 집 | 국제프린팅
제 작 | 국제프린팅[T.042-623-9118]
공 급 처 | 한국출판협동조합
주문전화 | (02)716-5616
팩시밀리 | (02)716-2999

ISBN 979-11-6493-177-4(03810)
값 25,000원

* 이 책은 교보문고에서 E-Book(전자책)으로 제작하여 판매합니다.
* 잘못 제작된 책은 바꾸어 드립니다.
* 이 책은 대전광역시 와 대전문화재단 에서 사업비 일부를 지원받아 발간되었습니다.